Hans E. Kehrer
Autismus

Hans E. Kehrer

Autismus

Diagnostische, therapeutische und soziale Aspekte

Roland Asanger Verlag Heidelberg 1989

Über den Autor:
Hans E. Kehrer, Prof. Dr. med., Jahrgang 1917, hat seit über zwei Jahrzehnten das Thema Autismus zu seinem Arbeitsschwerpunkt gemacht: von 1966 - 1983 als Leiter der Kinder- und Jugendpsychiatrie/Universitätsklinik Münster und seit 1983 als Leiter des Instituts für Autismusforschung/Münster.

CIP-Titelaufnahme der Deutschen Bibliothek

Kehrer, Hans E.:
Autismus : diagnostische, therapeutische und soziale Aspekte /
Hans E. Kehrer. – Heidelberg : Asanger, 1989
ISBN 3-89334-174-9

Umschlaggestaltung: Doris Bambach / Ingrid Decher
Printed in Germany
ISBN 3-89334-174-9

Vorwort

Über 22 Jahre habe ich mich intensiv mit dem Erscheinungsbild des frühkindlichen Autismus, besser gesagt des autistischen Syndroms beschäftigt. Dabei hat mich das bizarre Verhalten und das eigenartige Wesen dieser Kinder und Jugendlichen von Anfang an fasziniert. Ich habe mir schon früh das Ziel gesetzt, diesen Kindern und den betroffenen Eltern durch Diagnose, Behandlung und Erforschung noch bestehender Unklarheiten zu helfen. Dabei bin ich von den Elterninitiativen „Hilfe für das autistische Kind“ an den verschiedenen Orten sehr unterstützt worden. Meine Hilfe als Kinder- und Jugendpsychiater bei Untersuchungen, Beratungen und Behandlungen hat mir die Möglichkeit geboten, im Laufe der Jahre Hunderte von autistischen Menschen kennenzulernen und dabei ihre Persönlichkeit, ihre Verhaltensweisen und sozialen Bedingungen zu studieren.

Mein schon langer gehegter Wunsch, die Früchte dieser jahrzehntelangen Erfahrungen zu publizieren, konnte nun durch das Entgegenkommen des Asanger Verlages in die Tat umgesetzt werden. In den letzten 20 Jahren ist auf dem Gebiet des kindlichen Autismus von deutschprachigen Autoren wenig in Buchform veröffentlicht worden. In dem vorliegenden Buch wird versucht, möglichst viele Informationen zum Thema nach dem neuesten Stand der wissenschaftlichen Forschung zusammenzustellen und gleichzeitig meine persönlichen Erfahrungen einzuflechten. Das hat dazu geführt, daß sowohl schlichte Beobachtungen gestörten menschlichen Verhaltens als auch z.T. komplizierte wissenschaftliche Forschungsergebnisse zu Papier gebracht werden mußten. Für den Laien als Leser, nämlich die Eltern autistischer Kinder, sowie weniger erfahrene Betreuer wurden nicht so geläufige Begriffe im Text und durch ein Glossar im Anhang erklärt. Für den Experten wurden auch neueste Fachinformationen dargestellt. Sie sind mit Hilfe eines ausführlichen Sachregisters zugänglich und werden durch ein umfangreiches Literaturverzeichnis ergänzt.

Es ist mir ein Bedürfnis, allen denen zu danken, die bei der Entstehung des Buches mitgewirkt haben. Zu Dank verpflichtet bin ich dem Verlag Asanger/Heidelberg, Frau Hendrikje Radke als unermüdliche Hilfe bei der Textverarbeitung und Frau Barbara Classen, die durch Schreibarbeiten, Lesen und Korrigieren des Textes viel zur Fertigstellung des Manuskripts beigetragen und die schnelle Publikation des Buches sehr gefördert hat.

H.E. Kehrer, Münster im Mai 1989

Inhalt

I. Was ist Autismus?

Wenn man das Wort Autismus hört, denkt man sogleich an Automobil, das von selbst, ohne Pferde, fährt, und an Automat, der selbst – ohne Personal – bedient. Damit hat man die griechische Wurzel des Wortes *autos*, das *selbst* bedeutet. Wenn aber ein Grieche oder Römer der Antike das Wort *Autismus* hören würde, wäre er wahrscheinlich entsetzt, denn ein solches Wortgebilde – griechischer Stamm und lateinische Endung – hat es damals noch nicht gegeben. Es blieb den Sprachküchen der 2. Hälfte des letzten und des Beginns des jetzigen Jahrhunderts vorbehalten, solche Wortgebilde zu konstruieren. Das gilt etwa für Wörter wie multiple Sklerose, Atherosklerose, Bronchialasthma und auch für das Wort Schizophrenie.

Die Wortschöpfungen Autismus und Schizophrenie gehen auf den bekannten Schweizer Psychiater Eugen Bleuler zurück. Er prägte 1914 die Begriffe „autistisch“ und „Autismus“. Damit meinte er einseitig auf sich selbst bezogenes Denken, das er vor allem bei Schizophrenen beobachtet hatte. Diese psychische Krankheit hieß vor ihm – nicht sehr glücklich – Dementia praecox (frühzeitiger Schwachsinn). Bleuler dehnte die Bezeichnung „autistisch“ auch noch weiter aus, indem er in einer Schrift von 1919 über „das autistisch-undisziplinierte Denken in der Medizin und seine Überwindung“ schrieb.

Von der eidgenössischen Alpenrepublik Schweiz muß man nun nach Osten gehen, wenn man Autismus in dem Sinn verstehen will, wie er Gegenstand dieses Buches ist. Leo Kanner, im Osten der Donaumonarchie geboren, vorwiegend in Berlin ausgebildet und 1924 nach Amerika ausgewandert, und der Wiener Pädiater Hans Asperger haben ihr Augenmerk auf eigenartige Verhaltensweisen bei Kindern gelenkt, bei denen Kontaktstörungen und extreme Bezogenheit auf sich selbst die am meisten hervorstechenden Merkmale sind. Kanner nannte dieses Erscheinungsbild „frühkindlicher Autismus“ (early childhood autism) und Asperger „autistische Psychophatie“.

Der Zeitpunkt dieser Erstbeschreibung war der Zweite Weltkrieg, nämlich 1943/44. Es ist kaum möglich, daß Kanner und Asperger von ihren jeweiligen Veröffentlichungen gewußt haben, denn die kriegerischen Ereignisse ließen eine Kommunikation nicht zu. So mußten sie zwangsläufig in bezug auf ihre Entdeckung mindestens bis 1945 Autisten bleiben.

In Europa wurde diese schwere Verhaltensstörung als neues Syndrom erst Ende der vierziger Jahre bekannt. Das Interesse für sie wuchs dann etwa von 1962 an rapide. Immer mehr Kinderpsychiater, Psychologen, Heilpädagogen und Angehörige verwandter Berufe, nicht zu vergessen aber auch die Eltern betroffener Kinder entdeckten bei ihren eigenen, bei ihnen anvertrauten oder vorgestellten Kindern seltsame Verhaltensweisen, die den Beschreibungen von Kanner und Asperger entsprachen oder ähnlich sahen. Die Bereitschaft, sich mit kindlichem Autismus zu beschäftigen, schwoll bis 1980 so stark an, daß man geradezu von einem Boom sprechen könnte. 1981 konnte ich in einer Bibliographie 1958 einschlägige Arbeiten sammeln, ohne den Anspruch zu erheben, vollständig zu sein. Der Boom ist u.a. daran zu erkennen, daß zahlreiche Studenten verschiedener Fachrichtungen sich auf das Thema Autismus stürzen, um es zum Gegenstand ihrer Diplom- und Promotionsarbeit zu machen.

In den ersten Jahrzehnten nach der Entdeckung des kindlichen Autismus ging es vorwiegend um die Diagnose und um den Versuch der Abklärung der Ursachen. Die ersten therapeutischen Versuche bestanden in verschiedenen Konditionierungsmaßnahmen. Aus diesen Anfängen heraus hat sich allmählich ein breit gefächertes Behandlungsangebot entwickelt. Die lerntheoretischen Konzepte wurden verfeinert und weiterentwickelt. Viele andere Methoden kamen hinzu. So kann man heute sagen, daß aus dem breiten Angebot psychotherapeutischer und heilpädagogischer Maßnahmen versucht worden ist, die meisten auch bei autistischen Kindern anzuwenden. Dabei fehlt es nicht an Außenseitermethoden, deren Wirksamkeit z.T. recht umstritten ist.

Seitdem man sich, vor allem im deutschsprachigen Raum, mit dem autistischen Kind beschäftigt, hat sich die Tendenz verbreitet, seine eigenartigen Verhaltensweisen zu mythologisieren. Weil Reaktionen und Lebensäußerungen des Autisten für den Laien so wenig einfühlbar sind, er sich auch schwer erklären kann, wie derartig abnormes Verhalten auftritt, wird Autismus zur rätselhaften Krankheit oder Behinderung. Das Kind wird zum „unheimlichen Fremdling“ (Delacato), es befindet sich in einem „Schneckenhaus“ oder einer „Glaskugel“ (K.S. Junker) oder in einer „uneinnehmbaren Festung“ (C. Park). Diese gewisse Rätselhaftigkeit teilt der kindliche Autismus mit vielen psychischen Krankheiten, sicher mit den sog. schizophrenen Psychosen, zu denen im Erscheinungsbild eine Beziehung besteht. Man sollte mit dem Etikett “rätselhaft“ zurückhaltend sein; denn abgesehen davon, daß sich Bücher mit solchen Titeln besser verkaufen und das Kind im Schneckenhaus ein schönes Emblem für das Programm einer Tagung ist, ist die Mythologisierung des Autismus für die Betroffenen nicht nützlich. Das Syndrom des kindlichen Autismus ist heute klar definiert. Wenn die Symptome deutlich ausgeprägt sind, kann niemand an der Diagnose zweifeln. Wenn diese Diagnose oft so spät gestellt wird, worüber Eltern immer wieder klagen, so liegt das nicht an der Rätselhaftigkeit des Autismus, sondern an der Unkenntnis der entsprechenden Diagnostiker. Bei stark geistig behinderten Menschen mit autistischen Verhaltensweisen kann man darüber streiten, welchen Stellenwert man der autistischen Symptomatik einräumt, bei den sog. „Kernautisten“ sollte das nicht geschehen.

Auch gewisse Schwierigkeiten, die Ursachen autistischen Verhaltens aufzuklären, machen das autistische Syndrom nicht rätselhafter als andere psychische Störungen, z.B. die Psychosen. Selbst bei zahlreichen körperlichen Krankheiten weiß man über die Ursache(n) nicht sehr viel, so z.B. bei den bösartigen Geschwülsten.

Zusammengefaßt kann die eingangs gestellte Frage „Was ist Autismus?“ aus der Sicht des Syndrombeschreibers wie folgt beantwortet werden: Der kindliche Autismus ist eine schwere chronische Verhaltensstörung, bei der die Einschränkung des Kontakts, die Bezogenheit auf sich selbst im Vordergrund steht.

II. Das Erscheinungsbild

Wie das autistische Syndrom bei einzelnen betroffenen Individuen sich darstellt, wird am besten klar, wenn wir uns das Erscheinungsbild an einigen Beispielen vor Augen führen.

Beispiel Nr. 1: Thomas

Zunächst ein 9jähriger Junge, nennen wir ihn Thomas, der vor 1 1/2 Jahren bei uns vorgestellt wurde. Er hat noch eine jüngere Schwester. Die Mutter hatte in der Schwangerschaft im 8. Monat Blutungen. Die Geburt 14 Tage vor dem errechneten Termin verlief bis auf die Gabe von Wehenmitteln normal. Das Kind verhielt sich von Anfang an auffällig, war am liebsten allein, hatte schlechten Blickkontakt; es schien die Mutter mit den Händchen abzuwehren, wenn sie es auf den Arm nehmen wollte. Es nahm eher mit den niederen Sinnen Riechen und Tasten Kontakt mit der Umwelt auf, reagierte manchmal nicht auf akustische Reize, erschien wie taub. Das Schreien in der Säuglingszeit hatte keinen Signalcharakter. Bei der Ernährung bestanden insofern Schwierigkeiten, als der Junge spät und bis heute unvollkommen kauen lernte. Es waren und sind z.T. heute noch verschiedene motorische Stereotypien wie Sich-Wiegen, Hüpfen, Drehen der Hände und Arme, Sich-um-sich selbst-Drehen vorhanden. Es bestehen und bestanden auch gewisse Zwangsmechanismen. Auffallend ist auch ein geringes Schlafbedürfnis.

Diesen als negativ bewerteten Verhaltensauffälligkeiten steht eine ganze Reihe von positiven Leistungen gegenüber: Die Sprache entwickelte sich ziemlich früh. Mit 6 bis 7 Monaten soll Thomas schon das Wort „Auto" gesagt haben. Mit dem Thema Auto, Drehen, Räder beschäftigte er sich von da an intensiv. Der Junge hatte bald einen großen Wortschatz, sprach früh vollständige und grammatikalisch richtige Sätze. Er kannte bald danach Wochentage, konnte die Farben benennen. Er sprach aber immer etwas eigenartig, oft zu laut, obwohl er gut hört. Er beschäftigte sich früh mit Zahlen, die für ihn z.T. eine magische Bedeutung zu haben schienen. Thomas führt häufig Selbstgespräche; er hat eine z.T. abstruse Phantasie, beschäftigt sich mit einem Traumland, für das er eigenartige geographische Namen erfindet. Es bestehen sog. Neologismen. Er zeichnet von diesem Land Phantasielandkarten. Sein frühes und starkes Interesse für Rock- und Pop-Musik hat zwanghaften Charakter, indem er stets das

Rundfunkprogramm auswendig weiß und dabei kontrolliert, ob und wann die Sendungen kommen. Thomas besitzt ein Kalendergedächtnis, d.h. er kann über Jahre jeden beliebigen Wochentag bestimmen. Schon mit 5 Jahren hat er sich ohne wesentliche Hilfe der Eltern das Lesen und Schreiben selbst beigebracht. Auch seine Rechenleistungen sind vorwiegend autodidaktisch entstanden. Thomas beschäftigt sich vorwiegend allein, er hat keine richtigen Freunde. Durch sein eigenartiges Verhalten stößt er sicherlich Partner zurück, legt auf den Umgang mit Gleichaltrigen aber auch keinen Wert. Er kommuniziert fast nur mit Erwachsenen.

Bei diesem psychopathologisch erheblich gestörten Jungen wurde die Diagnose „autistisches Syndrom" erst von uns im 9. Lebensjahr gestellt. Er galt bis dahin als gesund, wurde nur als „Spätentwickler" bezeichnet; man vertröstete die Eltern.

Beispiel Nr. 2: Judith

Als nächstes möchte ich über ein 3 1/2jähriges Mädchen berichten, bei dem wir vor einiger Zeit die Verdachtsdiagnose „autistisches Syndrom" gestellt haben. Judith ist das 6. Kind ihrer Eltern. Bei der Geburt nach vorzeitigem Blasensprung ist es offenbar zu Sauerstoffmangel gekommen, denn das Kind soll blau gewesen sein. In den ersten Lebensmonaten schien sich das Mädchen normal zu entwickeln. Die statomotorische Entwicklung verlief nur gering verzögert. In geistiger Hinsicht blieb Judith jedoch erheblich zurück. Sprachlich kam sie bis heute nicht über ein Lallen und das Artikulieren von wenigen Silben ohne Bedeutung hinaus. Es ist fraglich, ob sie Sprachverständnis besitzt. Das Mädchen näßt und kotet noch ein. Sie ist noch ganz unselbständig, spielt noch kein bißchen konstruktiv.

Man kann bei diesem Kind also eine deutliche geistige Retardierung konstatieren. Aber auch Judith zeigt eine ganze Reihe von autistischen Symptomen: Sie hat kaum Kontakt zu Mitmenschen, blickt diese nicht an. Ihre Kontaktaufnahme mit der Umwelt geschieht durch Betasten, Beriechen, Belecken. Das Kind wirkt manchmal wie taub, man weiß aber, daß es hört; bei manchen Geräuschen hält es sich die Ohren zu. Man beobachtet häufig stereotype Bewegungen wie Sich-Wiegen, Hüpfen, Zehengang, Sich-um-sich-selbst-Drehen. Die Schmerzempfindung ist gering. Auch leichte Zwangsmechanismen sind vorhanden: Judith mißfallen Veränderungen; sie versucht die alte Ordnung wiederherzustellen. Sie beharrt darauf, bestimmte Gegenstände ständig in der Hand zu halten. Das Mädchen ist, wie bereits gesagt mutistisch. Sie ist sehr unruhig und unstet. Wir haben bei diesem Kind nur die Verdachtsdiagnose autistisches Syndrom bei geistiger Retardierung gestellt. Man sollte sich nämlich in so frühem Alter von 3 1/2 Jahren in dieser Beziehung noch nicht festlegen. Erst die

Beobachtung des weiteren Verlaufs kann hier Klarheit bringen. Der Nutzen einer solchen Frühdiagnose liegt darin, daß bereits jetzt therapeutische, vor allem heilpädagogische Maßnahmen eingeleitet werden können. Um die Kasuistik abzurunden, sollen nun noch zwei Beschreibungen von autistischen Kindern folgen, die historische Bedeutung haben, nämlich von je einem Jungen, den Leo Kanner und Hans Asperger vor etwa 40 Jahren in ihren ersten Arbeiten beschrieben haben.

Beispiel Nr. 3: Donald (Kanner)

Dieses Beispiel stammt von Leo Kanner und ist ein Kind von den ersten 11 Autisten, die 1943/44 beschrieben wurden. Donald T. wurde zum erstenmal 1938 im Alter von 5 Jahren und einem Monat angesehen. Vor der Ankunft der Familie aus ihrer Heimatstadt sandte der Vater einen 3 Schreibmaschinenseiten langen Bericht über die Vorgeschichte, der über Donalds Entwicklung ausgezeichnet Auskunft gab, obwohl er mit zwanghafter Genauigkeit verfaßt war. Donald war zum erwarteten Termin am 8. September 1933 geboren worden. Er wog fast 7 Pfund. Er wurde an der Brust gestillt und bis zum Ende des 8. Monats zusätzlich ernährt. Die Kost wurde häufig gewechselt, denn, so sagte der Bericht „Essen ist für ihn immer ein Problem gewesen. Er hat niemals normalen Appetit gezeigt. Wenn er andere Kinder Süßigkeiten oder Eiscreme essen sah, war das nie eine Versuchung für ihn“. Das Zahnen verlief befriedigend; er lief mit 13 Monaten.

Im Alter von einem Jahr „konnte er summen und viele Melodien richtig singen“. Bevor er zwei Jahre alt war, hatte er „ein ungewöhnliches Gedächtnis für Gesichter und Namen, kannte die Namen einer großen Zahl von Häusern“ in seiner Heimatstadt. „Er wurde von seiner Familie zum Lernen und Aufsagen von Gedichten ermuntert und lernte sogar den 23. Psalm sowie 25 Fragen und Antworten des presbyterianischen Katechismus“. Die Eltern beobachteten, daß „er nicht lernte, Fragen zu stellen und sie zu beantworten, es sei denn, sie enthielten Reime oder Ähnliches, und oft stellte er Fragen nur mit einem Wort“. Sein sprachlicher Ausdruck war klar. Er interessierte sich für Bilder „und kannte sehr bald eine Unzahl von Bildern aus Comton's Enzyklopädie“. Er kannte die Bilder der Präsidenten „und kannte die meisten Bilder seiner Vorfahren und Verwandten“. Er lernte schnell das ganze Alphabet „rückwärts und vorwärts“ und zählte bis 100.

Man bemerkte früh, daß er am glücklichsten war, wenn man ihn allein ließ; er rief nie, daß er mit seiner Mutter gehen wollte, schien das Nach-hause-Kommen seines Vaters nicht zu bemerken und war Besuchen von Verwandten gegenüber indifferent. Der Vater betonte besonders, daß Donald nicht einmal das leichteste Interesse für Weihnachten mit seiner Feierlichkeit zeigte.

Er erscheint selbstgenügsam. Er hat offenbar keine Neigung zum Schmusen. Er beobachtet den Tatbestand, daß jemand kommt oder geht nicht und ist niemals froh, seinen Vater, seine Mutter oder einen Spielgefährten zu sehen. Er scheint sich fast in sein Schneckenhaus zu verziehen und mit sich selbst zu leben. Wir bemühten uns einmal um einen sehr attraktiven kleinen Jungen gleichen Alters aus einem Waisenhaus und brachten ihn nach Hause, damit er den Sommer mit Donald verbringen sollte; aber Donald hat niemals eine Frage an ihn gerichtet oder eine beantwortet und nie im Spiel mit ihm herumgetollt. Er kommt selten, wenn man ihn ruft, sondern muß an die Hand genommen und dorthin gebracht oder geführt werden, wohin er gehen soll.

In seinem 2. Lebensjahr „entwickelte er eine Manie, mit Blöcken, Schalen und anderen runden Objekten zu kreiseln". Gleichzeitig bekam er eine Abneigung gegen sich selbst fortbewegende Fahrzeuge wie Dreiräder und Schaukeln. Er fürchtet sich immer noch vor Dreirädern und scheint geradezu einen Horror davor zu haben, wenn man ihn zwingt, darauf zu fahren, wobei er sich an die Person anklammert, die ihm dabei hilft. In diesem Sommer (1937) kauften wir ihm eine Spielplatz-Rutsche, und am ersten Nachmittag, als andere Kinder darauf herunterrutschten, wollte er sie nicht benutzen, und als wir ihn daraufsetzten, schien er voll Entsetzen. Jedoch am nächsten Morgen, als niemand da war, ging er hinaus, stieg auf die Leiter und rutschte immer wieder herunter; aber er tut dies nur, wenn kein anderes Kind herunterrutscht. . . Er war immer glücklich, wenn er sich allein beschäftigte, nahm es übel, wenn man darauf drang, daß er mit bestimmten Dingen spielte.

Wenn man sich einmischte, bekam er Wutausbrüche, bei denen er destruktiv war. Er hatte „schreckliche Angst, gehauen zu werden, konnte aber sein schlechtes Benehmen nicht mit Strafen in Verbindung bringen".

Im August kam er in ein Vorbeugeheim für Tuberkulöse, um für ihn „eine Änderung der Umgebung zu schaffen". Als er dort war, hatte er eine „Abneigung, mit anderen Kindern zu spielen und Dinge zu tun, die Kinder seines Alters interessieren müßten". Er nahm an Gewicht zu, entwickelte aber die Gewohnheit, den Kopf seitwärts zu schütteln. Er fuhr fort, Gegenstände zu drehen, und hüpfte in Ekstase, wenn er sie sich drehen sah.

Er zeigte eine geistige Abstraktion, die ihn gegenüber allem, was um ihn herum vorging, blind machte. Er scheint immer zu denken und zu denken, und um seine Aufmerksamkeit zu gewinnen, ist es fast notwendig, eine geistige Barriere zwischen seinem inneren Bewußtsein und der Außenwelt einzubrechen.

Der Vater, dem Donald ähnlich sieht, ist ein erfolgreicher, sehr genauer, hart arbeitender Rechtsanwalt, der unter Überbeanspruchung durch Arbeit zwei „Zusammenbrüche" hatte. Er nahm jede Krankheit sehr ernst, hielt Bettruhe und folgte ärztlichen Verordnungen genau, selbst bei einer leichten Erkältung. „Wenn er auf der Straße geht, ist er so in seine

Gedanken versunken, daß er nichts und niemanden sieht und sich nicht daran erinnert, was sich ereignet hat". Die Mutter hat einen Hochschulabschluß; sie ist eine ruhige, fähige Frau, der gegenüber sich der Ehemann überlegen fühlt. Ein zweites Kind, ein Junge, wurde am 22. Mai 1938 geboren.

Als Donald im Oktober 1938 im Harriet-Lane-Heim untersucht wurde, befand er sich in guter körperlicher Verfassung. Während der Anfangsbeobachtung und einer zweiwöchigen Untersuchung durch die Doktoren Eugenia S. Cameron und George Frankel im Child Study Home von Maryland erhielt man folgendes Bild:

Es bestand eine deutliche Einschränkung der spontanen Aktivität. Er wanderte lächelnd umher, machte stereotype Bewegungen mit den Fingern, indem er sie in der Luft kreuzte. Er schüttelte den Kopf, flüsterte und summte immer die gleichen drei Töne. Er drehte mit dem größten Vergnügen alles, was er in drehende Bewegung bringen konnte. Er warf Gegenstände auf den Boden, freute sich dabei offenbar über die Geräusche, die er damit hervorrief. Er ordnete Perlen, Stöcke und Blöcke in Gruppen von unterschiedlichen Farbserien an. Sobald er eine Verrichtung beendet hatte, quiekte und hüpfte er. Darüber hinaus zeigte er keine Initiative, brauchte ständige Instruktionen (von seiner Mutter) bei jeder anderen Form von Aktivität als die, durch die er ganz absorbiert war.

Die meisten seiner Aktionen waren Wiederholungen, die immer in der gleichen Weise ausgeführt wurden, in der sie ursprünglich vollführt worden waren. Wenn er einen Block drehte, mußte er immer mit der gleichen Oberfläche anfangen. Wenn er Knöpfe aufreihte, arrangierte er sie immer in einer bestimmten Reihenfolge, die in sich kein besonderes Muster darstellten, aber die gleiche Ordnung aufwiesen, in der ihm sein Vater dies zum ersten Mal gezeigt hatte.

Es gab auch eine Unzahl von verbalen Ritualen, die er den ganzen Tag äußerte. Wenn er nach seinem Nickerchen heruntergehen wollte, sagte er: „Boo (sein Wort für Mutter), sag ‚Don, möchtest du heruntergehen?' ".

Seine Mutter würde das tun, und Don würde sagen: „Jetzt sage: ‚In Ordnung' ".

Die Mutter tat das, und Don ging hinunter. Beim Mittagessen wiederholte er etwas, was offensichtlich oft zu ihm gesagt wurde; er sagte zu seiner Mutter: „Sage: ‚Iß das, oder ich werde dir keine Tomaten geben, aber wenn du es nicht ißt, gebe ich dir Tomaten' " oder „Sage ‚Wenn du das trinkst, werde ich lachen, und ich werde lächeln' ".

Und seine Mutter mußte sich fügen, sonst quiekte und schrie er und spannte alle seine Halsmuskeln an. Das geschah den ganzen Tag bei der einen oder anderen Gelegenheit. Es schien ihm Spaß zu machen, Wörter oder Sätze auszustoßen, wie etwa „Chrysantheme"; „Dahlie, Dahlie, Dahlie"; „Geschäft"; „Trompetenblume"; „Das Rechte ist an, das Linke ist aus"; „Durch die dunklen Wolken scheinend". Irrelevante Äußerungen wie diese waren seine üblichen Sprachgewohnheiten. Er schien immer nachzusprechen wie ein Papagei, was man bei der einen oder anderen Gelegenheit zu ihm gesagt hatte. Er gebrauchte die Personalpronomen für Personen, die er zitierte, benutzte dabei auch ihren Tonfall. Wenn er wollte, daß die Mutter ihm die Schuhe auszog, sagte er: „Zieh' deine Schuhe aus!" Wenn er baden wollte, sagte er: „Möchtest du baden?"

Wörter hatten für ihn eine besonders wörtliche, unflexible Bedeutung. Er schien unfähig, zu generalisieren, einen Ausdruck auf ein anderes, ähnliches Objekt oder Situation zu übertragen. Wenn er das gelegentlich doch tat, war es eine Substitution, welche dann endgültig für die ursprüngliche Bedeutung stand. So taufte er jede seiner Wasserfarben-Flaschen mit dem Namen eines Fünflings, die damals gerade geboren waren: Annette für blau, Cecilie für rot etc. Wenn er dann eine Farbmischung vornahm, ging er so vor: „Annette und Cecilie geben Purpur".

Die übliche Aufforderung: „leg' das runter!" bedeutete für ihn, daß er es auf den Boden legte. Er hatte ein „Milchglas" und ein „Wasserglas". Wenn er etwas Milch in das „Wasserglas" spuckte, wurde die Milch damit „weißes Wasser".

Das Wort „Ja" bedeutete für ihn für lange Zeit, daß sein Vater ihn auf seine Schultern setzen sollte. Das hatte folgende Erklärung: Als sein Vater ihm beizubringen versuchte, „ja" und „nein" zu sagen, fragte er ihn einmal: „Möchtest du, daß ich dich auf meine Schultern setze"? Don drückte sein Einverständnis aus, indem er die Frage wörtlich, echolalisch wiederholte. Sein Vater sagte: „Wenn du das willst, sage ‚ja', wenn du es nicht willst, sage ‚nein' ". Don sagte „ja", als er gefragt wurde. Aber später bekam „ja" die Bedeutung, er wolle auf seines Vaters Schultern gesetzt werden.

Er achtete nicht auf Menschen, die um ihn herum waren. Wenn er in einen Raum gebracht wurde, ignorierte er Personen vollkommen und ging sofort auf Gegenstände zu, vor allem auf solche, die man drehen konnte. Aufforderungen oder Handlungen, die unmöglich ignoriert werden konnten, wurden als unwillkommene Einmischung betrachtet. Aber er war nie auf die sich einmischende *Person* böse. Er schob ärgerlich die *Hand* beiseite, die ihm im Wege war oder den *Fuß*, der auf einen seiner Blöcke trat. Dabei bezeichnete er einmal den Fuß auf dem Block als „Schirm". Wenn das Hindernis beseitigt war, vergaß er die ganze Geschichte. Er achtete nicht auf anwesende andere Kinder, sondern wandte sich seiner bevorzugten Beschäftigung zu, indem er von den Kindern weglief, die so kühn waren, sich mit ihm abzugeben. Wenn ein Kind ihm ein Spielzeug wegnahm, ließ er das passiv zu. Er kritzelte Linien in die Bilderbücher, die andere Kinder bunt malten, zog sich zurück oder hielt sich die Ohren zu, wenn sie ihn zornig bedrohten. Seine Mutter war die einzige Person, mit der er überhaupt Kontakt hatte, und sogar sie brauchte alle ihr zur Verfügung stehende Zeit, um ihn dazu zu bringen, mit ihr zu spielen.

Nachdem Don nach Hause zurückgekehrt war, schickte die Mutter regelmäßig Berichte über seine Entwicklung. Er lernte schnell, fließend zu lesen und einfache Melodien auf dem Klavier zu spielen. Er begann, wann immer man seine Aufmerksamkeit gewinnen konnte, auf Fragen zu antworten, die nur „ja" und „nein" erforderten. Obwohl er von sich selbst gelegentlich als „Ich" sprach und eine Person mit „Du" anredete, behielt er doch für einige Zeit die pronominale Umkehr bei. Als er z.B. im Februar 1939 stolperte und fast hinfiel, sagte er zu sich selbst: „*Du* bist nicht hingefallen". Er drückte Verwirrungen über die Inkonsequenz der Rechtschreibung aus: „bite" sollte „bight" buchstabiert werden, um mit der Schreibung von „light" übereinzustimmen. Er konnte stundenlang mit dem Schreiben auf der Wandtafel verbringen. Sein Spiel wurde einfallsreicher und variabler, blieb aber recht ritualistisch.

Im Mai 1939 wurde er zu einer Nachuntersuchung zurückgebracht. Seine Aufmerksamkeit und seine Konzentration hatten sich gebessert. Es bestand besserer Kontakt zu seiner Umgebung, und es gab einige direkte Reaktionen auf Menschen und Situationen. Er zeigte Enttäuschung, wenn ihm etwas versagt wurde, verlangte Belohnungen, die man ihm versprochen hatte, freute sich, wenn man ihn lobte. Es war im Child Study Home durch konstante Beharrlichkeit möglich, etwas Konformität in der täglichen Routine und einen gewissen Grad von angemessenem Handhaben von Gegenständen zu erreichen. Er fuhr jedoch fort, Buchstaben mit den Fingern in die Luft zu schreiben, Wörter hervorzustoßen, wie „Semikolon", „Kapital", „zwölf, zwölf", „Erschlagen, Erschlagen", „Ich könnte ein kleines Komma oder Semikolon setzen". Er kaute auf Papier herum, schmierte Essen in seine Haare, warf Bücher in die Toilette, steckte einen Schlüssel in den Ausguß, kletterte auf den Tisch und den Schreibtisch, hatte Wutausbrüche; er kicherte und flüsterte autistisch. Er vertiefte sich in eine Enzyklopädie und lernte etwa 15 Wörter aus dem Inhaltsverzeichnis auswendig, die er immer wieder wiederholte. Man half seiner Mutter, sein Interesse zu gewinnen und Teilnahme an normalen Lebenssituationen aufzubauen.

Es folgen Auszüge aus Briefen, die Donalds Mutter später geschickt hatte:

September 1939. Er ißt, wäscht sich und zieht sich immer noch nur dann an, wenn ich darauf bestehe, und mit meiner Hilfe. Er wird einfallsreicher, baut Dinge mit seinen Blöcken, dramatisiert Geschichten, versucht, das Auto zu waschen, gießt die Blumen mit dem Schlauch, spielt Kaufmann mit eingekauften Waren, versucht, Bilder mit der Schere auszuschneiden. Zahlen haben immer noch eine große Anziehungskraft für ihn. Während sein Spiel sich definitiv bessert, hat er noch nie Fragen über Menschen gestellt und zeigt kein Interesse an unserer Unterhaltung . . .

Oktober 1939. (Eine Schulrektorin – Freundin der Mutter will versuchen, Donald in die erste Klasse ihrer Schule aufzunehmen). Der erste Tag war sehr schwierig für ihn, er besserte sich jedoch an jedem nächsten Tag sehr. Don ist sehr viel selbständiger, möchte viele Dinge alleine tun. Er marschiert gut in der Reihe, antwortet, wenn er gefragt wird, ist besser ansprechbar und gehorsamer; er erzählt niemals freiwillig von seinen Erlebnissen in der Schule und hat nie etwas dagegen einzuwenden, hinzugehen . . .

November 1939. Ich ging heute morgen in sein Klassenzimmer und war erstaunt, wie gut er kooperierte und antwortete. Er war sehr ruhig und still und hörte zu, wenn die Lehrerin sprach – wenigstens in der halben Zeit. Er schreit nicht und läuft nicht herum, sondern bleibt wie die anderen Kinder auf seinem Platz sitzen. Die Lehrerin fing an, an die Tafel zu schreiben. Das erregte sofort seine Aufmerksamkeit. Sie schrieb:

BETTY KÖNNTE EINEN FISCH FÜTTERN
DON KÖNNTE EINEN FISCH FÜTTERN
JERRY KÖNNTE EINEN FISCH FÜTTERN.

Als er dran war, ging er zur Tafel und zog einen Kreis um seinen Namen. Dann fütterte er einen Goldfisch. Dann wurde jedem Kind sein wöchentliches Lesestück gegeben. Er schlug die richtige Seite auf und las, als er aufgerufen wurde. Er beantwortete auch eine Frage über eines der Bilder. Er hüpfte mehrmals, als er gelobt wurde, schüttelte einmal den Kopf, als er antwortete . . .

März 1940. Der größte Fortschritt, den ich feststelle, ist seine Aufmerksamkeit gegenüber seiner Umwelt. Er spricht sehr viel mehr und stellt eine ganze Menge Fragen. Selten erzählt er mir von alleine von Ereignissen in der Schule, aber wenn ich ihn danach frage, antwortet er korrekt. Er beteiligt sich auch an Spielen mit anderen Kindern. An einem Tag meldete er die Familie für ein Spiel an, das er gerade gelernt hatte, und sagte jedem genau, was er zu tun hatte. Er ißt besser allein und ist besser in der Lage, Dinge allein zu tun.

März 1941. Er hat große Fortschritte gemacht, aber die grundlegenden Schwierigkeiten sind immer noch vorhanden . . .

Donald wurde zu einer weiteren Nachuntersuchung im April 1941 gebracht. Die Aufforderung, ins Büro zu kommen, beachtete er nicht, ließ sich aber willig hineinführen. Als er darin war, würdigte er die drei anwesenden Ärzte keines Blickes (an zwei von ihnen erinnerte er sich gut von früheren Besuchen), er wandte sich aber sofort dem Schreibtisch zu und griff nach den Papieren und Büchern. Fragen beantwortete er zunächst mit der stereotypen Erwiderung: „Ich weiß es nicht". Er nahm sich dann Bleistift und Papier und schrieb und zeichnete es voll mit Buchstaben des Alphabets und einigen einfachen Zeichen. Er ordnete die Buchstaben in zwei oder drei Reihen an, las sie eher in senkrechter als in waagerechter Anordnung; dabei war er mit dem Ergebnis sehr zufrieden. Gelegentlich war er zu einer Erklärung oder Frage bereit: „Ich werde für zwei Tage im

Child Study Home bleiben". Später sagte er: „Wo ist meine Mutter"? „Was willst du von ihr"? fragte man ihn. „Ich möchte sie umarmen".

Pronomen benutzte er in richtiger Weise; seine Sätze waren grammatikalisch korrekt. Der größte Teil seiner „Konversation" bestand aus Fragen zwanghafter Natur. Er war unerschöpflich darin, Variationen zu bringen: „Wie viele Tage in einer Woche, Jahren, einem Jahrhundert, Stunden an einem Tag, Stunden an einem halben Tag, Wochen in einem Jahrhundert, Jahrhunderte in einem Jahrtausend" etc., etc.: Wie viele Pints in einer Gallone, wieviele Gallonen füllen vier Gallonen"? Manchmal fragte er: „Wie viele Stunden in einer Minute, wie viele Tage in einer Stunde"? etc. Er blickte gedankenvoll und verlangte immer eine Antwort. Manchmal ging er vorübergehend auf einen Kompromiß ein, indem er schnell auf eine andere Frage oder Bitte antwortete, dann aber sofort wieder auf das gleiche Verhalten zurückgriff. Viele seiner Antworten waren metaphorisch oder in anderer Weise eigenartig. Als er 4 von 10 abziehen sollte, sagte er: „Ich zeichne ein Sechseck".

Er war immer noch extrem autistisch. Seine Beziehung zu Menschen hatte sich nur insoweit entwickelt, als er sie anredete, wenn er sie brauchte oder etwas von ihnen wollte. Er sah eine Person niemals an, wenn er mit ihr sprach, und gebrauchte keine kommunikativen Gesten. Selbst diese Art von Kontakt hörte in dem Augenblick auf, wenn man ihm sagte oder gab, wonach er gefragt hatte.

Ein Brief der Mutter berichtete im Oktober 1942 folgendes: Don ist immer noch vielem gegenüber, was um ihn herum vorgeht, indifferent. Seine Interessen wechseln oft, er ist aber immer noch von verrückten, unangemessenen Themen gefangen. Seine am Buchstaben klebende Einstellung ist noch sehr deutlich vorhanden; er möchte Wörter so buchstabieren, wie sie klingen, und Buchstaben entsprechend aussprechen. Kürzlich war ich in der Lage, Don dazu zu bringen, ein paar Hausarbeiten zu machen, um damit Kinogeld zu verdienen. Er hat jetzt Freude an Filmen, aber ohne jede Idee von der Handlung. Er erinnert sich in der Reihenfolge an sie, wie er sie sieht. Ein anderes seiner neuerlichen Hobbies beschäftigt sich mit alten Ausgaben des Times-Magazins. Er fand ein Exemplar der ersten Ausgabe vom 3. März 1923 und hat versucht, eine Liste der Publikationsdaten von jeder Ausgabe seit 1923 zu machen. Dabei ist er bis April 1934 gekommen. Er hat die Zahl der Ausgaben pro Band und ähnlichen Unsinn aufgeschrieben.

(Aus dem Amerikanischen übersetzt vom Verfasser)

Beispiel Nr. 4: Fritz V. (Asperger)

Der im Juni 1933 geborene Knabe kam im Herbst 1939 zur Beobachtung an die Heilpädagogische Abteilung der Wiener Universitäts-Kinderklinik. Er war von der Schule eingewiesen: Schon am 1. Tage des Schulbesuches hatte sich gezeigt, daß er „vollkommen schulunfähig“ sei.

Fritz ist das erste Kind seiner Eltern (er hat einen um 2 Jahre jüngeren Bruder, der auch etwas boshaft und schwierig, aber lange nicht so abartig ist wie Fritz). Die Geburt war ganz normal. Entwicklung: Während die motorischen Funktionen sich eher verspätet entwickeln (er lernte erst mit 14 Monaten gehen, war lange besonders ungeschickt und unselbständig, er lernte die praktischen Verrichtungen des Alltagslebens spät und schwer – darüber wird noch ausführlicher zu reden sein), lernte sehr früh reden: mit 10 Monaten (also lange bevor er gehen konnte) sprach er die ersten Worte, lernte rasch sich in guten Sätzen auszudrücken, sprach bald „wie ein Alter“. Von besonderen Krankheiten war nichts bekannt, vor allem gibt es keine Angaben, die etwa auf einen cerebralen Prozeß hinweisen würden.

Von klein auf machte er die ärgsten Erziehungsschwierigkeiten; er fügte sich keinem Befehl, tat einfach, was er wollte, oder das gerade Gegenteil vom Befohlenen. Seit jeher ist er sehr unruhig und unstet, überall dran, muß alles in Händen haben, interessiert sich für alles, setzt sich über alle einschränkenden Verbote hinweg. Er hat einen ausgesprochenen Zerstörungstrieb, zerreißt, zerschlägt nach kurzer Zeit, was ihm unter die Hände kommt.

Seit jeher kann er sich in keine Kindergemeinschaft einordnen. Er spielt immer allein, nie hat er sich mit anderen Kindern vertragen oder beschäftigt; „sie reizen ihn nur auf“, er wird immer gleich aggressiv, schlägt mit allem zu, was er gerade erreicht, ohne Rücksicht, ob er andere ernstlich gefährdet (einmal mit einem Hammer); er wurde darum, als man eine Kindergarteneinordnung versuchte, schon nach wenigen Tagen wieder ausgeschlossen. Ebenso scheiterte ein Beschulungsversuch schon am 1. Tage an seinem völlig hemmungslosen Benehmen; er ging auf die Kinder los, spazierte unbekümmert in der Klasse herum, versuchte die Kleiderhaken zu demontieren.

Zu niemandem hat er richtige Gefühlsbeziehungen; er hat wohl manchmal Zärtlichkeitsanwandlungen, fällt verschiedenen Leuten ganz unmotiviert um den Hals – das wirkt aber gar nicht erfreulich, gar nicht wie der Ausdruck eines echten Gefühls, eines wirklichen Zugetanseins, sondern ganz abrupt, „wie ein Anfall“. Man hat den Eindruck, er könne niemanden wirklich gern haben, niemandem etwas zuliebe tun. Er macht sich gar nichts daraus, wenn man über ihn böse oder traurig ist; ja es hat den Anschein, als hätte er seine Lust daran, wenn sich der Erzieher über ihn ärgert, als bereite ihm das eine angenehme Sensation, die er durch Negativismus und Bosheiten zu provozieren sucht; (über seine eigenartigen Bosheiten wird später noch zu berichten sein).

Richtigen Respekt kennt er nicht. Um die Autorität der Erwachsenen kümmert er sich entweder überhaupt nicht, oder er ist ganz distanzlos, redet auch Fremde unbekümmert an; obwohl er die Sprache besonders früh beherrschte, war ihm das „Sie“ der Anrede nicht beizubringen; er steht mit jedem Menschen auf „Du und Du“.

Sehr eigenartig wirkt er durch gewisse stereotype Bewegungen und andere Gewohnheiten (auch darüber wird in dem Benehmensbericht noch zu sprechen sein).

Familienanamnese

Die Mutter stammt aus der Familie eines der größten österreichischen Dichter. In der mütterlichen Sippe gibt es fast nur Intellektuelle, alle sind und waren nach der Angabe der Mutter „etwas genial verrückt“; mehrere haben „hübsch gedichtet“. Eine Schwester des mütterlichen Großvaters, eine „geniale Pädagogin“, war besonders schrullenhaft, ganz einzelgängerisch. Der mütterliche Großvater, wie auch mehrere Verwandte von ihm, wurden ebenfalls in der öffentlichen Schule nicht behalten, sondern mußte eine Privatschule besuchen; diesem Großvater soll das Kind sehr ähnlich sein; auch er soll in der Jugend ähnliche Schwierigkeiten gemacht haben; er wirkt etwas wie eine Karikatur eines Gelehrten, eingesponnen und sonderlinghaft, nicht sehr fest im realen Leben stehend.

Auch die Mutter selbst ist dem Knaben sehr ähnlich (was bei einer Frau besonders auffällt, denn gerade von ihrem Geschlecht verlangt man die größere Instinktsicherheit, die bessere Situationsanpassung, mehr Gefühl als Intellekt). Schon in ihrer ganzen Motorik, noch mehr in ihrer Redeweise und in ihrem gesamten Verhalten wirkt sie sonderbar, unangepaßt, einzelgängerisch (sehr bezeichnend ist z.B. die Situation, wie Mutter und Sohn selbander an die Klinik zum Unterricht wandeln – die Mutter stakt dahin, scheinbar von der Welt nichts sehend, die Arme auf dem Rücken verschränkt, daneben macht der Knabe seinen Unfug, rennt ab und zu – es hat ganz den Anschein, als hätten die beiden gar nichts miteinander zu tun). Man hat sehr den Eindruck, daß die Mutter nicht nur ihrem Kind, sondern überhaupt dem praktischen Leben, auch dem Haushalt gar nicht gewachsen ist; sie, die doch in einem gehobenen Milieu lebt, wirkt immer etwas schlampig, ja schlecht gewaschen, immer sehr unvorteilhaft angezogen. Auch der körperlichen Pflege ihres Sohnes ist sie sichtlich nicht gewachsen (freilich ist die körperliche Pflege des Knaben sehr schwierig durchzuführen; auch darüber später mehr). Die Mutter kennt ihren Sohn in allen seinen Wesenszügen und Schwierigkeiten, sucht in sich, in Vorfahren und Verwandten ähnliche Züge und kann sehr gut über alles berichten; sie betont immer wieder, daß sie sich überhaupt nicht mit ihm zu helfen wisse – und davon kann man sich immer wieder überzeugen, wenn man die beiden zusammen sieht; es wird dabei ganz klar, daß das ebenso an den endogenen Schwierigkeiten des Knaben liegt wie daran, daß auch die Mutter in ihren Beziehungen zur Welt, vor allem in ihren Instinktfunktionen beträchtlich eingeengt ist. Bezeichnend für ihr Wesen erscheint uns folgender Zug: wenn es ihr daheim zu bunt wird, läßt sie alles liegen und stehen und fährt, ohne sich um die zurückgebliebenen Männer der Familie zu kümmern, für 1 Woche oder länger ins Gebirge, das sie sehr liebt.

Der Vater des Knaben stammt aus einer bäuerlichen Sippe, die angeblich keine auffallenden Charaktere aufweist. Er hat sich, allein auf sich selbst gestellt, emporgearbeitet und es zu einem hohen Staatsbeamten gebracht. Er kam dadurch spät zur Ehe; bei der Geburt seines ersten Kindes war er 55 Jahre alt.

Der Vater ist ein stiller, verschlossener Mensch, der von seinem Wesen nicht gern etwas preisgibt, von sich und seinen Angelegenheiten nicht gerne berichtet, sehr korrekt, pedantisch, von verstärkter persönlicher Distanz.

Ansehen und Ausdruckserscheinungen

Ein körperlich zarter Knabe, lang aufgeschossen (11 cm über der seinem Alter entsprechenden Durchschnittsgröße), mager, von grazilem Skelett, schwach ausgebildeter Muskulatur; die Hautfarbe ist graugelblich, die Haut ohne Frische und Turgor, an den Schläfen und an den oberen Thoraxpartien scheinen stark die Venen des Unterhautzellgewebes durch. Die Haltung ist sehr schlaff, die Schultern hängen, die Schulterblätter stehen ab.

Sonst zeigt der körperliche Befund keine Besonderheiten. Das Gesicht zeigt feine, prinzenhafte, für das Alter schon sehr differenzierte Züge – das Kleinkindhafte ist bereits vollständig abgestreift.

Auffallend ist der Blick; meist, wenn nicht gerade ein boshaftes Leuchten darin steht, geht er ins Leere, taucht nicht in den des ihm Gegenüberstehenden, mit diesem die Einheit des Gesprächskontaktes herstellend; Menschen und Dinge scheint er nur mit kurzen, „peripheren" Blicken zu streifen. Es ist, „als wäre er nicht da". Den gleichen Eindruck hat man auch von seiner Stimme: sie ist fein und hoch, klingt wie von fern. Es fehlt die normale Wortmelodie, der natürliche Fluß der Rede. Meist spricht er sehr langsam, zieht einzelne Wörter besonders in die Länge; die Modulation ist gesteigert, seine Rede ist ein Singsang. Auch der Inhalt seiner Rede ist ganz anders als man von einem normalen Kind erwarten müßte: nur selten ist das, was er sagt, eine Antwort auf die Frage. Oft muß man Fragen öfters wiederholen, bis sie zu ihm dringen. Gibt er einmal eine Antwort, so geschieht das in knappster Form. Sehr oft aber hat man das Glück nicht, ihn einmal zum Reagieren zu bringen; er antwortet gar nicht, oder mit Ablehnung, rhythmischem Schlagen oder anderen Stereotypien, wie unten noch geschildert werden soll; oder er wiederholt die Frage, oder stereotyp immer wieder ein Wort aus der Frage, das ihn anscheindend beeindruckt hat; oder er singt: „Ich mag das nicht sagen, ich mag das nicht sagen ...".

Verhalten an der Abteilung

So wie schon Haltung, Blick, Stimme und Redeweise des Knaben auf den ersten Blick gezeigt hatten, daß seine Beziehungen zur Umwelt beträchtlich eingeengt sein müßten, so wird das auch aus seinem Verhalten in der Kindergruppe sofort klar. Er fällt vom ersten Augenblick an und während der ganzen Dauer seines Aufenthaltes aus der Gemeinschaft heraus, wandelt fremd herum, nimmt scheinbar von seiner Umgebung keine Notiz. Es ist unmöglich, ihn zum Mitspielen in einer Gruppe zu bringen. Er kann aber auch allein nicht sinngemäß spielen, weiß mit den Dingen gar nichts anzufangen. Gibt man ihm etwa Bausteine, so steckt er sie in den Mund und kaut daran, oder er wirft sie samt und sonders unter die Betten (anscheinend ist ihm der dabei entstehende Lärm eine erwünschte Sensation).

Fehlte somit weitgehend das richtige Reagieren auf Personen, auf Dinge und auf Situationen, so war er andererseits ganz seinen spontanen Impulsen, die mit der Umweltsituation in keinem Zusammenhang standen, hingegeben. Am auffallendsten waren seine Bewegungsstereotypien: plötzlich begann er, sich rhythmisch auf die Schenkel zu schlagen, oder laut klatschend auf den Tisch, gegen die Wand zu schlagen, oder auf eine andere Person loszuschlagen, oder im Saal herumzuhüpfen, ganz ohne jede Rücksicht auf das Staunen der anderen. Diese Impulse kamen meist ganz spontan, wurden aber auch manchmal durch bestimmte Situationen ausgelöst: einmal dann, wenn man irgendwelche Anforderungen an ihn stellte, was er meist als unerwünschtes Eindringen in seine abgekapselte Persönlichkeit empfand – wenn es schon eine kurze Zeit gelang, ihn zum Antworten, zum Reagieren zu bringen, so merkte man doch bald, wie sich die Unlust in ihm aufstaute, die dann in solchen Bewegungen oder in Schreien ausbrach. Zum anderen war es eine Bewegung oder Unruhe um ihn, die ihn zu solchen Stereotypien hinriß; war einmal an der Station eine laute, fröhliche, unruhige Stimmung, etwa bei einem Wettspiel, so konnte man sicher sein, daß er bald aus der Reihe ausbrach und herumzuhüpfen oder herumzuschlagen begann.

Auch sonst hatte er allerhand eigenartige und unangenehme Gewohnheiten: er „fraß" die unmöglichsten Dinge, Bleistifte mit Holz und Mine, Papier in größeren Mengen (es ist darum nicht verwunderlich, daß er sehr oft einen verdorbenen Magen hat); er war gewohnt, den Tisch abzulecken, weiterhin mit seinem Speichel herumzuschmieren. Es fehlen auch die für solche Kinder so bezeichnenden Bosheitshandlungen nicht; der Bub, der da eben schlaff, mit abwesendem Blick saß, ist auf einmal aufleuchtenden Blicks aufgesprungen und hat schon blitzschnell etwas angestellt: die Sachen vom Tisch gewischt, schnell einem Kind eins versetzt – er sucht sich immer Kleinere, Hilflose aus, die denn auch eine große Angst vor ihm haben –, hat Licht oder Wasser aufgedreht; oder er rennt auf einmal der Mutter oder dem Begleiter davon und ist kaum einzuholen, oder er läßt sich in die Pfütze fallen, daß er von oben bis unten beschmiert ist. Diese Impulshandlungen kommen ohne jede Vorbereitung, melden sich nicht an – und sind daher pädagogisch ungemein schwer zu beherrschen; und weiterhin ist für sie bezeichnend, daß gewöhnlich das geschieht, was in einer solchen Situation am allerunangenehmsten, peinlichsten, gefährlichsten ist, daß der Knabe also gerade dafür ein Gespür haben muß – während er doch sonst so wenig von der Umwelt Kenntnis nimmt! – durch diese Treffsicherheit aber wirken die Bosheiten dieser Kinder so „raffiniert".

Wie zu erwarten war, treten seine Störungen kraß in Erscheinung, wenn die Umwelt an ihn Anforderungen stellt, wenn man ihn zu beschäftigen, zu unterrichten sucht, und zwar ebenso in der Kindergruppe wie wenn man sich mit ihm einzeln abgibt. Nur bei besonderem pädagogischen Geschick (über das pädagogische Verhalten wird noch zu reden sein) gelingt es, ihn für kurze Zeit in die Turn- oder Arbeitsgruppe einzufügen. Abgesehen von seiner Unzugänglichkeit gegenüber Befehlen von außen liegt ihm ja Turnen und Arbeiten nicht, weil er motorisch sehr ungeschickt ist. Er kann niemals körperlich gelöst sein, schwingt in keinem Rhythmus mit, beherrscht seinen Körper nicht. So kommt es denn, daß er immer wieder aus der Turngruppe oder von seinem Arbeitstisch davonrennt, hüpft oder schlägt oder auf die Betten steigt oder irgendeinen stereotypen Singsang losläßt.

Den gleichen Schwierigkeiten begegnet man, wenn man mit ihm allein zu arbeiten sucht. Als Beispiel sei das Verhalten bei der *Intelligenzprüfung* angeführt. Da in diesem Fall eine reguläre undurchführbar war, soll eine Beschreibung unserer Prüfungsmethode bei dem nächsten Fall nachgetragen werden.

Es zeigte sich, daß man aus der Prüfung allein unmöglich eine Vorstellung über seine tatsächlichen intellektuellen Fähigkeiten gewinnen konnte: die Ergebnisse waren zu widersprechend, es hatte ganz den Anschein, als sei das Versagen vor gewissen Anforderungen zufällig, nur aus seiner Kontaktstörung zu erklären. Die Prüfung war ungemein schwierig durchzuführen. Immer wieder sprang er auf, schlug den Prüfungsleiter klatschend auf die Hand, ließ sich vom Sessel zu Boden fallen und hatte sein Vergnügen daran, wenn man ihn wieder mit Nachdruck niedersetzte, gab höhnisch lächelnd zur Antwort: „Gar nichts, gar niemand", oder wiederholte stereotyp die Frage oder irgendein sinnloses Wort oder eine Wortneubildung. Oft mußte man Fragen und Anforderungen mehrmals wiederholen und mußte Glück haben, um ihn einmal in einem Augenblick zu erwischen, da er zum Reagieren bereit war – dann kam man manchmal auf Leistungen, in denen er seinem Alter beträchtlich voraus war.

Einige Beispiele:

„Legeversuch" (es wird gefordert, eine aus Stäbchen gelegte, aus zwei Quadraten und vier Dreiecken bestehenden Figur nachzulegen, die einige Sekunden exponiert und dann wieder weggeräumt war): obwohl er die Figur scheinbar nur mit einem halben Blick gestreift hatte, war sie doch in wenigen Sekunden richtig gelegt – eigentlich nicht gelegt; er warf die Stäbchen einfach hin, so daß man wohl erkennen konnte, daß die richtige Figur damit gemeint war, er war aber nicht zu bewegen, die Stäbchen ordentlich auszurichten.
„Klopfversuch" (es sollen einige vorgeklopfte Rhythmen nachgeahmt werden): trotz aller Bemühungen war er nicht dazu zu bewegen.
Merkfähigkeit für Zahlen: er bringt es leicht dazu, 6 Zahlen nachzusprechen, man hat auch deutlich den Eindruck, es ginge noch weiter, er habe nur auf einmal die Lust verloren (bei der Prüfungsmethode nach *Binet* ist das Nachsprechen von 6 Zahlen erst für 10 Jahre verlangt, der Knabe ist erst 6 Jahre alt!).
Merkfähigkeit für Sätze: Auch dieser Test ist nicht zu beurteilen – er sagt viele Sätze absichtlich falsch; es ist aber deutlich zu sehen, daß er auf eine mindestens altersangemessene Leistung kommen könnte.
Unterschiedsfragen: auf manche Fragen bekommt man keine Antwort, auf manche eine ganz sinnlose: (Baum und Strauch) „er hat einen Unterschied"; (Fliege und Schmetterling) „weil er einen anderen Namen hat", „weil er, der Schmetterling geschneit ist, mit Schnee geschneit", (auf die Frage, wie es mit der Farbe sei) „weil er rot und blau ist und die Fliege braun und schwarz"; (Holz und Glas) „weil das Glas viel gläserner ist und das Holz viel hölzerner"; (Kuh und Kalb) „ein lammerlammerlammer, ein lauer ...."; (wer ist größer?) „die Kuh", „ich möcht jetzt die Feder haben ....".

Damit genug von den Beispielen aus der Intelligenzprüfung. Ein klares Bild über die intellektuellen Fähigkeiten des Knaben haben wir dadurch nicht erhalten. Das war auch gar nicht zu erwarten – bei einem Menschen, der kaum jemals richtig reagieren kann, sondern nur seinen spontanen Impulsen folgt, der nicht in lebendigem Wechselspiel mit der Umwelt steht. Zur Beurteilung seiner Fähigkeiten müssen wir auch seine spontanen Produktionen heranziehen.

Schon die Eltern hatten angegeben, daß er oft, wenn man es gar nicht erwartete, durch Bemerkungen überraschte, die eine ausgezeichnete Erfassung der Situation, eine gute Beurteilung von Menschen verrieten – erstaunlich, da er doch scheinbar kaum Kenntnis von der Umwelt nahm. Vor allem habe er schon sehr früh besonderes Interesse für Zahlen und Rechnen gezeigt: ohne daß man sich je bemüht hätte, ihm etwas beizubringen – er habe nur hin und wieder Fragen aus diesem Gebiet gestellt –, habe er nicht nur bis über Hundert zählen gelernt, sondern er könne auch in diesem Zahlenraum „spielend" rechnen. Diese Angaben der Eltern erwiesen sich als vollkommen richtig, besonders was die ungewöhnliche Rechenfähigkeiten betrifft (wie denn überhaupt die Eltern dieses ihr Kind intellektuell ausgezeichnet verstehen). Auch diese Kenntnisse, die der Knabe besaß, waren nicht beliebig durch Fragen hervorzuholen, sondern zeigten sich „zufällig", vor allem im Verlauf des Einzelunterrichtes, der von uns nach seinem Aufenthalt in der Heilpädagogischen Abteilung begonnen wurde. Bevor man noch darangegangen war, ihm systematisch etwas beizubringen, beherrschte er mit Leichtigkeit das Überschreiten des Zehners, ja das Rechnen mit mehreren Zehnern. Nun können sehr viele gescheite 6jährige vor jedem Schulunterricht den Zehner überschreiten. Ungewöhnlich war es aber, was sonst noch im Laufe des 1. Unterrichtsjahres zutage kam. Er lernte, sozusagen von selber, ganz „nebenher" die Brüche vollkommen verstehen und mit ihnen rechnen: so stellte er sich, wie die Mutter berichtete, ganz zu Beginn des Unterrichtes selber das Problem, was denn größer sei, 1/16 oder 1/18, und löste es auch mit Sicherheit; oder als man einmal spaßhalber, um die Grenzen seines Könnens auszuloten, fragte, wieviel 2/3 von 120 sei, kam sofort die richtige Antwort, 80. Ebenso überraschte er einmal damit, daß er den Begriff der negativen Zahlen hatte – allem Anschein nach von selbst; er gab an, daß 3 weniger 5 – „2 unter Null" sei. Gegen Ende des 1. Schuljahres war ihm auch der Begriff des umgekehrten Schlusses sicher geläufig (2 Arbeiter brauchen zu einer Arbeit so und so lange, wie lange brauchen 6 Arbeiter?).

Wir sehen hier also, was uns bei fast allen Autistischen begegnen wird, ein Sonderinteresse ausgebildet, das den Knaben auf seinem „Spezialgebiet" zu ganz ungewöhnlichen Leistungen befähigt. Dadurch rückt auch die Frage nach der Intelligenz solcher Menschen der Klärung näher, wenngleich auch jetzt noch die Antwort nicht leicht wird, da die Befunde so sehr widerspruchsvoll sind, daß verschiedene Beurteiler von ihrem Standpunkt zu ganz entgegengesetzten Urteilen kommen; man kann solche Menschen mit guten Gründen sowohl für Wunderkinder wie für Schwachsinnige halten!

Noch ein Wort über die persönlichen Beziehungen des Knaben. Auf den ersten Blick scheint es, als wären solche gar nicht vorhanden, als bestünden sie nur in negativem Sinn, in Bosheiten und Aggressionen. Das stimmt aber nicht ganz. Auch wieder zufällig, bei seltenen Gelegenheiten zeigte sich, daß er doch ein Gefühl dafür hat – und zwar ein ganz untrügliches Gefühl –, wer ihm wohl will, und daß er dieses Wohlwollen des anderen auch manchmal erwiderte; daß er etwa beteuerte, er habe seine Lehrerin, die ihn hier unterrichtete, gern, oder daß er – selten und kurz – eine Anwandlung von Zärtlichkeit bekam, etwa eine Schwester an der Abteilung umarmte.

Pädagogische Konsequenzen

Schon aus dem bisher Gesagten ergibt sich, daß die pädagogischen Schwierigkeiten in diesem Fall besonders groß sein mußten. Machen wir uns einmal die wesentlichen Voraussetzungen klar, die beim „normalen" Kind bewirken, daß es gehorcht, sich einordnet, lernt – und zwar nicht nur einen Schulstoff, sondern vor allem das richtige Benehmen erlernt. Dazu gehört keineswegs in erster Linie intellektuelles Verstehen der Anforderung. Lange bevor das Kind die Worte des Erziehers versteht, schon im Säuglingsalter, lernt es gehorchen – nicht den abstrakten Worten, sondern dem Blick der Mutter, dem Ton ihrer Stimme, ihrer Miene und ihren Gesten, kurz dem unbeschreiblich reichen Spiel ihrer *Ausdruckserscheinungen*. All das versteht das kleine Kind nicht bewußt, sondern es wird beeindruckt. Er steht ununterbrochen im Wechselspiel mit dem Erzieher, seine eigenen Reaktionen ständig weiterbildend, immer wieder nach den guten oder bösen Erfahrungen modifiziert, die es in seinem Zusammenstoßen mit der Welt machte. Es begreift sich leicht, daß dazu von seiten des Kindes ungestörte Beziehungen zur Umwelt die wesentliche Voraussetzung sind. In unserem Falle ist aber gerade dieser wunderbare Regulationsmechanismus schwer gestört. Ein Zeichen dafür ist, daß die eigenen Ausdruckserscheinungen des Kindes nicht normal ablaufen; wir haben schon beschrieben, wie andersartig hier der Blick ist – durch den ja so viel von der Welt in den Menschen eingeht und so viel von seinem Wesen nach außen spricht –, wie andersartig seine Stimme, seine ganze Art zu reden, wie anders seine ganze Motorik beschaffen ist. Darum kann es auch nicht wunder nehmen, wenn bei dem Knaben auch das Verständnis fremder Ausdruckserscheinungen und die richtige Reaktion darauf gestört sind.

Betrachten wir das gleiche noch einmal von einem etwas anderen Gesichtspunkt: was ein Kind zum Gehorchen zwingt, ist keineswegs in erster Linie der *Inhalt* der Worte, den es verstandesgemäß erfaßt und verstandesmäßig verarbeitet, sondern vor allem der Affekt des Erziehers, der aus den Worten spricht. Es kommt also beim Befehlen gar nicht so sehr darauf an, was der Erzieher sagt, etwa wie gut der Befehl begründet sei, wie er Notwendigkeit und Folgen des Gehorchens (und Nichtgehorchens) dem Kind vor Augen führt (nur instinktlose Erzieher meinen und handeln so), sondern es kommt darauf an, *wie* er den Befehl gibt, wie machtvoll die

Affekte sind, die hinter den Worten stehen. Das Affektive, das aus den Worten spricht, versteht auch der Säugling, auch der Fremdsprachige, ja auch das Tier, die alle den Wortsinn nicht oder noch nicht begreifen können.

In unserem Fall wie überhaupt in allen diesen Fällen ist aber das Affektleben weitgehend gestört. Das ging schon aus der bisherigen Schilderung hervor. Man versteht vieles von seinen Affekten nicht, weiß oft nicht, was ihn freudig lachen oder hüpfen macht, was ihn zornig gegen andere losgehen läßt, weiß nicht, welche Gefühle die Grundlage seiner Stereotypien sind, was ihn auf einmal zärtlich stimmt. So vieles, was aus ihm kommt, wirkt eben abrupt, in der Situation gar nicht begründet. Ist so die eigene Affektivität des Knaben so abartig, daß man sich nur schwer einfühlen kann, so wird es nicht wunder nehmen, daß auch die Reaktion auf die Affekte des Erziehers nicht die richtige ist.

Tatsächlich ist auch für Fritz V. wie für alle diese Kinder ganz charakteristisch, daß sie auf affektvolle Gebote oder Verbote, auf Zorn und Ärger, aber auch auf „liebevolles“ Zureden, auf Schmeicheln nicht mit Gehorsam oder Sicheinfügen reagieren, sondern im Gegenteil mit Negativismus, mit Bosheiten und Aggressionen. Während Liebesbezeugungen, Zärtlichkeiten und Schmeicheleien des Erwachsenen für das normale Kind etwas sehr Angenehmes bedeuten, so daß das Kind eben darum brav ist, um sich die Annehmlichkeiten zu verdienen, wirken diese Dinge, wie sich bei Fritz V. sowie bei allen anderen Kindern dieses Typs zeigte, auf die kontaktgestörten Autistischen unangenehm und irritierend. Und während der Affekt des Zornes und des Drohens von seiten des Erziehers bei dem normalen Kind schließlich doch Eigenwillen und Trotz beugt und das richtige Gehorchen erzielt, erreicht man bei unseren Autistischen gerade das Gegenteil: meist ist ihnen der Affekt des Erziehers eine Sensation, die sie boshaft blitzenden Auges genießen und gern provozieren – „Ich bin so schlimm, weil Sie sich so schön ärgern“, hat ein ähnlich gearteter Knabe zu seiner Lehrerin gesagt!

Das richtige pädagogische Verhalten bei solchen Fällen ist schwer zu beschreiben – es ergibt sich ja auch, wie jedes echte pädagogische Verhalten, nicht als Resultat logischer Deduktionen, sondern primär aus erzieherischem Instinkt.

Immerhin kann man einiges Grundsätzliche sagen, was sich in der Erfahrung an solchen Kindern bewährt hat.

Das Erste ist wohl, daß alle pädagogischen Maßnahmen „mit abgestelltem Affekt“ vorgetragen sein müssen; niemals darf der Erzieher zornig werden oder sich ärgern, auch nicht „lieb“ oder „kindertümlich“ sein wollen. Es genügt dabei aber wahrlich nicht, nur nach außen hin ruhig zu scheinen, während man innerlich kocht – und wie nahe läge das nicht bei dem Negativismus und den raffinierten Bosheiten solcher Kinder! –, sondern der Erzieher muß innerlich wirklich vollkommen ruhig, beherrscht und gesammelt bleiben. Ohne sich dem Kind persönlich aufzudrängen, hat er kühl und sachlich seine Anweisungen zu geben. Hört man etwa dem Unterricht eines solchen Kindes zu, sieht man, wie ruhig und „selbstverständlich" alles vor sich geht, so könnte es scheinen, das ginge alles „nur so nebenher", „man ließe das Kind laufen". Nichts wäre falscher. In Wirklichkeit braucht die Führung dieser Psychopathen eine besondere Anspannung und Konzentration, eine besondere Sammlung und innere Sicherheit des Erziehers, die gar nicht leicht durchzuhalten ist!

Weiterhin: es liegt die Gefahr nahe, daß man an dem verbalen Negativismus dieser Kinder ins Debattieren kommt, ihnen beweisen will, daß sie unrecht haben, sie zur rechten Einsicht bringen will. Besonders die Eltern versuchen dies meist – und reiben sich in endlosen Debatten auf, die niemals zu einem Ziel führen. Dagegen gelingt es meist, solche negativistischen Redereien einfach abzuschneiden; etwa so: Fritz ist des Rechnens müde und „singt": „Ich mag nicht mehr rechnen, ich mag nicht mehr rechnen ....", die Lehrerin: „Nein, du brauchst nicht zu rechnen (und in demselben ruhigen Tonfall fortfahrend): wieviel ist ....". So primitiv solche pädagogischen Mittel scheinen, die Erfahrung zeigt, daß sie meist Erfolg haben.

Überhaupt muß folgendes betont werden: so sehr das ein diametraler Gegensatz zu sein scheint – diese Kinder sind sowohl negativistisch wie auch besonders suggestibel, ja es finden sich sehr oft Züge von Befehlsautomatie. Noch deutlicher ist dieses Verhalten ja bei Schizophrenen; auch da finden sich in einer Person negativistische Versteifung und Befehlsautomatie nebeneinander; ja es dürften überhaupt diese beiden Willensstörungen innerlich sehr verwandt sein! Auch bei unseren Kindern ist immer wieder festzustellen: stellt man die Anforderungen – scheinbar – so „automatenhaft" und stereotyp, in ähnlich ruhigem „Singsang" wie sie selber reden, so hat man oft das Gefühl, daß sie gehorchen *müssen*, ohne die Möglichkeit, sich dem Befehl zu widersetzen.

Ein anderer pädagogischer Kunstgriff, daß man nämlich die pädagogischen Maßnahmen nicht als persönliche Anforderungen, sondern als objektives, unpersönliches Gesetz kundgibt, wird bei anderen Fällen beschrieben werden, an denen sich das besser demonstrieren läßt.

Es wurde schon davon gesprochen, daß hinter dieser kühlen, sachlichen Art des Verkehrs mit Fritz V. und mit allen anderen derartigen Kindern ein echtes Wohlwollen stehen muß, will man überhaupt pädagogisch etwas erreichen. Diese Kinder haben, so erstaunlich das erscheint, ein besonders gutes Gefühl für die Persönlichkeit des Erziehers. So schwierig sie auch selbst unter den günstigsten erzieherischen Bedingungen sind – richtig leiten und auch unterrichten lassen sie sich nur von solchen Menschen, die sie nicht nur verstehen, sondern die ihnen auch wirklich gewogen sind, eine Güte und – einen Humor für sie haben. Auch für sie gilt das Gesetz vom „thymogenen Automatismus" (*Hamburger*): das aus dem

Gemüt kommende Verhalten des Erziehers, seine gemütsmäßige Einstellung beeinflußt automatisch (daher der Ausdruck „thymogener Automatismus"), ohne Willen, ohne Bewußtsein, die Stimmung und das Verhalten des Kindes. Freilich gehört zur Führung gerade solcher Kinder wesentlich auch die Erkenntnis ihrer Eigentümlichkeiten und echte pädagogische Erfahrung, das ist klar; aber auch hier genügt eben nicht die kalte Routine.

Daß Fritz V. bei seinen beträchtlichen Abartigkeiten nicht in einer Schulklasse unterrichtet werden konnte, war von vornherein klar: nicht nur hätte ihn die Unruhe um ihn sehr irritiert und damit eine Arbeitskonzentration unmöglich gemacht, sondern er hätte vor allem eine jede Schulklasse ganz durcheinander gebracht und jede Arbeit auch der anderen gestört. Man bedenke nur seinen Negativismus und seine ungehemmten Bewußtseinsimpulse! Wir haben es daher unternommen, den Knaben an unserer Abteilung von einer Mitarbeiterin der Station einzeln unterrichten zu lassen (mit Bewilligung des Stadtschulrates). Daß auch das nicht leicht ging, versteht sich nach dem bisher Gesagten von selbst – nicht einmal im Rechnen, wie man bei seiner besonderen mathematischen Begabung vielleicht hätte erwarten können.

Freilich, kam man einmal auf ein Problem, das ihn gerade interessierte (oben wurden schon einige Beispiele gegeben), dann „schnappte er ein" und überraschte durch rasches und gutes Verständnis; aber das „gewöhnliche" Rechnen, das Mechanisierbare daran, das kostete zähe Mühe. Wir werden auch bei beiden anderen Fällen noch sehen, wie auch bei den gescheitesten Kindern dieses Typus die Mechanisierung, also die Einstellung auf gewohnte Denkabläufe, immer besondere Schwierigkeiten macht. Wie von vornherein zu erwarten war, konnte man ihm das Schreiben besonders schwer beibringen; hier kam zu seinen allgemeinen Einstellungsschwierigkeiten die motorische Ungeschicklichkeit, die ihn sehr behinderte. In seinen verkrampften Händen gehorchte der Bleistift nicht. Immer wieder kam es vor, daß er auf einmal mit großen Schwüngen die ganze Seite vollschmierte, mit dem Blei Löcher ins Heft bohrte, Seite oder Heft zerriß. Man konnte das Schreibenlernen schließlich nur so erreichen, daß ihm die Lehrerin Buchstaben und Wörter mit rotem Blei vormalte und er darüber mit seinem Bleistift schrieb, auf diese Weise an den richtigen Zug gebunden. Bis jetzt aber blieb die Schrift schmierig und häßlich. Auch die Rechtschreibung war sehr schwer zu mechanisieren. Er war vor allem gewohnt, den ganzen Satz in einem Zug zu schreiben, ohne die einzelnen Wörter abzusetzen. Jetzt ist es so, daß er fast alle Wörter richtig schreiben kann, wenn man ihn zum Aufpassen zwingt, allein aber die dümmsten Fehler macht. Das Lesenlernen, vor allem das Zusammenlauten, ging unter mäßigen Schwierigkeiten. Der Unterricht in den lebenskundlichen Fächern war scheinbar ganz unmöglich; wenn man einer solchen Unterrichtsstunde beiwohnte, mußte man den Eindruck haben, er hörte gar nicht zu, machte nur Unfug. Um so mehr war man erstaunt, als man bei verschiedenen zufälligen Anlässen, z.B. aus Berichten der Mutter merkte, daß er vieles von dem Lesestoff aufgefaßt und gar nicht schlecht verarbeitet hatte. Das ist denn überhaupt für Fritz V. wie für alle anderen Kinder dieses Typus bezeichnend, daß sie vieles scheinbar nur mit dem „peripheren Gesichtsfeld“ sehen, nur „vom Rande der Aufmerksamkeit her“ wahrnehmen – und doch zu geistigem Besitz verarbeiten; die aktive und die passive Aufmerksamkeit sind in beträchtlichem Maße gestört, ihr Wissen ist nur sehr schwer reproduzierbar – und doch haben sie, was man oft nur durch Zufall erfährt, ein ungewöhnlich reiches inneres Erleben, ein gutes logisches Denken und eine besonders gute Abstraktionsfähigkeit. Ja man hat oft den Eindruck, daß auch bei ganz normalen Persönlichkeiten eine verstärkte Distanz zur Umwelt geradezu die Voraussetzung für eine gute Abstraktion ist. Wir werden darauf noch zurückkommen.

Wenn auch die Unterrichtsschwierigkeiten, wie man nach dieser Schilderung glauben wird, beträchtlich waren, ist es uns doch gelungen, den Knaben so weit zu fördern, daß er am Ende jedes Schuljahres eine Prüfung in der öffentlichen Schule mit gutem Erfolg bestehen konnte. Die Ausnahmesituation der Prüfung war doch mächtig genug, daß er sich sowohl halbwegs manierlich benahm wie auch eine gute Arbeitskonzentration zeigte. Im Rechnen verblüffte er natürlich die prüfenden Lehrer. Jetzt besucht Fritz V. – ohne daß er bisher ein Schuljahr verloren hätte – als Externist die dritte Volksschulklasse. Ob und wann er einmal fähig sein wird, die öffentliche Schule zu besuchen, wissen wir nicht.

Differentialdiagnostische Erwägungen

Angesichts der schwer abnormen Reaktionen in dem Verhalten des Knaben Fritz V. muß man sich mit der Frage auseinandersetzen, ob es sich hier nicht um eine schwerere Persönlichkeitsstörung als um eine bloße Psychopathie handelt. Vor allem zwei Krankheiten stehen zur Erwägung: eine frühkindliche Schizophrenie und ein encephalitischer Zustand.

Gewiß gemahnt manches an Fritz V. – die beträchtliche Einschränkung des Kontaktes, das Automatenhafte, die Stereotypien – an schizophrene Bilder. Gegen diese Krankheit aber spricht: der Zustand des Knaben zeigt keinen Verlauf, nichts Prozeßhaftes; es fehlt der für die frühkindliche Schizophrenie charakteristische Beginn mit den alarmierenden, blühenden Symptomen (schwere Angst, Halluzinationen) – wie denn überhaupt hier nichts Wahnhaftes zu bemerken ist –, es fehlt der fortschreitende Persönlichkeitsabbau; nichts davon bei Fritz V.: er zeigt eine wohl sehr abartige, in sich aber immer gleichbleibende Persönlichkeit, deren Eigentümlichkeiten übrigens weitgehend aus den Eigenheiten von Vater und Mutter und deren Sippe herzuleiten sind. Diese Persönlichkeit zeigt eine stetige Entwicklung, die im ganzen doch zu einer besseren Anpassung an die Anforderungen der Umwelt führt. Endlich und vor allem ist der komplexe, nicht weiter rückführbare und zu präzisierende Gesamteindruck ganz anders, ob man vor einem Schizophrenen oder vor einen solchem Kinde steht: dort hat man das unheimliche Gefühl einer Zerstörung der Persönlichkeit, die man wohl auch noch irgendwie pädagogisch halten kann, die aber uneinfühlbar, unberechenbar und eigentlich unzugänglich ist; hier aber gibt es doch zahlreiche echte Beziehungen, ein Verständnis von beiden Seiten, eine wenn auch schwierige, aber doch mit bestimmten Methoden zu erzielende, echte pädagogische Beeinflußbarkeit.

Es muß hier aber auch die Möglichkeit in Erwägung gezogen werden, es könnte sich um eine postencephalitische Persönlichkeitsstörung handeln. Wir werden später noch ausführen, daß zwischen den Autistischen Psychopathen und manchen durch ein Geburtstrauma oder eine Encephalitis gestörten Kindern gewisse Ähnlichkeiten bestehen. Hier soll nur gesagt werden, daß auch für diese Möglichkeit kein Anhaltspunkt besteht: es ergibt die Anamnese keine derartigen Angaben; es fehlen vor allem irgendwelche anderen Symptome, die bei postencephalitisch Gestörten immer vorhanden sind (wenngleich sie manchmal leicht zu übersehen sind); es fehlen bei Fritz V. auch die leichtesten neurologischen oder vegetativen Symptome wie etwa Strabismus, mimische Starre, auch leichteste spastische Paresen, gesteigerte Salivation, irgendwelche endokrine Zeichen.

III. Symptomatik

Aus der Beschreibung dieser 4 Kinder sind die meisten Verhaltensabnormitäten des autistischen Syndroms zu entnehmen. Sie müssen nur geordnet und etwas systematisiert werden. Kanner hat dazu 1943 folgende Punkte herausgestellt: Am Anfang steht die Unfähigkeit, zu Menschen und in Situationen normale Beziehungen aufzunehmen, das extreme autistische Alleinsein. Hinzu kommen das ausgezeichnete mechanische Gedächtnis, der zwanghaft ängstliche Wunsch nach Beibehaltung des Gleichmaßes, die Neigung zum Wiederholen und die damit verbundene Einschränkung in der Variabilität spontanen Handelns. Dazu kommen verschiedene Störungen der Sprache, angefangen mit völliger Sprachunfähigkeit – von Kanners 11 Kindern waren 3 mutistisch (stumm) – bis zu verschiedenen Spracheigentümlichkeiten, wie Echolalie – auch als sog. verspätete Echolalie –, pronomiale Umkehr – du statt ich –, gestörte Sprachmodulation – Monotonie der Aussprache, fehlende Hebungen, zu laut oder zu leise etc. –, eigenartiger Umgang mit Begriffen, die z.T. einen Bedeutungswandel erfahren. Es kommen aber auch sog. Neologismen (Wortneubildungen) und die Erfindung einer eigenen Sprache vor.

Zu diesen Verhaltensauffälligkeiten werden von Asperger noch einige hinzugefügt. Er beobachtete Bewegungsstereotypien, Negativismus, „Bosheitsakte", gelegentlich sogar sadistisches Verhalten; weiter Abneigung gegen bestimmte Berührungsqualitäten, aber auch gegen manche Geschmacksempfindungen, Bevorzugung von sauren, salzigen und scharfen Speisen, was für Kinder ganz ungewöhnlich ist und bei Autisten oft zu Eßproblemen führt. Asperger erwähnt auch Ordnungszwang, die Neigung zum Sammeln und den fetischartigen Umgang mit Lieblingsgegenständen. Die Sexualität autistischer Kinder sei unharmonisch, exzessive Masturbation komme öfters vor, dabei fehle es meist an Schamgefühl. Überhaupt sei die Gefühlswelt disharmonisch, man finde Gemütsarmut, Egozentrik, Distanzlosigkeit und Humorlosigkeit.

Die bisher erörterten Verhaltensauffälligkeiten autistischer Kinder geben noch keine erschöpfende Übersicht über die gesamte Vielfalt der Symptomatologie. Von den zahlreichen Eltern, Untersuchern, Therapeuten und Betreuern sind im Laufe der Jahrzehnte noch manch andere Besonderheiten beobachtet worden. Über sie gibt die Merkmalliste (Anhang I) Auskunft. Sie erhebt zwar keinen Anspruch auf absolute Vollständigkeit, zeigt aber, wie vielfältig die Symptomatologie des autistischen Syndroms ist. Dazu ist noch anzumerken, daß derartige Verhaltenseigentümlichkeiten natürlich auch bei normalen Kindern in bestimmten Stadien ihrer Entwicklung anzutreffen sind und auch bei anderen psychischen Störungen, z.B. bei manchen Formen der geistigen Behinderung beobachtet werden. Bei Autisten fallen sie aber besonders ins Auge und passen nicht zum sonstigen Entwicklungsstand des Kindes.

Wenn hier das Erscheinungsbild des kindlichen Autismus beschrieben wird, so ist noch darauf hinzuweisen, daß die zeitliche Reihenfolge der Verhaltensauffälligkeiten und der gesamte Verlauf während des Lebens des betreffenden Menschen charakteristisch sind. Die ersten Symptome werden beim Säugling und Kleinkind vor dem 30. Lebensmonat beobachtet. Beginnt das Erscheinungsbild auch bei rückläufiger Betrachtung erst später, so dürfte es sich um eine andersartige Störung, möglicherweise um eine kindliche Schizophrenie handeln.

In den letzten Jahren sind bei uns noch einige Verhaltensweisen autistischer Kinder untersucht worden, deren Bedeutung bisher weniger bekannt war. 1980 hat Ulrike Temme-Meickmann sich in einer empirischen Studie mit dem Negativismus beschäftigt. Dieses Symptom ist aus der Erwachsenenpsychiatrie von kataton-schizophrenen Patienten bekannt. Es wird nämlich eine geforderte Handlung nicht nur verweigert, sondern gerade das Gegenteil getan. Negativismus kommt selbstverständlich auch bei normalen „ungezogenen" Kindern, vor allem in den Trotzphasen vor. Es läßt sich dann aber aus der jeweiligen Situation ableiten, ist für den Partner einfühlbar. Das ist beim Negativismus als psychiatrisches Symptom nicht der Fall. Hier ist dies manchmal die einzige Art, zu kommunizieren.

In unserer Studie (H.E. Kehrer und U. Temme-Meickmann, 1982) wurden 25 autistische 25 normalen und 25 geistig behinderten Kindern gegenübergestellt. Es ergab sich, daß aktiver Negativismus nur bei den autistischen Kindern beobachtet wurde, während passiver Negativismus (strikte Verweigerung) bei den Autisten erheblich häufiger vorkam als bei den Kindern der Kontrollgruppen.

1. Besonderheiten der Sprache

Die bisher nur kasuistisch beschriebenen Eigentümlichkeiten der Sprache müssen noch ausführlicher erörtert werden. Wenn man davon absieht, daß etwa 40% der autistischen Kinder mutistisch sind, d.h. keine aktive Sprache und manchmal auch kein Sprachverständnis haben, so zeigt auch der größte Teil der restlichen 60% irgendwelche *Sprachabnormitäten*. Die erste ist die sog. *Echolalie*: Vorgesprochene Wörter oder Sätze werden wiederholt. Das kommt als kurzes Durchgangsstadium jeder normalen Sprachentwicklung vor; denn ohne Imitation der Elternsprache kann kein Kind sprechen lernen.

Bei den Autisten bleibt jedoch die Echolalie über Jahre – evtl. bis ins Jugendalter – erhalten. Bei der Frage: „Willst du ein Bonbon haben"? wiederholt das Kind: „Willst du Bonbon haben". Es spricht diese Sätze oder Satzfragmente im gleichen Tonfall aus, wie sie vorgesprochen wurden. Man beobachtet aber auch *verspätete Echolalie*, d.h. Sätze der Mutter, oft Aufforderungen oder Verbote, werden bei einer anderen Gelegenheit wieder vorgebracht. Dann wiederholt das Kind diese Sätze oft ständig, was man *Iteration* nennt. Man hat den Eindruck, daß es Beschäftigungslücken einfach mit dieser Echolalie ausfüllt, die gar keinen Bezug zur augenblicklichen Situation hat. Das Symptom „Echolalie" kommt gelegentlich auch bei jugendlichen und erwachsenen Schizophrenen vor.

Im Zusammenhang mit der Echolalie entwickelt sich bei autistischen Kindern oft eine weitere, recht spezifische Spracheigentümlichkeit: die *pronominale Umkehr*. Aus der Fragewiederholung in obengenanntem Beispiel entsteht die Tendenz, sich selbst mit Du zu benennen. Auch dieses Phänomen kann bei autistischen Kindern über viele Jahre erhalten bleiben. Sie benennen sich grundsätzlich nicht mit Ich, sondern mit Du, evtl. mit ihrem Eigennamen. Letzteres passiert auch in einer Durchgangsphase in der Sprachentwicklung normaler Kinder, bis sie schließlich begriffen haben, daß die Sprache für die eigene Person das Wort Ich vorgesehen hat.

Dieses verspätete oder erschwerte Ich-Sagen autistischer Kinder ist offenbar kein psychologisches, sondern ein linguistisches Phänomen. Die gesamte Sprachentwicklung ist meistens gestört, oft verzögert. Teils in Zusammenhang mit der Tendenz zur Isolation – das Kind hat Sprache als Kommunikationsmittel nicht nötig – aber wahrscheinlich auch wegen gewisser Defekte der zerebralen Sprachapparate, der Sprachzentren, entwickelt sich eine qualitativ andere Sprache als bei normalen Menschen. Das autistische Kind hat Schwierigkeiten, eine ganze Reihe von Sprachregeln richtig zu verstehen. Manche Autisten haben Probleme mit den Präpositionen; sie tun sich z.B. schwer, auf, über und unter richtig anzuwenden. Manchmal funktioniert auch der Ausdruck der Zeiten (Vergangenheit, Gegenwart, Zukunft) nicht richtig oder andere grammatische Regeln können nicht zufriedenstellend beachtet werden. Manchmal hat man den Eindruck, daß die Kinder überhaupt den eigentlichen Sinn der Sprache als Kommunikationsmittel nicht richtig verstanden haben. Oft berichten Eltern, ihre Kinder könnten zwar gut sprechen, seien aber nicht in der Lage, über Ereignisse zu berichten. Wenn sie intelligent sind und – nicht so selten – ein gutes Gedächtnis für gehörte, evtl. auch für gelesene Sprache haben, so übernehmen sie einfach ganze Sätze oder bestimmte Ausdrücke aus irgendeiner Sprachquelle, um sie dann immer in der gleichen Weise anzuwenden. Sie formulieren nicht kreativ, was normale Menschen oft schon als Kleinkinder fertigbringen. Eltern sind manchmal erstaunt, von ihrem Kind nach langem Schweigen plötzlich einen Ausdruck oder eine Formulierung zu hören, die ihm niemand beigebracht hat. Insgesamt entwickelt sich nicht selten ein eigenartig geschraubter Sprachstil.

Ich sah vor Jahren einen 22jährigen recht typischen Autisten, dessen Sprache ich damals so beschrieb: Er spricht immer mit der gleichen Lautstärke, monoton ohne Modulation. Die Stimme ist auffallend tief. Seine Ausdrucksweise entbehrt der typischen Kennzeichen einer Kommunikationssprache. Er spricht eine papierene Sprache, häufig eine Art Amtsdeutsch. Seine Redewendungen sind ‚motorisiertes Fahrrad', ‚Heim für Nichtseßhafte', ‚von der Transitstrecke abgewichen', ‚das Lehrstellenangebot in der Gastronomie war reichhaltiger gewesen'; von einem Mädchen sagte er ‚die weitere Person'. Bei Gesprächen ist ein richtiger Dialog mit A.S. kaum möglich. Wird der junge Mann bei einer Schilderung durch eine Rückfrage unterbrochen, so ist er nicht in der Lage, hierauf zu antworten, sondern setzt in seiner Erzählung an einer früheren Stelle wieder ein und berichtet wieder mit genau den gleichen Worten den gleichen Sachverhalt (H.E. Kehrer, 1981). Nach Zukunftswünschen gefragt sagt der gleiche Patient u.a.: „Ich will mir etwas anderes anschauen". Das sagt er ebenso von einem „Produktionsraum" in einer Molkerei wie von einem Mädchen: „Da hab' ich mir die angeschaut".

Ein typisches Beispiel dafür, daß Sprache nicht zur Kommunikation angewandt wird, ist die Neigung zu *Selbstgesprächen*. Ein autistisches Kind spricht kaum mit Partnern, aber alleingelassen viel mit sich selbst. Spiele werden mit Sprechen begleitet. Man unterhält sich mit Puppen oder diese sprechen miteinander. Bei höherer Intelligenz werden im eigenen Zimmer sogar komplizierte Diskussionen geführt, manchmal mit verteilten Rollen.

Gelegentlich kommt bei Autisten ein eigenartiges Sprachphänomen vor: sie erfinden Ausdrücke oder sogar eine eigene, für niemand verständliche Sprache. Die Eltern verstehen nicht, wieso ein Gegenstand in einer ganz seltsamen Weise benannt wird (Neologismus) oder bei den Selbstgesprächen ein unverständliches Kauderwelsch gesprochen wird, das mit keiner bekannten Sprache Ähnlichkeit hat. Wenn ein 4jähriger Junge sich selbst „Ischi" nennt, so läßt sich das lautlich von seinem früheren Kosenamen „Muschi" oder evtl. von Ich ableiten. Auch „Popo" für Bonbon kann in dieser Weise verstanden werden. Wie kommt er aber dazu, eine Glocke „Aufa", seinen Bruder Florian „Eo" zu nennen? Ein anderer Junge bezeichnet seine Mutter mit „Plüplü", sein Spielpferdchen mit „Nene", eine Schraube mit „Uha". Ein Achtjähriger nennt die Armbanduhr seiner Mutter „Patetutokete". Die Wörter „Triptrabline", „Ke", „Jungja", die ein 7jähriges Mädchen gebraucht, sind den Eltern ganz unverständlich. Autistische Kinder erfinden manchmal auch eigenartige Wortkombinationen, wie man sie ähnlich auch bei Menschen mit Aphasie findet. Gerade in der deutschen Sprache, die reich an zusammengesetzten Wörtern ist, bietet sich das Erfinden von eigenwilligen Neubildungen an. Das gängige, übliche Wort wird nicht gebraucht, dafür aber eine eigene Kombination: „Lehnenstuhl“ für Sessel u.ä. Ein Charakteristikum des Gegenstandes, das ziemlich beliebig sein kann, wird zur Beschreibung herangezogen: „Himmelbuch“ für ein Bilderbuch, in dem einmal der Himmel abgebildet ist; „Nüssekaputtmacher“ für Nußknacker, „Festhaltung“ oder „Handauflegung“ für Treppengeländer.

Derartiges beobachtet man gelegentlich auch bei normalen Kleinkindern, denen bei starkem Sprachbedürfnis noch die Wörter fehlen. Bei den Autisten kann der Wortschatz aber sehr reichhaltig sein, sie verfallen immer wieder in solche selbstgebastelten Ausdrücke; es fehlt ihnen das normale Regelwort.

Ein anderes Sprachphänomen ist die variable oder falsche Anwendung von Wörtern, die mehrere Bedeutungen haben. So werden z.B. übertragene Bedeutungen konkret benützt. Ein 9jähriger Autist sagt: „Was hast du hier verloren? Ich kann dich hier nicht gebrauchen. Hast du dein Zimmer verloren“? Der 7jährige Tristan hat in der Schule die Äußerung der Lehrerin gehört: „Jetzt schreiben wir das aus dem Kopf (ohne Vorlage) auf“. Er fragte seine Mutter, wie man aus dem Kopf schreiben könne. „Wie geht es aus dem Kopf? Kommt denn der Bleistift aus dem Kopf“?

Die Schwierigkeiten der Selbstidentifikation äußern sich auch im Sprachlichen. Ein 4jähriges autistisches Mädchen sagt, wenn es ausgehen will wie der Bruder: „Ich bin der Lars“. So ist sie mit dem Ausgehen eine andere Person. Es fällt ihr auch schwer, Vater und Mutter auseinander zu halten; so nennt sie den Vater häufig „Mutti“.

Hier noch ein paar andere Beispiele außergewöhnlicher Ausdrucksweisen autistischer Kinder, die die eigenartige Beziehung zum eigenen Körper und zur Umwelt illustrieren. Ich entnehme sie einem Buch von I.B.M. Frye von 1968. Der 7jährige Siem sagt, als die Lehrerin seinen Kopf gerade dreht: „Mein Himmel geht kaputt“. Und Egbert (7 1/2 Jahre): „Meine Beine laufen weg“. Als der 7jährige Stephan Kinder am Strand sieht, sagt er: „Füße wohnen im Wasser“, und einige Wochen später zur Lehrerin: „Geh weg Brille, ich will dich nicht mehr sehen. Geh weg Kopf“! Zwei Jahre später äußert der gleiche Junge, als er Wasser abtupft: „Handtuch trinkt, Handtuch trinkt Wasser“. Der knapp 10jährige Bert sagt: „Mein Kopf hat sich erkältet“, der 6jährige Oliver: „Die Schere schneidet das Licht kaputt“, die 10jährige Claudia: „Da macht der Mund O“.

Neben diesen linguistischen Besonderheiten autistischer Sprache fällt auch ihr gedanklicher Inhalt oft als außergewöhnlich auf. Hier beobachten wir vorwiegend Negatives, Unerfreuliches, Makabres, manchmal aber auch ungewöhnliche naturwissenschaftliche oder historische Kenntnisse. Charakteristisch ist die Beschäftigung mit dem eigenen Körper, der manchmal als abnorm oder krank erlebt wird. Der oben schon zitierte 9jährige Thomas sagt z.B.:

„Ich habe Schluckbeschwerden, weil meine Kehlkopfdeckelplatte abgerissen ist“ und ein andermal: „Ich kann mich nicht so schnell bewegen, weil ich einen fremden Muskel habe“. Wo denn? „Das weiß ich nicht mehr. Es gibt doch Organverpflanzungen. Denn die Narbe ist ganz spurlos verschwunden“. Oder: „Ich bin nicht richtig gewachsen, ich bin gelähmt“. Woran merkst du das? „Meine Aufmerksamkeit ist gestört. Das liegt daran, daß das Gehirn nicht richtig arbeitet. Die Hirnhäute liegen nicht richtig übereinander“.

Ein anderer 8jähriger Autist sagt: „Ich will keine Augen haben, ich will nicht sehen. Ich will keine Babyhände haben“. Neben den Augen – Thomas spricht auch von einem „schraffierten Blickfeld“ – interessieren die Haare das autistische Kind ganz besonders. Sie streichen über die Haare ihrer Betreuer oder ziehen daran, stellen fest, daß jemand eine Glatze hat. Der 7jährige Siem (Frye) sagt: „Fräulein H. keine schönen Haare ... Fräulein R. hat schönere Haare als Fräulein T. ... alle Fräulein schöne Haare, nur Fräulein H. nicht“. Und bei einer anderen Gelegenheit, als eine Schwester ihn am Haarschopf faßt: „Au, Haar blutet“. Von „Blut abpumpen“ spricht auch die 10jährige Claudia C., wenn sie vom Krankenhaus erzählt und weiter: „Wenn man eine Narkose kriegt, muß man tief schlafen“. Der 10jährige Stephan (Frye) äußert: „Jetzt springt Königin Juliane ins Blutbad“. „Bei Königin Juliane hängt eine große Blutblase oberhalb des Kopfes. Diese wird immer größer und platzt auseinander. Sie liegt ganz im Blut“. Auch der Stuhlgang ist ein beliebtes Gesprächsthema. Der 12jährige Hubert O. fragt in einem Geschäft die begleitende Schwester: „Hat Fräulein W. manchmal Stuhlgang“? Und die 10jährige Claudia C.: „Sagt man denn abends ‚gute Verdauung‘“?

Schließlich sind Zerstörung und Tod ein häufiges Thema bei den autistischen Kindern. Den 13jährigen Guido interessieren im Radio und Fernsehen vor allem Unglücke, nämlich Verkehrsunfälle, Brände usw. Wenn er gefragt wird, was er gesehen oder gehört habe, spricht er vorwiegend von solchen Dingen. Ein 9 1/2jähriger Patient von Bosch (1962) meint, ein Haus, das er durchs Fenster sieht, werde abgebrochen. Ein ähnliches Interesse für negative Ereignisse zeigt ein 16jähriger Autist, den wir selbst beobachtet haben; oder ein 10jähriges Mädchen: „Mach die Absätze kaputt; mach die ganzen Schuhe kaputt“. Der schon genannte Thomas richtet seine zerstörerischen Wünsche häufig gegen Personen, die ihm nicht zu Willen sind: „Ich hasse dich. Du bist unnütz. Verhau' den Herrn K., ich hasse ihn. – Du alte Sau. Morgen verlierst du deine Arbeitsstelle. Du hast ein durchlöchertes Gehirn. Du hast ein Zystengehirn. – Ich schraube dich auseinander. – Herr K.! Verhafte sofort den Dirk, wirf ihn ins Gefängnis“! Der 10jährige Hans R. (Bosch) sagt: „Die böse Mutti wollen wir verbrennen, wollen ihr die Hände abhacken“. Der 9 1/2jährige Karl B. spricht davon, daß eine rundliche Krankenschwester ein „guter Braten“ sei, er wolle sie schlachten und zu Schinken machen; er wolle sie zu Tode schleifen auf seinen Schleifmaschinen; er wolle sie in Lava kochen.

Die oft vorkommenden Äußerungen über den Tod finden selten eine Erklärung in diesbezüglichen eindrucksvollen Erlebnissen der autistischen Kinder. Der 7jährige Tristan B. begann, nachdem er vorher nur einzelne Wörter gesprochen hatte mit 3 Jahren seine ersten Sätze mit Äußerungen über den Tod. Ein möglicher Anlaß war wohl, daß seine Mutter zur Beerdigung eines Nachbarn ging, den Tristan nur flüchtig gekannt hat, d.h. ein paar mal gesehen hatte. Die Mutter mußte ihm auf Befragen erklären, wo sie gewesen war. Er sagte nun noch viel später, wenn jemand etwas nicht nach seinem Willen tat: „Die soll sterben, dann kommt sie in den Sarg und zum Friedhof". Manchmal fragte er hinterher, ob sein Wunsch wohl eingetroffen sei. Der 8jährige Andreas N. erzählt von Tod, Leichen, Verbrennungen und Scheiterhaufen; man habe Galilei verbrannt. Zu seiner Mutter sagt er einmal: „Ich wollte, du wärest tot und begraben. Ich würde keine Blumen auf dein Grab legen". Als er einmal mit seinem Spielzeug nicht in den Innenhof gehen darf sagt Thomas: „Ich möchte nicht mehr leben. Ich töte mich. Ich mache mich kaputt. Ihr sollt mich tot begraben". Und bei anderer Gelegenheit: „Ich will sterben, erwürge mich! Alle Milchverbraucher sollen sterben. – Meine Mutter hat mich entführt, ich werfe mich auf den Müllhaufen".

2. Sonderleistungen

Es ist schon lange bekannt, daß Autisten, wenn ihre Intelligenz im Bereich der Norm oder der Lernbehinderung liegt, manchmal auffallende Sonderleistungen zeigen. Bei solchen Menschen sind in der Literatur schon öfters hervorstechende Fähigkeiten auf bestimmten Spezialgebieten beschrieben worden. Sie stechen in auffallender Weise von sonstigen Mängeln ab. Bekannt sind hier vor allem musikalische Sonderbegabungen. Viscott (1970) beschreibt ein Mädchen, das man nach Anamnese und Befund als autistisch ansehen kann, mit einer ganz erstaunlichen Musikalität: Sie konnte mit 7 Monaten eine Arie aus dem Rigoletto summen – die Mutter war Klavier- und Gesangslehrerin. Mit 3 Jahren spielte sie schon ein wenig Klavier, traf beim Singen immer den richtigen Ton. Mit 7 Jahren spielte sie Klavier und Geige und konnte die Schüler ihrer Mutter begleiten. Das Mädchen sprach erst mit 19 Jahren richtig, hatte mit 18 einen IQ von 73. Ähnliche Fälle wurden auch von Rimland (1978) beschrieben. Wir selbst haben in der eigenen Praxis mehrere Autisten mit *absolutem Töngehör* gesehen. Erstaunlich ist das schnelle Lernen von Melodien, welches oft mit der entsprechenden Einordnung nach Komponisten bzw. Schallplatten einhergeht. Ferner gibt es zahlreiche Autisten, die Instrumente spielen, von denen einige sich das sogar selber beigebracht haben.

Unter anderen Sonderleistungen autistischer Menschen sind vor allem solche zu nennen, die sich auf das Gedächtnis beziehen.

Hier ist immer wieder auf das sog. *Kalendergedächtnis* hingewiesen worden (Horwitz, 1966; Viscott, 1970; Rimland, 1978; Rosen, 1981). Eigene Beobachtungen ergänzen diese Beschreibungen. Es handelt sich dabei um Menschen, die in der Lage sind, von jedem beliebigen Datum nach einigen Sekunden den richtigen Wochentag zu sagen. Eine solche Fähigkeit erwächst wohl nicht allein aus einer gesteigerten Leistung der Merkfähigkeit und des Gedächtnisses, vielmehr muß auch das Vorstellungsvermögen auf visuellem oder akustischem Gebiet besser funktionieren als im Normalfall. Dazu gehört dann noch ein starkes Interesse für ein bestimmtes Gebiet wie hier die Daten. Wir kennen einige Autisten, die jeden Menschen nach seinen persönlichen Lebensdaten fragen. Einmal gewonnene Kenntnisse auf diesem Gebiet können sie immer wieder reproduzieren.

Rimland (1978) beschreibt ein Zwillingspaar mit „Kalendergedächtnis", mit dem man sich sehr intensiv beschäftigt hat. Dabei hat ein Psychologiestudent „Tag und Nacht" geübt, eine entsprechende Datenliste im Gedächtnis zu behalten. Erst nach sehr langer Zeit gelang es ihm, „Kalenderrechnungen" mit der gleichen Geschwindigkeit zu bewerkstelligen wie die Zwillinge.

Neben den „Kalenderrechnungen" wird aber auch über andere erstaunliche Fähigkeiten von typischen Autisten oder wenigstens Menschen mit autistischen Zügen berichtet. Hilde Bruch (1959) beschreibt einen 7jährigen Jungen, der aus einem psychiatrischen biographischen Lexikon alle Daten über etliche ihm bekannte Psychiater auswendig gelernt hatte. Wir kennen einen autistischen jungen Mann, der offenbar das ganze Kursbuch im Kopf hatte. Sein größtes Vergnügen war es, sich von der pünktlichen Abfahrt der Züge am Bahnhof oder durch eigene Bahnfahrten zu überzeugen.

Auch noch ein paar andere außergewöhnliche Leistungen werden in der einschlägigen Literatur genannt: Ein autistischer Junge konnte das Alphabet fast so gut rückwärts wie vorwärts hersagen (Rimland, 1978). Ein autistisches Mädchen von 18 Jahren mit einem IQ von 80 konnte eine Seite eines schwierigen Textes, den sie vor 1 1/2 Jahren gelesen hatte, fehlerlos mit der Schreibmaschine tippen (Rimland, 1978b). Ein Junge konnte tadellos japanisch und altenglisch schreiben, allerdings ohne den Inhalt des Textes zu verstehen (Rimland, 1978b). Auch erstaunliche – allerdings ganz umschriebene – Kenntnisse auf bestimmten Wissengebieten werden bei autistischen Menschen immer wieder beobachtet, so z.B. in der Geographie (H. Bruch, 1959; Rimland, 1979). Uns selbst sind hervorragende Kenntnisse in der Ornithologie, Evolutionslehre und über Dinosaurier u.ä. begegnet.

Als Mehrleistungen, die über denjenigen Gleichaltriger stehen, können auch das hervorragend exakte und schnelle Lösen von schwierigen Puzzles

(Rimland, 1978, eigene Beobachtungen) sowie das erstaunlich schnelle Zeichnen autistischer Kinder (Rösener, 1982) gelten.

Das Bedauerliche an solchen Mehrleistungen ist, daß sie selten praktische Bedeutung haben, d.h. sie lassen sich fast nie beruflich nutzen. Dergleichen ist im heutigen Leben kaum gefragt. Der Computer kann das alles viel besser. Außerdem stehen diesen Mehrleistungen immer so viele typisch autistische Verhaltensweisen gegenüber, vor allem die sozialen Schwierigkeiten, daß ihr praktischer Nutzen gering ist.

Eine bisher noch nicht beschriebene Mehrleistung konnten wir kürzlich experimentell untersuchen, den Umgang mit auf dem Kopf stehenden Bildern und Buchstaben – upside-down – (H.E. Kehrer u. S. Morcher, 1987). Bei einer Gegenüberstellung von 20 autistischen und 20 normalen Kindern konnten die Autisten mit hoher Signifikanz auf dem Kopf stehende Elemente besser erkennen, d.h. Bilder benennen und Schrift lesen als die Kontrollgruppe.

Eine andere Besonderheit autistischer Kinder ist ihre eigenartige Gewohnheit beim Malen und Zeichnen. Das zeigt sich zunächst in dem z.T. abstrusen Inhalt ihrer Zeichnungen – Hunde mit 5 Beinen etc. –, in der Kombination von Zeichnung und Schrift und in der auffallend raschen Anfertigung der Zeichnung, die in Sekundenschnelle zu Papier gebracht wird (Rösener, 1982 aus unserem Team). Dabei fällt oft auf, daß die Kinder – ebenso wie bei manchen anderen Handlungen – den Gegenstand, nämlich den Stift, nicht fixieren, sondern scheinbar daneben gucken. Man gewinnt den Eindruck, daß für sie das Sehen mit der Macula, dem Punkt des schärfsten Sehens auf der Netzhaut, nicht so wichtig ist, wie das für normale Menschen der Fall ist.

3. Angst

Eine bisher sehr unterschiedlich interpretierte Frage ist die, ob autistische Kinder besonders ängstlich sind oder nicht. Schon aus manchen älteren Symptombeschreibungen erfuhr man, daß Autisten reale Gefahren nicht erkennen und abschätzen könnten, daß sie z.B. ohne Bedenken in lebhaftem Verkehr die Straße überqueren würden oder daß sie in halsbrecherischer Weise auf das Dach des Hauses kletterten.

Beim Tier wird Angstgefühl meist dann unterstellt, wenn es die Flucht ergreift, sich duckt oder totstellt. Damit ist noch nicht gesagt, daß die Emotionen Angst bzw. Furcht dahinter stecken. Ähnliches gilt auch für Menschen, die nicht sprechen können oder denen die Fähigkeit abgeht, ihre Emotionen zu verbalisieren. Beim Menschen läßt sich Angst nicht nur aus dem Verhalten – Flucht, Rückzug u.ä. – ableiten, sondern in starkem Maße aus der Mimik.

Alle diese Kriterien der Angstbeurteilung haben für autistische Menschen nur mit Einschränkung Gültigkeit. Die Mimik ist eben oft nicht adäquat. Ein Kind lacht, wenn man Mißstimmung erwartet und umgekehrt. Auch bei den Kindern, bei denen es möglich ist, ein geordnetes Gespräch zu führen, erfährt man selten etwas über ihre Gefühlswelt. Diese entspricht häufig nicht der Altersnorm. Die Denkinhalte sind nicht selten negativ (H. Kehrer, 1977). Die Kinder beschäftigen sich gerne mit Unglücken, Todesfällen, Bränden, Katastrophen u.ä. Sie bevorzugen solche Themen in Gesprächen, beim Fernsehen oder beim Zeitunglesen. Dazu gehört manchmal auch eine negative – subdepressive – Grundstimmung.

Dem stehen aber auch zahlreiche autistische Kinder gegenüber, meist sind es die weniger intelligenten, die einen durchaus zufriedenen, ja glücklichen Eindruck machen, obwohl sie schwere Verhaltensstörungen aufweisen. Insgesamt zeigt sich also, daß die Gefühlswelt beim autistischen Syndrom oft nicht adäquat ist. Zusätzlich ist der autistische Mensch aber auch nur schwer in der Lage, seine Gefühle durch sein Verhalten – evtl. durch Rückzug –, durch seine Mimik und/oder verbal so auszudrücken, daß es die Partner verstehen.

Zu den Emotionen hat Ulrike Kutsch aus unserem Team 1981 eine Studie ausgeführt. Die Eltern von 25 autistischen und 25 normalen Kindern wurden gefragt, wie sich diese in bestimmten Angst auslösenden Situationen verhielten. Statistisch feststellbare Unterschiede in der Angstbereitschaft waren nicht zu erkennen. Die Autisten verhielten sich allerdings infantiler als die Kontrollgruppe.

Diejenigen autistischen Kinder, die als Symptom das Bestreben nach Gleichförmigkeit aufwiesen, reagierten auf die Veränderungen des Gewohnten eher mit Zorn als mit Angst. Es erscheint daher besser in diesem Zusammenhang nicht von „Veränderungsangst“, sondern neutraler von „Veränderungsunwillen“ zu sprechen.

4. Eßstörungen

Nicht selten beobachtet man bei autistischen Kindern Störungen, die mit der Nahrungsaufnahme und der Darmentleerung zusammenhängen. In der Symptomliste (S. 166) wurde in diesem Zusammenhang unter Nr. 70 gestörtes Eßverhalten: Mangelndes Kauen, eigentümliche Vorlieben, viel Trinken aufgeführt. Zusätzlich beobachtet man aber auch unmäßiges Essen und das Verschlingen von nicht eßbaren Dingen. Kürzlich haben wir einen autistischen jungen Mann gesehen – er ist uns schon seit etwa 15 Jahren bekannt – der unbeobachtet alles mögliche, Zigarettenkippen, evtl. giftige Beeren, oder sogar Kot verschlingt. Das ist bei seiner Betreuung eines der schwierigsten Probleme.

In der angelsächsischen Literatur wird das Verschlingen nicht eßbarer Substanzen *Pica* genannt. Da Tiere öfters bei Mangelzuständen oder Krankheiten etwas ähnliches tun – Hunde und Katzen fressen Gras – nahm man an, das müßte auch beim Menschen mit Defiziten bestimmter Stoffe zusammenhängen. Das ist aber zweifelhaft. H.G. Kinnel (1985) hat das Phänomen Pica bei 60% einer Gruppe von 70 autistischen Menschen zwischen 9 und 76 Jahren (Durchschnittsalter 31,3 Jahre) gefunden. Diese waren vorwiegend geistig behindert.

Nicht nur der Verzehr, auch die Ausscheidung der verdauten Nahrungsmittel kann bei autistischen Menschen gestört sein. Unabhängig vom Einnässen und Einkoten im Zusammenhang mit einer Entwicklungsverzögerung gibt es vor allem Stuhlverhaltungen, die im Grunde nichts mit Verstopfung zu tun haben. Der Stuhl wird mehr oder weniger bewußt – oder zwanghaft? – zurückgehalten. Er wird nur unter ganz bestimmten Bedingungen – viel zu selten – entleert. Die Kinder oder Jugendlichen manipulieren in ihrem After und schmieren dann mit ihrem Kot. Das ist für die Betreuung eine sehr unappetitliche Angelegenheit.

Diese Symptome hängen wahrscheinlich auch mit der gestörten Wahrnehmungsverarbeitung zusammen. Dabei können Hunger- und Durstgefühl und die Wahrnehmung des gefüllten Enddarms nicht normal sein. Aber auch das normale Gefühl des Ekels scheint zu fehlen. Irgendwie werden von den Autisten nicht nur die Reize aus der Umwelt, sondern auch diejenigen aus dem eigenen Körper in gestörter Weise wahrgenommen. Deswegen fällt es auch so schwer bei einem mutistischem Kind etwas über sein Befinden, über Schmerzen oder Unwohlsein zu erfahren.

5. Physiognomie

Schon die Erstbeschreiber des autistischen Syndroms Kanner und Asperger haben hervorgehoben, daß die meisten autistischen Kinder besonders ansprechend aussähen. Sogar von „Prinzengesicht" war die Rede. Die Feststellungen beruhten bisher immer nur auf Einzelbeobachtungen. Sie wurden nie exakt überprüft. Diese Frage ist auch von einem gewissen praktischen Interesse; denn die Physiognomie spielt bei der allgemeinen Beurteilung eines Menschen eine große Rolle: Wer gut aussieht, von dem erwartet niemand, daß er psychisch krank oder behindert ist. Auf autistische Kinder bezogen bedeutet das: Ein solches Kind kann doch nicht krank sein, also ist es schlecht erzogen; die Eltern haben etwas falsch gemacht.

Elisabeth Aust aus unserem Team hat 1983 versucht, anhand von Fotografien autistischer Kinder zu bestimmen, ob und inwiefern sich diese von

Normalen und Geistig-Behinderten unterscheiden. Den Portraits von 11 autistischen Kindern wurden 12 von normalen und 12 von geistig behinderten Kindern gegenübergestellt. Sodann wurden die genauen Maße verschiedener Gesichtselemente verglichen. Außerdem wurden noch andere Kriterien, wie Blickqualität, Spannungszustände etc. registriert. Es ergaben sich deutliche Unterschiede zwischen den drei Gruppen. Die Portraits der Autisten stimmten in vieler Hinsicht mit denen der Normalen überein, während sich die der Geistigbehinderten deutlich unterschieden. Wie bereits bekannt, zeigt das Gesicht des geistig behinderten Kindes eine Reihe von charakteristischen Merkmalen (kleine Augen, Mund, Nase, großer Augenabstand, niedrige Stirn, spannungslos geöffneter Mund, mangelnde Konvergenz des Blicks etc.). Die Physiognomien der Autisten unterscheiden sich nur geringfügig von denen der normalen Kinder. Bei einzelnen Beschreibungskriterien liegen sie zwischen den beiden Kontrollgruppen. Charakteristisch für den „autistischen" Gesichtsausdruck ist der Eindruck der Traurigkeit, Leere, Abwesenheit und Ausdrucksarmut, d.h. ihre physiognomischen Qualitäten sind wenig dynamisch.

6. Epileptische Anfälle

Autistische Kinder und Jugendliche sind, wenn man von angeborenen Fehlbildungen und eventuellen Begleitkrankheiten absieht, körperlich gesund. Über Zusammenhänge mit anderen Krankheiten, wie etwa Allergien, ist nichts Sicheres bekannt.

Natürlich können autistische Menschen alle möglichen interkurrenten Krankheiten bekommen, z.B. auch infektanfällig sein, ohne daß das etwas mit ihrem autistischen Syndrom zu tun hat.

Eine krankhafte Störung kommt aber beim autistischen Syndrom häufig vor: Neigung zu *epileptischen* Anfällen. Gelegentlich treten diese schon im Säuglings- oder Kleinkindalter auf – evtl. auch als sog. Fieberkrämpfe –, häufiger werden sie aber erst von der Pubertät an beobachtet. Die Anfallstypen sind unterschiedlich; oft sind es sog. psychomotorische Anfälle (Temporallappen-Epilepsie), aber auch alle anderen Arten von hirnorganischen Anfällen kommen vor, von Absencen (Petit Mal) über BNS-Krämpfe und myoklonische Epilepsie bis zu großen Anfällen. Über die Häufigkeit von Anfällen beim autistischen Syndrom sind die Angaben unterschiedlich: 14% bis 42% (J. Corbett, 1983); diese nimmt mit zunehmendem Alter zu. Epileptische Anfälle treten bei schwerer geistig behinderten Autisten häufiger auf als bei den übrigen (M. Coleman und Ch. Gillberg, 1985).

IV. Die Diagnose: Wie erkennt man das autistische Syndrom?

Es gibt viele eigenartige Menschen und auch Kinder, ohne daß man sie gleich als Autisten abstempeln sollte. Auch die Entwicklung mancher Kinder verläuft anders, als man erwartet, und sie werden trotzdem ganz normale Menschen. Auf der anderen Seite gibt es eine nicht unbeträchtliche Zahl von Kindern, deren Intelligenz ein Leben lang in unterschiedlichem Grad eingeschränkt bleibt, ohne daß irgendein Grund besteht, sie als autistisch zu klassifizieren.

1. Die Untersuchung

Um autistische Kinder von normalen, aber auch von andersartig verhaltensgestörten zu differenzieren, muß man zunächst das Verhalten beobachten. Alle im vorigen Kapitel an den Beispielen beschriebenen Eigenarten und Störungen *können* in der Untersuchungssituation in den Räumen des Arztes, der Beratungsstelle oder der Schule auftreten, sie müssen es aber nicht. Es muß also zunächst überlegt werden, ob die Untersuchungssituation überhaupt dazu geeignet ist, gut zu beobachten, ob der Raum mit seiner Ausstattung, die anwesenden Personen, das Befinden des Kindes nach einer langen Fahrt geeignet sind, das zu beobachten, was man erwartet: die Symptome des Autismus.

Zu diesen Fragen kann keine globale Antwort gegeben werden, man muß sie individuell entscheiden. Es gibt aber einige Grundsätze, die zu beachten sind. Der Raum sollte, zumindest anfangs, reizarm sein, d.h. zu viele Möbel, herumliegendes Material – viele Bücher etc., Spielsachen, insgesamt Unordnung –, aber auch eine allzu „klinische“ Atmosphäre – etwa das Vorhandensein von ärztlichen Instrumenten, Spritzen etc. – sind zu vermeiden. Denn die meisten autistischen Kinder haben in Krankenhäusern schlechte Erfahrungen gemacht, sind also ängstlich und verhalten sich ganz anders als zu Hause. Da Autisten Schwierigkeiten haben, aus dem Reizangebot der Umwelt für sie Relevantes auszusondern und zu verarbeiten, kann es sein, daß sie sich entweder ganz ruhig verhalten und nichts Typisches zeigen oder in so schwere Unruhe geraten, daß man die eigentlichen Symptome nicht erkennt. Das im Einzelfall eventuell erforderliche Material sollte also erst später und gezielt hervorgeholt werden.

Zur Reizarmut gehört aber auch Geräuscharmut. Autisten reagieren manchmal auf Lärm oder auf ganz bestimmte Geräusche abnorm. Wenn es wichtig ist, diese Reaktionen zu beobachten, müssen sie gezielt eingesetzt werden, falls das in der Untersuchungssituation möglich ist.

Die anwesenden Personen werden meistens die Eltern oder ein Elternteil oder eine betreuende Person sein. Ihre Anwesenheit ist, zumindest im Anfang, dringend erforderlich, um dem Kind die Angst vor der neuen Situation zu nehmen.

Jedes normale Kind, aber gerade auch ein Autist, muß sich zu nächst sowohl an den Raum als auch an die untersuchende Person gewöhnen. Es hat sich bei uns als zweckmäßig erwiesen, sich zunächst mit den Eltern zu beschäftigen, sich mit ihnen zu unterhalten und das Kind wenig zu beachten, damit es die Situation in Ruhe in sich aufnehmen und eventuell explorieren kann. Nach einiger Zeit kann man ihm dann eine Beschäftigung geben, die seinen Neigungen entgegenkommt: eine bunte Zeitschrift, ein Bilderbuch, ein Puzzle, ein Spielzeug oder etwas zum Malen oder Schreiben. Was dazu geeignet ist, erfährt man von den Eltern oder Betreuern. In dieser Zeit kann man schon wichtige Beobachtungen machen: Beschäftigt sich der Autist allein? Ist er dazu nicht in der Lage? Wem wendet er sich zu und in welcher Weise tut er das? Beteiligt er sich spontan am Gespräch? Zeigt er ein auffälliges motorisches Verhalten, etwa Stereotypien? Drängt er aus dem Zimmer? Was für Laute gibt er von sich? Spricht er?

Bevor man sich in Gegenwart des Kindes mit Eltern oder Betreuern unterhält, muß geklärt werden, wieviel man unbeschadet vor ihm sprechen kann. Viele Autisten verstehen so wenig von einem differenzierten Gespräch, daß man keine Bedenken zu haben braucht, ihre Problematik vor ihnen zu erörtern. Bei den Intelligenteren der autistischen Kerngruppe kann man Verständnis in unterschiedlichem Grad voraussetzen. Vor ihnen muß so gesprochen werden, daß sie sich nicht gekränkt fühlen können. Auf ihre eventuellen Einwände oder Bemerkungen kann man dann eingehen, auch ohne daß sie unmittelbar an der Unterhaltung beteiligt sind. Allerdings gibt es immer heikle Themen, die in ihrer Gegenwart nicht besprochen werden sollten.

An die Beobachtung schließt sich das Gespräch mit dem Kind oder Jugendlichen an. Öfters ist ein solches gar nicht möglich, weil die Sprache nicht genügend entwickelt ist. Hier muß sowohl das Sprachverständnis als auch die aktive Sprache untersucht werden. Sichere Aussagen über das Sprachverständnis lassen sich bei einem einfachen Gespräch manchmal nicht machen. Wenn das Kind einer Aufforderung nicht nachkommt, so kann das verschiedene Gründe haben, die unterschieden werden müssen: 1. Das Gehör funktioniert nicht richtig (taub oder schwerhörig). 2. Bei normalem Gehör fehlt das Sprachverständnis (mangelndes Wort- oder Satzverständnis). 3. Das Kind kann auf die Aufforderung nicht reagieren, weil es die soziale Situation nicht durchschaut. 4. Es ist negativistisch, es hat eine Handlungssperre, d.h. es tut zunächst das Gegenteil von dem, was gefordert wird und handelt erst, wenn man sich wieder abwendet. Manchmal kann es nützlich sein, die Eltern eine Aufforderung an das Kind richten zu lassen, deren Sprache es gewöhnt ist.

Bei dem Gespräch mit dem Kind ergeben sich Aufschlüsse über das Kontaktverhalten. Ist der Autist in der Lage, mit dem fremden Untersucher überhaupt in Kontakt zu treten? Nimmt er Blickkontakt auf? Kann er berichten? Kommt ein wirklicher Dialog zustande oder werden nur Fragen beantwortet? Das Niveau des Gesprächs richtet sich nach dem durch die Elterninformation in etwa bekannten Intelligenzgrad und Interessenspektrum. Hier kann man versuchen, sich über die Familie, über das Zuhause, über die Fahrt zur Untersuchung, aber auch über Spezialinteressen zu unterhalten. Gelegentlich sind ganz differenzierte Gespräche möglich. Dann kann man auch die eigene Situation in der Familie, in der Schule und Zukunftswünsche besprechen.

Aus dem Gespräch erfährt man auch vieles über die Sprache des Autisten, nämlich mit einem gewissen Vorbehalt über das Sprachverständnis, über die aktive Sprache bezüglich Artikulation, Lautstärke, Modulation, über den Wortschatz, die grammatischen und syntaktischen Fähigkeiten. Auch die Neigung zu Echolalie (du statt ich), eine verschrobene Ausdrucksweise (Amtsdeutsch oder ähnliches), Wortneubildungen (Neologismen) oder eine „Privatsprache" wird man erkennen.

Alles, was bisher darüber gesagt wurde, wie die Diagnose des autistischen Syndroms zu stellen sei, bezieht sich nur auf die aktuelle Untersuchungssituation. Für sie sollte man sich viel Zeit lassen. Das gesamte Erscheinungsbild des Autismus wird damit aber sicher nicht genügend erhellt. Es kann sein, daß in den fremden Räumen, vor den fremden Personen die typischen Verhaltensweisen nicht zu Tage treten. Das ist häufig bei der Untersuchung in einer Arztpraxis der Fall, wo die Raumausstattung bei dem Kind ungute Erinnerungen weckt und das autistische Kind nur ein Patient unter vielen ist. Es ist auch möglich, daß das Kind an dem betreffenden Tag eine besonders günstige Phase hat, die gar nicht mit dem sonstigen Verhalten übereinstimmt.

Dieses Dilemma ist teilweise dadurch zu umgehen, daß sich der Untersucher in die natürliche Umgebung des Autisten, in die Familie oder in die Schule begibt. Dieser wünschenswerte Idealfall wird aus praktischen Gründen selten in die Tat umzusetzen sein. Eine Hilfe in dieser Richtung ist es, eine Hilfsperson mit dieser Aufgabe zu betrauen. Ein(e) Sozialarbeiter(in) oder ein(e) Betreuer(in), die(der) das Kind schon eine Weile kennt, kann gut über das Verhalten im natürlichen Milieu Auskunft geben. Dazu sollte sie oder er allerdings eine gewisse Erfahrung in der Beobachtung autistischer Symptomatik mitbringen.

Die wichtigste Informationsquelle sind allerdings eindeutig die Eltern. Allein aus ihrer Erfahrung, die sie meist über viele Jahre mit ihrem autistischen

Kind gemacht haben, können sie am besten über dessen Verhalten Auskunft geben. Entgegen gelegentlich geäußerten anderen Annahmen sind ihre Berichte als sehr zuverlässig zu betrachten. Das haben Schopler und Reichler 1972 in einer entsprechenden Studie nachgewiesen, in der die Beobachtungen von Eltern und Experten verglichen wurden.

Der wichtigste Bestandteil des diagnostischen Vorgehens neben der Beobachtung des Autisten ist also die Befragung der Eltern bzw. eines Elternteils. Sie bezieht sich zunächst auf die aktuelle Situation: Sie sollen beschreiben, was ihnen an ihrem Kind aufgefallen ist, was sein Verhalten von einem normalen Kind, evtl. von der Schwester oder dem Bruder, unterscheidet, worüber sie zu klagen haben. Auf diese Weise erhält man ein abgerundetes Bild vom derzeitigen Zustand.

Um sich darüber klar zu werden, ob bei einem bestimmten Kind oder bei einem Jugendlichen ein autistisches Syndrom vorliegt, genügt es nicht, nur den aktuellen Zustand durch Beobachtungen oder durch Befragen von Bezugspersonen in Augenschein zu nehmen. Es interessiert also nicht nur die Querschnittsdiagnose des Untersuchungszeitpunktes, es ist vielmehr notwendig, eine Längsschnittdiagnose zu erstellen.

Jedes, selbst das jüngste vorgestellte Kind, hat schon eine – wenn auch manchmal nur kurze – Lebensgeschichte. In ihr ist die Symptomatik wohl immer anders gewesen als im Untersuchungszeitraum. Das hängt in erster Linie mit den normalen Entwicklungsphasen von der Geburt an, aber auch mit der sich verändernden Umwelt zusammen.

Der Untersucher wird also den bisherigen Lebenslauf eingehend abfragen; er wird nach der medizinischen Nomenklatur eine ausführliche Anamnese machen. Diese beginnt bei der Schwangerschaft, erstreckt sich auf alle Entwicklungsphasen. Sie bezieht alle Ereignisse im Lebensraum des Kindes, also in der Familie, im Kindergarten, in der Schule und im Freizeitbereich mit ein. Diese Anamnese unterscheidet sich nicht grundsätzlich von derjenigen, die ein Kinderarzt, Kinderpsychiater oder Psychologe üblicherweise erhebt. Sie wird jedoch dadurch erweitert, daß man nach den typisch autistischen Verhaltensweisen fragt. Das ist nur möglich, wenn die Symptome in die Entwicklungsphase eingeordnet werden. Welche Lautäußerungen kamen z.B. in der vorsprachlichen Phase vor und welche Bedeutung hatten sie (etwa Signalcharakter oder nicht). Über die Frühsymptome wird später (S. 53) zu sprechen sein. Eltern sind auch bei guter Beobachtungsgabe und bei gutem Erinnerungsvermögen nicht in der Lage, selbst an alle Eigenarten ihres Kindes, die für die Diagnose wichtig sind, zu denken. Man muß ihnen helfen, indem man sie gezielt fragt.

2. Fragebogen

Der sehr erfahrene Untersucher kann solche Fragen ohne besondere Hilfsmittel, sozusagen aus dem Stegreif stellen. Aber auch ihm wird es evtl. passieren, daß er etwas, vielleicht sogar etwas wichtiges, vergißt. Um dem abzuhelfen, wurden Symptomlisten und Fragebogen entwickelt. Hier gibt es eine ganze Reihe, die zunächst im angelsächsischen (z.B. Rimland), aber auch im deutschen Sprachraum (z.B. Bremen) entwickelt wurden.

Wir bedienen uns seit etwa 15 Jahren einer Symptomliste und eines Fragebogens (Anhang II, S. 170). Letzterer richtet sich an die Eltern autistischer Kinder und hat sich uns gut bewährt. In unserem Archiv befinden sich inzwischen fast 700 solcher Fragebogen. Er wurde z.T. auf das Mutiple-choice-Verfahren umgestellt und durch Vergleich mit Kontrollgruppen von normalen und geistig behinderten Kindern validiert (Beine, Eick, Kurschat, 1983). Es lassen sich typische und weniger typische Symptome differenzieren.

Ein solcher Fragebogen ersetzt keinesfalls die persönliche Untersuchung und Beobachtung des Kindes, er ergänzt sie jedoch wirkungsvoll. Auch für die Forschung ist er sehr nützlich, indem er Symptome systematisch geordnet und einheitlich formuliert darbietet. Selbstverständlich muß wie bei jedem Fragebogen beachtet werden, daß die Antworten gelegentlich auch Wertungen beinhalten oder daß Mißverständnisse möglich sind. Deswegen sollte die Richtigkeit der Antworten nach Möglichkeit durch das Gespräch überprüft werden.

Die 1973 veröffentlichte Symptomliste wurde von uns weiter ergänzt und enthält jetzt 81 Items (Kehrer, 1987, Anhang I, S. 166). In dieser Liste wurden alle Symptome und auffallenden Verhaltensweisen zusammengestellt, die nach den Angaben in der Literatur und nach eigenen Beobachtungen für Autisten charakteristisch sind. Das bedeutet allerdings nicht, daß sie nicht auch bei normalen Kindern gelegentlich vorkommen können, das aber meist nur vorübergehend. Auch bei Geistigbehinderten findet man einzelne dieser Verhaltensweisen.

Im angelsächsischen Raum gibt es noch eine ganze Reihe von Fragebogen (Checklists), deren Ziel es ist, das autistische Syndrom zu diagnostizieren und darüber hinaus seine Ausprägung zu quantifizieren. Eine der ersten Checklists stammt von Rimland (E 2). Sie ist sehr umfangreich, enthält in ihrer letzten Fassung 109 zu beobachtende Items. Weiter sind zu nennen das Behavior Rating Instrument for Autistic Children (BRIAC), die Checklists von Polan und Spencer, von Lotter und Lovaas und die Childhood Autism Rating Scale (CARS).

Ein sehr ausführlich bearbeitetes und validiertes diagnostisches Instrument, das Autism Screening Instrument for Educational Planning (ASIEP), soll etwas genauer beschrieben werden. Es wurde von D. A. Krug, J. R. Arick und P. J.

Almond 1880 in Amerika publiziert. Die Validierung entstand auf folgende Weise: Eine große Zahl von einschlägigen Fragen mit für das autistische Syndrom typischen Verhaltensweisen wurde 14 Autismusexperten zugeschickt, um ihre Bedeutung einzuschätzen. Eine danach zusammengestellte revidierte Liste wurde an 1049 behinderten Kindern überprüft und das Ergebnis im Computer statistisch analysiert. Damit wurde auch eine Unterscheidung zwischen dem eigentlichen autistischen Syndrom und geistiger Retardierung getroffen. Nach einer erneuten Überprüfung an 30 Autismus-Einrichtungen in USA wurde die eigentliche ASIEP-Liste mit 57 Items zusammengestellt. Diese 57 Fragen sind in 5 Rubriken unterteilt; die Zahlen von 1 bis 4 bestimmen ihre Wertigkeit. Die 5 Rubriken sind: Wahrnehmung, soziale Beziehung, Körper-Konzept, Sprache und soziale Selbständigkeit. Die eingekreisten Zahlen werden in den Spalten der Rubriken addiert, so daß für jedes Einzelgebiet eine Wertung erfolgt, und schließlich zu einer Gesamtsumme zusammengezogen. Probanden mit weniger als 53 Gesamtpunkten werden nicht als Autisten angesehen. Von einer Punktzahl von 67 an wird ein typisches autistisches Syndrom angenommen. Die Unterteilung in die 5 verschiedenen Verhaltensbereiche gibt sogleich Hinweise für die Therapie und für pädagogische Maßnahmen.

3. Testen von autistischen Kindern

Ein spezielles Untersuchungsinstrument für autistische Kinder (P.E.P.) wird im folgenden Abschnitt erläutert (S. 56). Es muß aber noch auf das Problem der *Intelligenzuntersuchung* eingegangen werden. Bei jedem Intelligenztest ist man auf die Kooperation des Probanden an gewiesen. Ist diese mangelhaft, so wird das Ergebnis verfälscht. Das gilt für autistische Kinder und Jugendliche in ganz besonderem Maße. Bei ihnen kann man sehr schlecht einschätzen, ob die Aufgabe verstanden wurde, und ob die fehlende oder mangelhafte Reaktion auf zu geringen intellektuellen Fähigkeiten, auf Nicht-Wollen oder auf einer Handlungssperre beruht.

Da bei vielen Autisten das Sprachvermögen ungenügend ist, wird man sich hier sprachfreier Tests bedienen. Dazu eignen sich u.a. die Raven-Matrices und der Merrill-Palmer-Test. Positive Ergebnisse bei diesen Tests sind insofern mit Vorsicht zu bewerten, als die Aussparung der Sprache zusammen mit eigenartigen autistischen Verhaltensweisen für die globale Intelligenz und das intellektuelle Reagieren im täglichen Leben doch eine Einschränkung bedeuten. Das gilt auch bei einem hohen averbalen I.Q.

Manche autistischen Kinder sind mit den üblichen Testmethoden überhaupt nicht zu testen. Es gehört zu ihrem autistischen Verhalten, daß sie auf

Testaufgaben nicht ansprechen. Das trifft vor allem für die übliche Situation einer ambulanten Vorstellung zu. Wenn man sich über etliche Tage sehr intensiv mit dem Kind beschäftigt, wird es oft doch gelingen, einen Test durchzuführen. Die Unfähigkeit auf einen Intelligenztest anzusprechen, wurde gelegentlich als prognostischer Hinweis für eine weniger gute Entwicklung angenommen.

Wenn man die Diagnose „kindlicher Autismus" stellt, so sollte das eine *Symptomdiagnose* sein. Sie ergibt sich dadurch, daß eine größere Zahl von typischen Symptomen bei einem Individuum in seinem bisherigen Lebenslauf und zum Zeitpunkt der Untersuchung beobachtet werden. Dabei wird zweckmäßigerweise nicht nach Ursachen gefragt. Den Verlauf sollte man insofern einbeziehen, als die ersten Symptome vor dem 30. Lebensmonat vorgekommen sein müssen.

Die Diagnose des autistischen Syndroms wie auch anderer psychischer Störungen ist zwar eine Angelegenheit des einzelnen Experten auf diesem Gebiet, es gibt aber international anerkannte Richtlinien, an die man sich halten sollte. Die erste ist die Internationale Klassifikation von Krankheiten (International Classification of Diseases) ICD 9 der Welt-Gesundheits-Organisation (WHO), Genf von 1978. Hier ist der *frühkindliche Autismus* unter der Nummer 299.0 aufgeführt. Aktueller ist der Diagnoseschlüssel der American Psychiatric Association, das Diagnostische und Statistische Manual geistiger Störungen (Diagnostic and Statistical Manual of mental disorders) DSM III von 1989. Hier findet man eine genaue Beschreibung des autistischen Syndroms mit den wichtigsten diagnostischen Kriterien. Der genaue Wortlaut ist im Anhang III (S. 186) abgedruckt.

Ein weiteres Klassifizierungshandbuch kinderpsychiatrischer Störungen wurde bereits 1975 in England entwickelt (M. Rutter, D. Shaffer, M. Shepherd). Es wurde ebenfalls ins Deutsche übersetzt. Hier sind die Krankheiten und Störungen auf 4 Achsen verteilt: 1. das klinische Syndrom; 2. die intellektuelle Entwicklung; 3. biologische Faktoren und 4. begleitende oder ätiologische psychosoziale Einflüsse.

4. Früherkennung

Wenn ein etwa 5jähriges Kind erstmals mit der Fragestellung vorgestellt wird, ob ein autistisches Syndrom vorliegen könnte, erfährt man meistens von den Eltern, daß sie schon seit Jahren verschiedene Experten, vorwiegend Ärzte und Psychologen aufgesucht hätten, ohne daß man ihnen einen Rat hätte geben können. Manche Eltern haben eine wahre Odyssee durchgemacht und ihr Kind ist evtl. schon zum Jugendlichen herangereift, ohne daß man ihnen gesagt hätte: Ihr Kind ist autistisch. Dies gilt nicht nur für uncharakteristische Verläufe, sondern auch für ganz typische Fälle, wo wirklich zahlreiche Symptome zu beobachten sind.

Es ist in jedem Falle einer Krankheit oder einer Verhaltensstörung nützlich, diese so früh wie möglich zu erkennen. Hierfür sprechen beim autistischen Syndrom folgende Gründe:

1. möglichst frühe Förderung des Kindes;
2. frühe Beratung der Eltern, damit sie für das Kind und auch für die Familie planen können;
3. Frühsymptome geben eher Aufschlüsse über die Gründe des abnormen Verhaltens als später beobachtete, die evtl. Sekundärsymptome sein können;
4. die genaue Kenntnis der Frühsymptome dient dazu, daß Forscher und andere Experten das Erscheinungsbild des Autismus über längere Zeit in seinem Verlauf verfolgen können;
5. davon abgeleitet lassen sich aus Frühsymptomen eher Aussagen darüber machen, inwiefern das Verhalten der Mutter Einfluß auf das Verhalten des Säuglings und Kleinkindes hat.

Wir wissen aus Schilderungen von Eltern, daß sie eigenartiges Verhalten bei ihrem später als autistisch diagnostizierten Kind manchmal schon in den ersten Lebenswochen beobachtet haben. Die Bedeutung dieser Absonderlichkeiten können sie allerdings erst später erkennen. Wir sahen vor einiger Zeit ein 11jähriges Mädchen. Von ihm berichtete die Mutter, schon 8 Tage nach der Geburt seien ihr Kontaktschwierigkeiten aufgefallen. Der Säugling schien den Körperkontakt mit ihr abzulehnen, wandte sich ab und machte sich steif, wenn sie ihn auf den Arm nahm. Es war das erste und einzige Kind, so daß die Mutter keine persönlichen Erfahrungen mit Säuglingen hatte. Sie war aber doch bestürzt, mußte dann erleben, daß das Mädchen bis zum 6. Lebensjahr den Kontakt mit ihr ablehnte.

Das Gespräch mit diesen Eltern ist ein Musterbeispiel für eine fehlende Früherkennung. Die Mutter suchte schon in den ersten Lebensmonaten einen Kinderarzt auf. Sie machte diesen mehrfach auf das eigenartige Verhalten ihrer Tochter aufmerksam, erzählte ihm vor allem, daß selbst sie als Mutter gar keinen Kontakt bekommen könnte und später, daß die Sprachentwicklung bis zum zweiten Lebensjahr ausblieb, dann Echolalie und pronominale Umkehr auftraten und manch anderes mehr. Der Arzt hat sie jedoch immer wieder beruhigt, dem Kind fehle nichts, es sei ganz gesund. Wenn es sich nicht normal verhalte, müsse es wohl an der Mutter liegen, die zuviel erwarte, das Mädchen wohl überfordere. Nach einigen Phasen der Apathie wurde es immer unruhiger. Auch das war für den Arzt offenbar kein Anlaß etwas zu unternehmen. Schließlich wechselten die Eltern den Kinderarzt. Der neue überwies das inzwischen 6jährige Mädchen in die Kinderpsychiatrie einer Universitätsklinik. Dort wurde das autistische Syndrom erkannt und endlich eine sachgemäße Therapie eingeleitet. Als wir das Kind sahen, war es typisch autistisch. Die Problematik lag darin, den richtigen Schultyp zu finden.

Um ein Bild über den Zeitpunkt der Diagnose des autistischen Syndroms zu bekommen, habe ich 1979 die Unterlagen von 400 autistischen Kindern u.a. daraufhin geprüft, wann die Diagnose gestellt wurde. Tabelle Nr. 1 zeigt das Ergebnis.

Tabelle 1. Zeitpunkt der Diagnosestellung des autistischen Syndroms (aus Kehrer, 1986)

	Alle autistischen Kinder					Alter bei Stellung der Diagnose	Durchschn.-alter bei Stellung der Diagnose	Bisher keine Diagnose	Durschn.-alter keine Diagnose
	Gesamt-anzahl	Alter	Durch-schnitts-alter	Geschlecht					
				W	m				
Sehr typisch (über 22 Punkte)	69	3–17 J.	8.10 J. (n = 69)	26 38%	43 38%	2–9 J.	4.0 J. (n = 45)	25 36%	9.00 (n = 24)
Einigermaßen typisch (18–21 Punkte)	121	2–17 J.	8.5 J. (n = 121)	35 29%	35 29%	1.5–11 J.	4.7 J. (n = 79)	43 36%	7.11 (n = 42)
Weniger typisch (10–17 Punkte)	210	2–17 J.	6.11 J. (n = 21)	66 31%	144 69	1.6–13 J.	4.6 J. (n = 126)	84 40%	6.11 (n = 84)
Gesamt	400	2–17 J.	7.8 J. (n = 400)	127 32%	237 68%	1.5–13 J.	4.5 J: (n = 250)	152 38%	7.6 (n = 152)

Bei dieser Analyse wurden die Kinder und Jugendlichen in drei Gruppen aufgeteilt, nämlich in sehr typische, einigermaßen typische und weniger typische. Diese Gruppierung erfolgte nach den Punkten unserer Fragebogen (Anhang II, S.170).

Wenn wir nur die eindeutigen, wirklich typischen Fälle betrachten, so zeigt sich, daß bei einem durchschnittlichen Vorstellungsalter von 8,10 Jahren bei 36% der Kinder und Jugendlichen die Diagnose Autismus noch nicht gestellt worden war. Aber auch bei den einigermaßen typischen Autisten unserer Klientel – es sind immerhin 121 – hätte die Verdachtsdiagnose gestellt werden müssen. Nach meinem Eindruck aus zahlreichen Untersuchungen autistischer Menschen hat sich in der Früherkennung des autistischen Syndroms in den letzten 10 Jahren zu wenig geändert.

Noch immer berichten Eltern, daß man ihren Schilderungen von früh aufgetretenen Symptomen, die der Arzt in der Sprechstunde bei der kurzen Vorstellung oft nicht selbst zu Gesicht bekommt, wenig Verständnis entgegenbrächte. Wie bereits oben erwähnt, sind die Angaben der Eltern über Verhaltensauffälligkeiten ihrer Kinder durchaus ernstzunehmen. Das gilt oft auch für länger zurückliegende Zeiträume. Man wird manche Ereignisse in der frühen Entwicklung eines Kindes schwer genau datieren können, wenn man darüber nicht Buch führt. Wenn eine Mutter aber zu ihrem Baby keinen Kontakt bekommt, wenn es sie sogar zurückstößt, so ist das ein so eindrucksvolles negatives Erlebnis, daß man es kaum je vergißt. Das gleiche gilt für manche anderen frühkindlichen Verhaltensweisen, eben gerade für solche, die ganz aus dem Rahmen dessen fallen, was eine Mutter normalerweise mit ihrem Säugling oder Kleinkind erlebt.

Ein Problem bei der Früherkennung des Autismus ist auch die fehlende diagnostische Alternative. Die Einordnung als „Spätentwickler" die so häufig erfolgt, kann doch nur für solche Kinder reserviert werden, bei denen zu erwartende Funktionen zunächst ausbleiben. Wenn aber ganz unerwartetes Verhalten beobachtet wird, so muß das doch Anlaß sein, an eine krankhafte Störung zu denken.

Unberechtigt ist es bei einem wirklich autistischen Kind, wenn man das abnorme Verhalten des Kindes der Mutter anlastet, was leider nicht selten geschieht. Eine Mutter, die ein von frühester Säuglings- und Kleinkindzeit behindertes oder verhaltensgestörtes Kind geboren und betreut hat, bedarf besonders feinfühliger Umgangspraktiken. Mütter behinderter Kinder – im weitesten Sinne – neigen ohnehin dazu, sich immer wieder zu fragen, ob sie selbst irgend eine Schuld treffe. Gerade beim typischen autistischen Syndrom ist durch viele Untersuchungen erwiesen, daß mütterliche Betreuungsfehler oder dergleichen *nicht* die eigentliche Ursache des Autismus sind.

Die bei autistischen Kindern so häufig gestellte Diagnose „frühkindlicher Hirnschaden" (minimal brain damage etc.) hat für sich hingeschrieben wenig Wert. Sie zeigt lediglich *einen* möglichen Ursachenfaktor auf. Sich mit dieser Feststellung zufriedenzugeben, nützt der Sache überhaupt nicht. Denn einen solchen – evtl. nur kleinen – Hirnschaden haben viele Kinder, die bei günstigen Milieubedingungen vielleicht gar nicht auffallen, oder bei denen sich eine ganz andere körperliche oder seelische Störung entwickelt. Zudem hat die Bezeichnung „Hirnschaden" noch den nicht von der Hand zu weisenden Beigeschmack, daß der Schaden irreparabel sei, daß man also kaum etwas ändern könne. Das führt manchmal zu einem therapeutischen Defätismus, der sicher unberechtigt ist.

Auf differentialdiagnostische Erwägungen wird später einzugehen sein (S. 57f.). Soviel sei nur schon an dieser Stelle gesagt: Autistisches Verhalten kann auch bei verschiedenen sonst klar definierten Krankheiten vorkommen, es ist eine Verhaltensabnormität, die man klinisch als Syndrom bezeichnet.

Um dem Arzt, vor allem dem Kinderarzt, die Früherkennung des autistischen Syndroms zu erleichtern, habe ich 1979 eine Liste der Frühsymptome zusammengestellt (Anhang IV, S. 188). Sie wurde nach den in der Literatur dargelegten Symptomen und aufgrund von eigenen Beobachtungen sowie Elternbefragungen entwickelt und nach den gebräuchlichen Vorsorgeuntersuchungen mit den 8 Terminen zwischen der Geburt und dem 4. Lebensjahr geordnet. Diese Liste müßte noch durch eine großangelegte Feldstudie validiert werden.

Mit Hilfe einer solchen Symptomübersicht allein kann natürlich niemand ein autistisches Syndrom mit Sicherheit feststellen. Sie kann nur dazu dienen, Verdachtsmomente zu wecken. Weitere diagnostische Schritte müssen dann dem spezialisierten Fachmann überlassen bleiben. Auch die Verlaufsbeobachtung über die nächsten Monate und Jahre wird wichtige Aufschlüsse geben.

Zur eingehenderen Untersuchung von autistischen Kindern wurden einige spezielle Verfahren entwickelt. Eines der umfangreichsten ist das Entwicklungs- und Verhaltensprofil (Psychoeducational Profile, P.E.P.) von Schopler und Reichler (1979, deutsch 1981). Das P.E.P. besteht aus einer Reihe von Spielmaterialien und Aufgaben. Dabei wird das Verhalten des Kindes registriert und 7 verschiedenen Entwicklungskategorien und 5 Skalen pathologischen Verhaltens zugeordnet. So entstehen Profile der relativen Stärke und Schwäche, die sich graphisch darstellen lassen.

Die Entwicklungsskalen werden wie folgt unterteilt:
Imitation, Wahrnehmung, Feinmotorik, Grobmotorik, Augen-Hand-Koordination, kognitive und verbale Leistungen. Skalen des pathologischen Verhaltens sind: 1. Affektivität, 2. sozialer Kontakt und Kooperationsverhalten, 3. Materialbetätigung und Spielverhalten, 4. Einsatz von Sinnesmodalitäten, 5. Sprachverhalten. Die Ergebnisse werden in ein Protokollheft eingetragen und daraus ein Profilblatt zusammengestellt.

Bei der Ausführung des P.E.P. werden verschiedene, leicht zu beschaffende Materialien benützt: z.B. Dose mit Schraubdeckel, Vorrichtung für Seifenblasen, Tastwürfel mit unterschiedlichen Oberflächen, Kaleidoskop, Tischglocke, Knetmasse, Spiegel etc.. Das wird durch ein vierteiliges Formbrett, ein Formbrett mit Rechtecken, ein vierteiliges Puzzle, geometrische Formen, Zeichenvorlagen, ein Buchstabenlotto, vorgegebene Buchstaben, Filzteile, Ziffernkarten und zahlreiche Bildkarten ergänzt. Die Auswertung erfolgt nach dem Gesamtwert und der Anzahl von Skalen, in denen das Kind ein Ergebnis von 3 oder höher erzielt. Kinder mit einem geringeren Wert als insgesamt 30 werden nicht als autistisch eingestuft.

Die Ausführung dieses Tests hat den Vorteil, daß nicht nur die Diagnose Autismus, bewertet nach der Höhe der Punktzahl, gestellt werden kann. Die Profilergebnisse dienen zusätzlich noch als Grundlage für das therapeutische Vorgehen.

V. Differentialdiagnose

Da ich das vorliegende Buch als Jugendpsychiater, also als Mediziner, schreibe, bediene ich mich der medizinischen Nomenklatur. Die beiden Erstbeschreiber des autistischen Syndroms Kanner und Asperger waren ebenfalls Mediziner. Allein aus dieser Tatsache heraus ist es zweckmäßig, den medizinisch-klinischen Standpunkt an die Spitze zu stellen. Aus dieser Sicht ist das autistische Syndrom eine psychische Krankheit.

Für Nichtmediziner ist diese Interpretation von psychischen Störungen manchmal problematisch. Man wehrt sich z.B. gegen den abstrakten Begriff „Krankheit“, da es doch nur „kranke Menschen“ – und auch Tiere – gibt. Bei jeder medizinischen Betrachtung und ärztlichem Handeln muß das kranke Individuum im Vordergrund stehen, ihm muß durch Therapie geholfen werden. Das ist jedoch nur möglich, wenn zuerst eine Diagnose gestellt worden ist. Diagnose bedeutet Einordnung in bekannte medizinische Kategorien. Diese diagnostischen Kategorien sind das, was man als Krankheit bezeichnet.

Der Krankheitsbegriff gilt seit Hippokrates, der um 460 vor Christus lebte. Er war wahrscheinlich auch schon vorher, z.B. im alten Ägypten bekannt. Krankheit als solche zunächst zu diagnostizieren und anschließend zu behandeln, ist die Aufgabe der Ärzte seit der Antike. Das gilt sowohl für körperliche als auch für psychische Gesundheitsstörungen.

Diese Vorbemerkungen schienen an dieser Stelle zweckmäßig, um bei der Beschäftigung mit autistischen Menschen jeder Altersstufe, d.h. ihrer Betreuung im weitesten Sinne, die Rolle des Arztes herauszustellen. Seine erste Aufgabe ist es, festzustellen, ob die Verhaltensauffälligkeit des einzelnen Individuums in die psychiatrische Kategorie Autismus einzuordnen ist oder nicht. Gleichzeitig muß er sich fragen, ob und evtl. welche körperliche Krankheit mit den psychischen Störungen zusammenhängen könnte. Hier ist eine Kooperation zwischen dem Kinderarzt, der mehr somatisch (körperlich) orientiert ist und/oder dem Neurologen auf der einen und dem Psychologen auf der anderen Seite erforderlich. Letzterer ist dazu aufgerufen, eine evtl. notwendige psychologische Behandlung und eine Psychotherapie durchzuführen. Auf diese Probleme wird im Kapitel XIII (S. 119) noch einzugehen sein. Eine weitere Aufgabe des Kinder- und Jugendpsychiaters ist aber die Koordination anderer zweckmäßiger Maßnahmen.

Um autistische Kinder und Jugendliche haben sich seit langer Zeit auch andere, nichtärztliche Berufszweige gekümmert. Das Spektrum bewegt sich von der Psychologie über Heilpädagogik, Musik-, Moto- und Beschäftigungstherapeutik zur Sozial- und Sonderpädagogik. Sie alle haben auf ihren jeweiligen Spezialgebieten in den letzten Jahrzehnten sehr viel zum Wohle autistischer Menschen beigetragen.

Wenn oben das autistische Syndrom, wie gesagt, als psychische Krankheit bezeichnet wurde, so geschieht das aus medizinisch-psychiatrischer Sicht. Es gibt zweifellos aber auch noch andere Aspekte, den sozialen und den pädagogischen. Sie werden später (S. 105f.) gesondert abgehandelt. Soviel sei hier schon gesagt: man kann und muß sowohl körperliche als auch psychische chronische Krankheiten nach ihrem Effekt auf das Leben des Betroffenen als *Behinderung* ansehen. Der Begriff Krankheit wird dadurch nicht ausgeschlossen.

In allen bisherigen Ausführungen kam es darauf an, herauszustellen, wie das autistische Syndrom aussieht. Wie erkennt man einen autistischen Menschen? Es soll nun davon die Rede sein, welche Alternativen es gibt, wenn die beschriebenen Symptome bei einem Individuum nur in geringer Zahl oder in atypischer Weise zu beobachten sind.

Dabei ist es zunächst wichtig, die abnormen Verhaltensweisen gegenüber der *Norm* abzugrenzen. Einige der hier oder in der Symptomliste (S. 166) beschriebenen autistischen Symptome kommen auch bei ganz normalen Kindern in bestimmten Entwicklungsphasen vor. Was sie als krankhaft ausweist, sind die Intensität, der Zeitpunkt, die Dauer und evtl. die Bedingungen ihres Auftretens. Viele Kleinkinder gehen z.B. eine Zeitlang manchmal auf den Zehen. Beim Ausprobieren ihres Ganges machen sie die Erfahrung, daß man das tun kann, um dadurch größer zu wirken, was den Kleinen sehr gut gefällt. Sie werden das aber bald als unbequem empfinden, weil man dann z.B. nicht so schnell laufen kann. Also werden sie den Zehengang wieder aufgeben. Geht jedoch ein Kind von 6 bis 10 Jahren, das keine Spitzfüße hat, oft auf den Zehen, so weist es *ein* Symptom auf, das bei autistischen Kindern häufig vorkommt. In gleicher Weise kann man viele einzelne Verhaltensweisen als etwas Außergewöhnliches, ja Krankhaftes identifizieren.

Etwas schwieriger ist das bei den sog. Verhaltensdefiziten. Wenn ein Kind eine in einem bestimmten Alter zu erwartende Leistung nicht vollbringt, so kann das verschiedene Ursachen haben. Bis etwa zur Vollendung des ersten Lebensjahres können alle Menschen nicht sprechen. Sie sind, wie man mit dem lateinischen Ausdruck sagt, mutistisch und doch ganz normal. Man wird also das Wort Mutismus als krankhaftes Symptom erst dann gebrauchen, wenn ein Kind mit 2 Jahren oder noch später nicht spricht. Damit allein ist es aber noch kein Autist, sondern nur dann, wenn dieses Symptom mit anderen typischen korreliert oder wenn z.B. Sprechen zwar möglich ist, aber grundsätzlich nicht als Kommunikationsmittel angewendet wird.

Auch manche Eigenarten des Verhaltens dürfen nicht ohne weiteres dazu verleiten, ein Kind als Autisten zu klassifizieren. Es gibt viele seltsame Menschen, auch schon im Kindesalter. Es ist aber Vorsicht geboten, sie in die Kategorie der Autisten einzuordnen, wenn sie z.B. nur kontaktgestört oder eigenbrötlerisch sind. Die Diagnose „autistisches Syndrom" ist so schwerwiegend, daß sie nur bei eindeutiger Symptomatik erfolgen sollte. Im Zweifelsfalle wird man einen Verdacht äußern und sich erst nach einer Beobachtungszeit von Monaten bis zu einem Jahr mehr festlegen.

1. Verschiedene Typen von Autismus

In diesem Zusammenhang muß auch die Frage erörtert werden, ob es zweckmäßig ist, verschiedene Typen von kindlichem Autismus zu unterscheiden. In der letzten Zeit hat sich, wie bereits oben gesagt, die Bezeichnung autistisches Syndrom allgemein durchgesetzt. Spricht man aber im deutschen Sprachraum davon, daß ein Kind autistisch sei, so wird sofort nicht sehr glücklich gefragt: „Asperger- oder Kanner-Autismus"? In der angelsächsischen Literatur ist der sog. Asperger-Autismus bis vor kurzem unbekannt gewesen. Erst vor wenigen Jahren hat man sich mit diesem Thema beschäftigt. So haben Sula Wolff und Anne Barlow (1979) sowie Lorna Wing (1981) Kinder mit „schizoider Persönlichkeit" als eine Randgruppe, die zwischen Autisten und normalen Kindern stehe, beschrieben. Sie sollen klinisch denen mit der autistischen Psychopathie von Asperger ähnlich sehen.

Liest man die Originalarbeit Aspergers von 1944, so fällt es schwer, für die von ihm als Beispiele angeführten 4 Jungen nachzuvollziehen, daß es sich um Psychopathen handele. Die heute aus der Mode gekommene Bezeichnung Psychopath bezeichnet einen Menschen mit einer angeborenen Charakterdeviation. Bei diesen Menschen werden zahlreiche Verhaltensvarianten beschrieben (anankastische, dysphorische, erregbare, fanatische, haltlose und viele andere mehr). Da Psychopathie als erblich gilt, müßte der Nachweis von ähnlich Veränderten oder Behinderten in der Blutsverwandtschaft geführt werden. Bei den 4 als Beispielen beschriebenen Kindern Aspergers ist keines dabei, dessen Vater als autistisch gelten könnte. Der erste Vater ist „still und verschlossen", der zweite ein „eigenartiger Mensch". Bei den beiden anderen Jungen wird nichts vom Vater oder der Familie mitgeteilt. Später schreibt Asperger, er habe im Laufe von 10 Jahren „mehr als 200 Kinder beobachtet, bei denen das Bild des autistischen Psychopathen mehr oder weniger deutlich ausgeprägt war. In *jedem* Fall, bei dem es uns möglich war, Eltern und Verwandte genauer kennenzulernen, haben wir in der Aszendenz verwandte psychopathische Züge feststellen können". Diese Beobachtungen sind leider nie weiter präzisiert worden.

Das liegt wahrscheinlich u.a. auch daran, daß Psychopathie ein schillernder Begriff ist, über den meist nur kasuistisch berichtet wurde. G. Nissen (1980) ist in einem Lehrbuchbeitrag so weit gegangen, die Väter der Kinder beim „Asperger-Syndrom" als „autistisch und intellektuell", beim „Kanner-Syndrom" Väter und Mütter als „autistisch" zu bezeichnen. Auf die Frage der Erblichkeit des autistischen Syndroms wird später (S. 76) noch einzugehen sein. Soviel kann jedoch jetzt schon gesagt werden: Eindeutige Autisten oder sicher als Psychopathen zu definierende Eltern haben die zahlreichen Experten, die sich mit dem Thema Austismus beschäftigt haben, nicht gefunden.

2. Differentialdiagnostische Alternativen

Wenn nun bei einem Kind bestimmte autismusspezifische Verhaltensweisen von den Eltern oder sonstigen nahestehenden Personen beobachtet werden, so muß der Experte überlegen, welche Alternative gegenüber dem kindlichen Autismus eventuell noch in Frage kommt. Eine ist vielleicht der „Spätentwickler". Manche im Grunde normale Kinder beginnen z.B. erst mit 2 Jahren oder noch später, richtig zu sprechen. Das kann eine konstitutionelle, in manchen Familien vorkommende Variante sein, die für die spätere Entwicklung des Kindes keine Bedeutung hat. Es kann aber genausogut bedeuten, daß das Kind geistig behindert ist, ohne daß das etwas mit Autismus zu tun hat. Auch noch andere krankhafte Störungen, wie z.B. eine Entwicklungsaphasie kommen differentialdiagnostisch in Frage.

Auch nicht jede Störung des zwischenmenschlichen *Kontakts* ist autismusspezifisch. Sie ist erst einigermaßen typisch, wenn man sie bereits im Säuglingsalter, d.h. bevor das Kind in dieser Beziehung negative Erfahrungen gemacht hat, beobachtet und wenn sie nicht in Zusammenhang mit einem anderen Unvermögen der geistigen Leistungsfähigkeit oder mit einer Sinnesbehinderung (z.B. Taubheit) auftritt.

Kontaktstörungen bei Gehemmtheit, etwa bei stark introvertierten Menschen, wird bei Kindern eher in etwas fortgeschrittenem Alter zu beobachten sein. Sie lassen sich dadurch leicht vom autistischen Syndrom abgrenzen, als bei letzterem der Symptombeginn vor dem 30. Lebensmonat liegt. Außerdem wird man hier alle anderen Verhaltensabnormitäten des autistischen Syndroms vermissen.

a) Hospitalismus

Eine von der Symptomatik her nicht so leicht vom Autismus abzugrenzende Störung ist der sog. *Hospitalismus*, der auch Deprivationssyndrom genannt wird. Dieses Zustandsbild trägt seinen Namen nicht wie der Autismus vom Erscheinungsbild her, sondern von der Ursache: der Trennung von der Mutter oder einer anderen engen Bezugsperson durch die Hospitalisierung.

Das typische Deprivationssyndrom kommt dadurch zustande, daß der Säugling bald nach der Geburt oder jedenfalls in einer frühen Entwicklungsphase in Heim- oder Krankenpflege gebracht wird. Das war früher das Waisenhaus, in dem die Babys in großen Sälen von wenig Personal betreut wurden. Solche ungenügende Pflege von Säuglingen und Kleinkindern kommt heute glücklicherweise seltener vor. Dagegen werden häufiger unerwünschte und ungeliebte Kinder in frühem Alter von ihren Müttern körperlich und seelisch vernachlässigt. Das hat in etwa den gleichen Effekt wie die Deprivation in einem Heim.

Ein solches Baby oder Kleinkind reagiert auf die Trennung zunächst mit Unruhe, häufigem Schreien, Jammern und Klagen. Hinzu kommen oft Eß- und Verdauungsstörungen sowie Gewichtsverlust. Nach etwa 3 Monaten gerät das Kind in ein Stadium der Apathie. Es sitzt oder liegt mit weit geöffneten Augen im Bett, bewegt sich kaum noch. Es nimmt an seiner Umgebung nicht mehr teil. Später wird ein solches Kind meist wieder unruhiger, es entwickeln sich motorische Stereotypien, nämlich vor allem Schüttel- und Drehbewegungen des Kopfes und Rumpfes. Dauert die Trennung von der Mutter länger, so wird die gesamte körperliche und seelische Entwicklung aufgehalten. Die Kinder bleiben in ihrer Statomotorik retardiert, zeigen vermindertes Wachstum und verzögerte Gewichtszunahme. Sie lernen sehr spät – erst nach dem 2. bis 3. Jahr – unvollkommen sprechen. Die gesamte intellektuelle Entwicklung bleibt z.T. erheblich zurück. Die Kinder werden nicht sauber und trocken. Das eigentliche Kontaktverhalten von Kindern mit dem Deprivationssyndrom ist unterschiedlich: teils suchen sie in extremer Weise Körperkontakt zu ihren Betreuern, teils meiden sie den Kontakt.

Zur Unterscheidung des Hospitalismus vom autistischen Syndrom dienen folgende Kriterien: 1. gibt die Vorgeschichte wichtige Hinweise. Ein Deprivationssyndrom kann nur auftreten, wenn in der frühen Entwicklungsphase, also etwa zwischen dem 3. und 30. Lebensmonat eine schwere Vernachlässigung des Kindes tatsächlich stattgefunden hat. Nach diesem Zeitpunkt ist dieses Unterscheidungsmerkmal uninteressant; denn zur Feststellung des autistischen Syndroms gehört es, daß die ersten Verhaltensabnormitäten vor dem 30. Lebensmonat beobachtet werden. Trennungserlebnisse, vor allem durch Krankenhausaufenthalt, haben in dem angegebenen Zeitraum viele autistische Kinder mitgemacht. Gabriele Falliner aus unserem Team hat 1987 festgestellt, daß mehr autistische Kinder als solche einer Kontrollgruppe in den ersten 30 Lebensmonaten eine Trennung von der Hauptbezugsperson erlebt hatten. Die Häufigkeit der Trennungen bei den einzelnen Kindern und deren Gesamtdauer unterschieden sich bei den beiden Gruppen jedoch nicht voneinander. Man wird also zur Differentialdiagnose im Einzelfall genau nachforschen müssen, ob eine *längere* Trennung von der Mutter stattgefunden hat und wie die Betreuung des Kindes in dieser Zeit ausgesehen hat.

Das 2. differentialdiagnostische Kriterium ist das Auftreten der Symptomatik im Zusammenhang mit dem Deprivationserlebnis. Nicht so selten kommt es vor, daß ein Kind, daß sich schon vorher eigenartig und abnorm verhielt, nach einem Trennungserlebnis stärker autistisch wird. In diesem Fall ist die Deprivation eventuell ein Faktor zur Verschlimmerung oder zur Auslösung autistischer Symptome, aber nicht die eigentliche Ursache wie beim Hospitalismus.

Das 3. differentialdiagnostische Kriterium ist die Reversibilität des Deprivationssyndroms. Wird bei einem solchen Kind nach längerer Vernachlässigung eine enge, liebevolle Bindung zu einer Bezugsperson (wieder)-hergestellt, so wird das Kind die Entwicklungsverzögerungen sowohl auf körperlichem als auch auf seelischem Gebiet wieder aufholen. Die dem Autismus ähnliche Symptomatik geht auf alle Fälle zurück.

b) Kindliche Schizophrenie

Die Differentialdiagnose zur Schizophrenie des Kindesalters hat deswegen etwas geringere Bedeutung, weil diese Psychoseform nur selten vorkommt. Der Krankheitsbeginn der Schizophrenie liegt üblicherweise in der Zeit der Pubertät und Adoleszenz. Nur 4 % aller Schizophrenen erkranken vor dem 14. und 0,1 % vor dem 10. Lebensjahr. Unter den in jugendpsychiatrischen Einrichtungen aufgenommenen Kindern und Jugendlichen machen die schizophrenen Psychosen nur 1 % bis 5 % der Gesamtklientel aus (H.-Ch. Steinhausen, 1988).

In der älteren Literatur wurde teilweise zwischen dem autistischen Syndrom und der kindlichen Schizophrenie kein Unterschied gemacht. Inzwischen weiß man aber, daß sowohl von der Symptomatik als auch vom Verlauf her deutlich unterschieden werden muß. I. Kolvin (1971) hat in sehr detaillierten Untersuchungen dargelegt, daß die frühkindliche (infantile) Psychose Autismus, deren typische Verhaltensauffälligkeiten oben ausführlich geschildert wurden, stets vor dem 30. Lebensmonat beginnt. Sie geht typischerweise später *nicht* in eine schizophrene Psychose, wie sie vom Erwachsenenalter bekannt ist (Erkrankungswahrscheinlichkeit für die Gesamtbevölkerung etwa 1 %) über. Bei den kindlichen Autisten fehlen sog. produktive Symptome wie Wahn und Halluzinationen, die allerdings auch bei der kindlichen Schizophrenie vor dem 10. Lebensjahr selten beobachtet werden. Treten sie bei einem jugendlichen oder heranwachsenden Autisten doch einmal auf, so muß sehr genau geprüft werden, ob es sich nicht um induzierte abwegige Ideen oder um Pseudohalluzinationen handelt. Das wesentliche Unterscheidungsmerkmal zwischen dem autistischen Syndrom und der kindlichen Schizophrenie ist also der Beginn der Symptomatik vor dem 30. Lebensmonat.

c) *Sprachstörungen*

Bei der Beschreibung der typischen Verhaltensstörungen autistischer Kinder wurde auf die Eigenarten der *Sprache* besonders hingewiesen. Wenn ein Kind nicht rechtzeitig und evtl. überhaupt nicht sprechen lernt, so kann das sehr verschiedene Gründe haben. Zunächst kann das mit schweren geistigen Mängeln zusammenhängen. Wenn die geistigen Voraussetzungen zum Spracherwerb fehlen, wird ein Mensch stumm bleiben. Das hat nichts mit dem eigentlichen autistischen Syndrom zu tun.

Auch das Fehlen des Gehörs, die *Taubheit*, verhindert die normale Sprachentwicklung. Sog. taubstumme Menschen sind aber überhaupt nicht autistisch. Ihre Kontaktfähigkeit ist meistens ausgezeichnet. Sie lernen schnell, sich mit Gesten, später mit der typischen Gehörlosensprache untereinander zu verständigen. Hier ist die Differentialdiagnose zum autistischen Syndrom leicht zu stellen. Andererseits gibt es aber unter den gehörlosen Kindern und Jugendlichen auch typische Autisten, die viele der oben genannten Verhaltensauffälligkeiten aufweisen. Bei ihnen ist es manchmal schwierig, eindeutig nachzuweisen, ob das Gehör wirklich ausgefallen ist. Ich kenne einige autistische Kinder, bei denen Hals-Nasen-Ohrenärzte zu dieser Frage unterschiedliche Urteile lieferten. In einem solchen Fall liegt möglicherweise eine ganz zentrale, also im Gehirn zu lokalisierende Schädigung der akustischen Wahrnehmung vor. Um diese Zusammenhänge im Einzelfall abzuklären, ist eine sehr differenzierte Untersuchung der Hörfunktionen (Stapediusreflex, Computeraudiogramm, evozierte Potentiale etc.) erforderlich.

Es gilt noch eine andere Störung der Sprache vom autistischen Syndrom abzugrenzen: die sog. *Aphasie*. Hierunter versteht man die Unfähigkeit oder schwere Mängel des Sprechens, die nichts mit dem Hörorgan oder den Sprechwerkzeugen zu tun haben, sondern auf einer Hirnläsion beruhen. Am bekanntesten ist in dieser Hinsicht die Sprachunfähigkeit bei Patienten, die durch einen Schlaganfall die halbseitige Bewegungsfähigkeit und das Sprechen verloren haben. Dabei weiß man, daß bestimmte Zentren des Gehirns im Stirnhirn, im Schläfenlappen oder Verbindungen zwischen diesen lädiert sind. Hier läßt sich oft unterscheiden, ob mehr das Sprachverständnis oder die aktive sprachliche Ausdrucksfähigkeit betroffen ist.

Beim Kind gibt es eine angeborene Aphasie, die auch als *Entwicklungsaphasie* bezeichnet wird. Bei im übrigen altersentsprechender frühkindlicher

Entwicklung und normalem Hörvermögen bleibt das Sprechen aus oder entwickelt sich nur rudimentär (Dysphasie). Das bezieht sich meistens sowohl auf das Sprachverständnis als auch auf die aktive Sprache. Diese beiden für eine normale Sprache notwendigen Fähigkeiten lassen sich bei solchen Kindern selten streng trennen, was bei Patienten nach einem Schlaganfall meistens möglich ist. Die Aphasie oder Dysphasie ist eine isolierte Werkzeugstörung des Gehirns. Sie wirkt sich, wenn sie von Geburt an vorhanden ist, natürlich auf das sonstige Verhalten und die Intelligenzentwicklung, ähnlich wie bei den Gehörlosen, aus.

Die Differentialdiagnose vom autistischen Syndrom ist meistens möglich. Kinder mit Entwicklungsaphasie oder -dysphasie haben nicht die für den Autismus sonst typischen Sprachstörungen: Echolalie, pronominale Umkehr, Modulationsstörungen etc. Ihre allgemeine Kommunikation mit Partnern ist ungestört; sie könnte sich höchstens durch negative Erlebnisse infolge des Sprachdefizits, also durch sekundäre Neurotisierung, auf die Kommunikationsfähigkeit auswirken. Die Sprachstörungen bei autistischen Kindern sind kein motivationales Problem, sondern ein schwerer Mangel in der Sprachentwicklung und eine absonderliche Sprachform, verbunden mit anderen kognitiven Störungen (M. Rutter, 1979).

3. Die intellektuelle Entwicklung

Autistische Kinder und Jugendliche zeigen recht unterschiedliche *intellektuelle Leistungen.* Einige wenige können als normal oder sogar überdurchschnittlich intelligent gelten, wenn man z.B. ihre Schulleistungen betrachtet (Bestehen des Abiturs u.ä.). Die Autisten der eigentlichen Kerngruppe, d.h. diejenigen mit zahlreichen der oben genannten Verhaltensauffälligkeiten, zeigen meist keine wesentlichen intellektuellen Einschränkungen. Sie bewegen sich im Bereich der Norm oder der Lernbehinderung. Dies gilt wenigstens, wenn man ihren Intelligenzquotienten betrachtet. Bezieht man jedoch ihre sozialen Fähigkeiten mit ein, so sind sie im täglichen Leben weniger leistungsfähig. Der I.Q. ist überhaupt bei autistischen Kindern und Jugendlichen kein allzu zuverlässiger Indikator für das praktische Funktionieren. Sie können manchmal bei einem wortfreien Intelligenztest gut abschneiden, obwohl sie wegen mangelnder kommunikativer Sprache und wegen sozialer Defizite den Anforderungen des täglichen Lebens kaum genügen.

Dennoch können diese Kernautisten keinesfalls als geistig behindert gelten. Ihnen steht jedoch eine etwa genauso große Gruppe von autistischen Menschen jeglichen Alters gegenüber, deren intellektuelle Leistungen eindeutig unterdurchschnittlich sind. Sie müssen zu den *Geistigbehinderten* gezählt werden. Auch sie zeigen in mehr oder weniger großem Umfang die gleichen Symptome wie die Kernautisten, eben diejenigen, die vor allem Kanner beschrieben hat. Sie sollte man als *Geistigbehinderte* mit *autistischen Zügen* oder *Verhaltensweisen* bezeichnen. Im angelsächsischen Raum werden sie autistic retardates genannt. Im deutschen Sprachraum tut man sich schwer, ihre autistischen Verhaltensweisen als solche anzuerkennen.

Unter den ziemlich zahlreichen Geistigbehinderten, die man früher Schwachsinnige und nach der medizinischen Nomenklatur Oligophrene nannte, gibt es einmal verschiedene Gradabstufungen (im älteren Schrifttum: Debilität, Imbezillität, Idiotie). Zum anderen werden bei ihnen aber auch unabhängig von der Intelligenz recht unterschiedliche Verhaltensweisen beobachtet. Früher sprach man von erethischem Schwachsinn, wenn man unruhige, überaktive Geistigbehinderte meinte, und stellte ihnen die torpiden Oligophrenen gegenüber, die weniger Aktivität zeigen, eher stumpf sind. Darüber hinaus gibt es aber auch noch viele unterschiedliche Formen der geistigen Behinderung, wenn man nach den Ursachen oder nach Begleitkrankheiten fragt. Mongoloide (Down-Syndrom) und Menschen mit Unterfunktion der Schilddrüse (Kretinismus) unterscheiden sich körperlich deutlich voneinander – Trisomie 21, Epikantus etc. auf der einen, Zwergwuchs, Hautveränderung etc. auf der anderen Seite – sind sich aber im Wesen ähnlich: gutmütig und gesellig. Andere weisen bei ähnlichem Körperzustand ganz unterschiedliches Verhalten auf.

So ist es sicher berechtigt, aus den nach dem Verhalten und nach den Ursachen so verschiedenen Geistigbehinderten die Gruppe derer mit autistischen Symptomen herauszukristallisieren. Dies vor allem, weil man anders mit ihnen umgehen, sie anders behandeln muß als die übrigen schwach Begabten. Autistisch Retardierte können selten an gemeinsamen Spielen oder sonstigen Unternehmungen teilnehmen, sie stehen meist abseits, obwohl sie manchmal von ihren intellektuellen Fähigkeiten her mehr leisten können als die anderen. Diese autistischen Menschen gehören nach der alten Nomenklatur zu den sog. Erethischen, denn sie sind allgemein unruhig, weisen mehr oder weniger starke motorische Stereotypien auf.

Insgesamt betrachtet stellt die geistige Behinderung nur insofern eine Differentialdiagnose gegenüber dem autistischen Syndrom dar, als diese mit und ohne autistische Züge unterschieden werden kann. M. Rutter (1979) ist der Ansicht, daß „irgendeine Form der biologischen Störung sowohl zur geistigen Behinderung als auch zum Autismus prädisponiert“. Es ist also, wie bereits gesagt, nur sinnvoll, festzustellen, wie intelligent ein autistischer Mensch ist, ob er zur Gruppe der sog. Kernautisten (I.Q etwa über 70) oder zu den autistisch Retardierten (Geistigbehinderten mit autistischen Verhaltensweisen) zu rechnen ist. Wenn keine vom Autismus bekannten Symptome vorliegen, erübrigt sich eine Differentialdiagnose.

Eine Studie zum unterschiedlichen Verhalten autistischer und geistigbehinderter Kinder hat H. Niebes aus unserem Team 1981 an je 20 dieser Probanden mit einer Kontrollgruppe von 20 normalen Kindern durchgeführt. Im allgemeinen Verhalten waren bei den Autisten die ausgiebige Manipulation von Objekten und des eigenen Körpers (Beklopfen, Betasten, Belecken etc.) sowie verschiedene stereotype Bewegungen viel stärker ausgeprägt als bei der Kontrollgruppe. Bei der Sprache fielen die autistischen Kinder durch Echolalie und Selbstgespräche gegenüber den anderen auf. Auch bei der Kontaktaufnahme, u.a. beim Blickkontakt, war der Unterschied zu Ungunsten der Autisten signifikant. Die Schmerzwahrnehmungsschwelle war sowohl bei den Autisten als auch bei den Geistigbehinderten herabgesetzt.

Ich habe die verschiedenen differentialdiagnostischen Erwägungen der Übersicht halber schematisch dargestellt (Abb. Nr. 1). Die Überschneidungen mit dem Kreis der Kernautisten soll das Vorkommen gleicher Symptome andeuten. Die autistisch anmutenden Verhaltensweisen bei normalen Kindern, bei neurotischen Kontaktstörungen und beim Deprivationssydrom sind weitgehend reversibel, während sie bei den anderen Erscheinungsbildern nur durch intensive Therapie verändert werden können. Unter die neurotischen Kontaktstörungen ist auch der elektive Mutismus zu rechnen, das Nichtsprechen mit – meist fremden – Personen bei ganz intaktem Sprechvermögen.

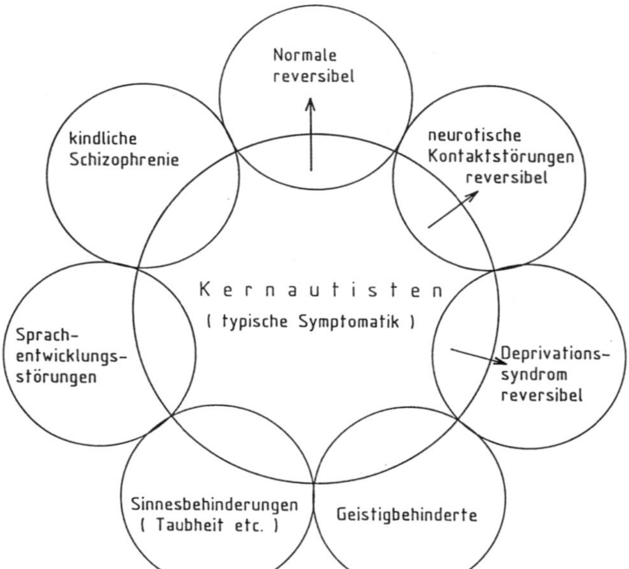

Abbildung 1. Schematische Darstellung der Differentialdiagnosen

VI. Nosologie

Als Kanner 1943 zum ersten Mal autistische Kinder beschrieb, war er der Meinung, die Verhaltensstörungen hätten viel mit dem Verhalten ihrer Eltern zu tun. Diese intellektuellen, akademisch gebildeten, vorwiegend wissenschaftlich tätigen Menschen würden ihre Kinder emotionell vernachlässigen. Der frühkindliche Autismus wäre dann als Neurose einzustufen, als psychische Krankheit, die durch frühkindliche Erlebnisse verursacht ist.

Nachdem sich diese Hypothese als nicht haltbar erwies, hat man angenommen, daß das autistische Syndrom eine frühe Form der Schizophrenie sei. In vielen wissenschaftlichen Arbeiten der sechziger- und siebziger Jahre ist Autismus mit kindlicher Schizophrenie gleichgesetzt. Auch diese Hypothese hat sich in ihrem Kern nicht bewahrheitet. Es bestehen zweifellos Beziehungen zwischen beiden psychischen Krankheiten, vor allem bezüglich der ähnlichen Störungen der Wahrnehmungsverarbeitung. Dennoch sollte das autistische Syndrom von der kindlichen Schizophrenie getrennt werden (siehe auch S. 66).

Inzwischen besteht unter den Experten weitgehender Konsens, daß das autistische Syndrom mit gestörter Hirnfunktion zusammenhängt, die schon in ganz frühem Alter vorhanden oder erworben worden ist. Auf die möglichen organischen Störungen des Gehirns wird später (S. 78) noch eingegangen.

Eine sehr plausible Erklärung der nosologischen Zusammenhänge ist die Annahme einer Psychose, die nicht wie die Schizophrenie weitgehend endogen, sondern durch eine von außen auf das Gehirn einwirkende Noxe entstanden ist. Es würde sich dann um eine organische Psychose handeln. Beispiele aus der Psychiatrie hierfür sind die traumatische Psychose (Geistesstörungen nach Unfall) und die Psychosen durch Vergiftung, etwa durch Alkohol (Delirium tremens u.ä.). Beim autistischen Syndrom kommen als Noxen Infektionen, Sauerstoffmangel, Enzymstörungen u.ä. in Frage.

Die letzte Möglichkeit, das autistische Syndrom psychopathologisch einzuordnen, ist die Annahme, es handele sich um eine ererbte und angeborene Charakteranomalie, also um eine Form der Psychopathie. Diese Hypothese ist im Zusammenhang mit der Besprechung des Asperger Autismus (S. 59) erörtert und weitgehend fallengelassen worden.

Eine ganz exakte nosologische Einordnung des autistischen Syndroms wird wohl kaum je möglich sein. Dazu ist die Symptomatik zu komplex und variabel und die Ursachen sind zu unterschiedlich. Am meisten leuchtet es ein, das autistische Syndrom als hirnorganische Psychose zu bezeichnen. Eine weitere nosologische Frage ist die, ob man das autistische Syndrom als Krankheitseinheit betrachten kann. Vom Standpunkt der Psychopathologie mag es dagegen Vorbehalte geben, denn die erwähnte Symptomvielfalt erschwert die Vereinheitlichung. Vom Standpunkt der Praxis und der sozialen Belange in den 30 Jahren, in denen man sich intensiver mit dem Autismus beschäftigt, hat es sich bewährt, das autistische Syndrom als eine abgegrenzte Einheit zu betrachten. Denn für Therapie und Pädagogik ist es ein wichtiges Orientierungsmuster, ein Kind oder einen Jugendlichen vor sich zu haben, für den die Diagnose autistisches Syndrom gilt.

In diesem Zusammenhang ist noch einmal das Problem: Krankheit oder Behinderung zu erörtern. Hierzu hat die Internationale Klassifikation von Schädigungen, Behinderungen und Handicaps der WHO in Genf (1980) eine gute und folgerichtige Übersicht gegeben:

- Krankheit (illness) oder Störung (disorders) führt zur Schädigung (impairment)
- Schädigung führt zu Behinderung (disability)
- Behinderung führt zum Handicap
- (oder Schädigung führt direkt zum Handicap)

Die genannten Begriffe sind dabei noch genauer erklärt:

Schädigung bedeutet Verlust oder Abnormität der Struktur oder Funktion des Körpers.

Behinderung bedeutet Einschränkung oder Verlust der Fähigkeit, Aktivitäten auszuführen, die man für das betreffende Individuum als normal ansieht. Sie ist normalerweise die Folge einer Schädigung.

Handicap bedeutet die Einwirkung der Schädigung und/oder der Behinderung auf das Individuum und auf die umgebende Gemeinschaft. Wenn eine solche Einwirkung Probleme bei Beziehungen, eine Einschränkung von Möglichkeiten mit daraus folgender Unterbrechung der sozialen Integration in das normale Leben einbezieht, dann ist ein geschädigter oder behinderter Mensch „gehandicapped".

VII. Ätiologie

Die Frage nach der oder den Ursachen des autistischen Syndroms besteht aus vier Teilen: 1. Worauf beruht das eigentümliche Verhalten, d.h. die Symptomatik? 2. Welche Veränderungen des Hirngewebes können eventuell die Funktionsstörungen erklären? 3. Welche Schäden oder Noxen rufen am Gehirn Veränderungen hervor, die für die Funktionsstörungen und damit für die Symptome verantwortlich sind? 4. Welche Rolle spielt das Erleben, d.h. die psychische Verarbeitung der Umweltreize – Mutterbindung, Pflege, Erziehung etc. – von den frühesten Entwicklungsstadien an für die Entstehung und Aufrechterhaltung der Verhaltensstörungen?

1. Störung der Wahrnehmungsverarbeitung

Es steht fest, daß beim voll ausgeprägten autistischen Syndrom eine Störung der Wahrnehmungsverarbeitung vorliegt. Das Kind kann die sensiblen und sensorischen Reize aus seiner Umwelt, wahrscheinlich auch aus seinem eigenen Körper, nicht richtig koordinieren. Die Synthese, die zum normalen psychischen Funktionieren notwendig ist, gelingt nur unvollkommen. Diese Schwierigkeit in der Wahrnehmungsverarbeitung beginnt wahrscheinlich schon bei der Auswahl der angebotenen Reize aus der Umwelt. Um sich in der Umwelt zu orientieren, um sich auf die relevanten Dinge zu konzentrieren, bedarf es eines Filters, der das in der aktuellen Situation nicht Notwendige aussondert. Mechthild Sievers aus unserem Team hat zur Erklärung dieser Zusammenhänge eine Hypothese entwickelt, die auf einem kybernetischen Modell der Wahrnehmungsverarbeitung beruht (Abb. 2). Es wird angenommen, daß ein Reglersystem im Gehirn gestört ist. Man kann gut verstehen, daß ein Kind, das nicht in der Lage ist, aus dem normalen Angebot von Umweltreizen aller Sinnesarten, die ständig auf uns einströmen, einen Teil zu ignorieren, sich abschirmt, die Augen verdeckt, sich die Ohren zuhält oder sich zurückzieht.

Möglicherweise in Zusammenhang mit diesen Störungen ist aber auch die Koordination der Reize auf den verschiedenen Sinnesgebieten beeinträchtigt. Vor allem Hermelin und O'Connor (1970, 1978) haben durch psychologische Experimente nachgewiesen, daß autistische Kinder Schwierigkeiten haben, optische und akustische Reize zu koordinieren. Bei bestimmten Versuchsanordnungen verhielten sie sich wie Taube, bei anderen wie Blinde, obwohl die periphere Wahrnehmung der Ohren und Augen intakt war.

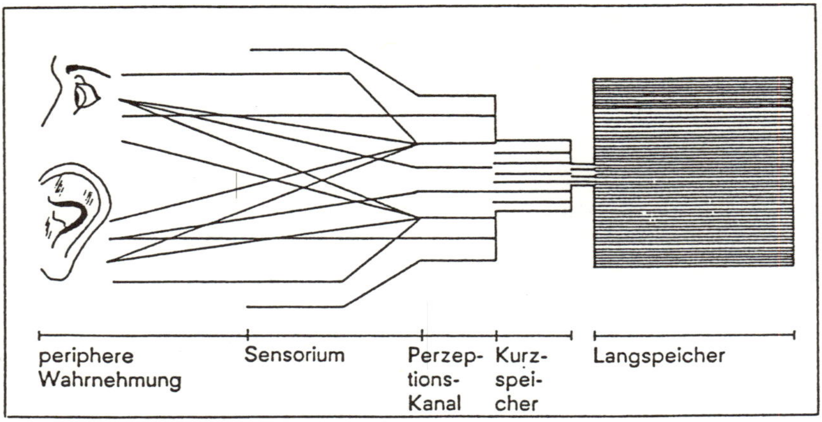

Abbildung 2. Kybernetisches Modell der Wahrnehmungsverarbeitung (M. Sievers, 1982)

Die Annahme einer solchen Koordinationsstörung der Wahrnehmung erklärt u.a. das Ausweichen autistischer Kinder auf die „niederen Sinne“, Riechen, Tasten und Kinästhetik (Bewegungsempfindung). Wie viele autistische Kinder befühlen erst einen Gegenstand, führen ihn an die Lippen, riechen an ihm, wo beim normalen Kind ein Blick genügt, um ihn zu identifizieren. Manchmal hat man auch den Eindruck, daß solche Kinder Räume erst einmal ab- oder durchschreiten, bis sie die Räumlichkeit richtig erfaßt haben.

Über diese Störung der Wahrnehmungsverarbeitung hinaus und wahrscheinlich damit zusammenhängend, funktioniert die Speicherung von Sinneseindrücken – das Gedächtnis – bei autistischen Menschen anders als bei normalen. Sie behalten Gesehenes und Gehörtes im Gedächtnis, was man normalerweise vergißt, andere Erlebniseindrücke können sie nicht wieder reproduzieren, vergessen sie. So können sie sich die Redundanz oft nicht zunutze machen: Für sie ist es z.B. beim Auswendiglernen belanglos, ob ein Text sich reimt, ob eine Wortfolge Sinn ergibt oder nicht. Das führt beim Erinnern zu Schwierigkeiten, kann sich aber auch positiv auswirken. So entstehen einige der früher beschriebenen (S. 40) Mehrleistungen.

Der exakte Mechanismus dieser Wahrnehmungsverarbeitungsstörungen ist bis heute nicht bekannt. Es werden verschiedene Hypothesen angeboten, so das schon erwähnte kybernetische Modell (M. Sievers, Abb. 2), der Zwei-System-Prozeß (H. Hartmann u. U. Rohmann, 1984), der die Wahrnehmungseindrücke in Neues und Bekanntes unterteilt, sowie Versuche, für gestörte Funktion bestimmte Hirnareale (Hemisphärenverbindungen, Hippocampus etc.) verantwortlich zu machen. Hier spielen sicher auch gestörte Lernvorgänge eine Rolle. Um auf diesem Gebiet weitere Klarheit zu erhalten, ist noch eine intensive Forschung erforderlich. Wir sind jedenfalls noch nicht so weit, daß man die Wahrnehmungsverarbeitungsstörungen mit anatomisch faßbaren Störungen in bestimmten Hirngebieten in Zusammenhang bringen könnte.

2. Anatomische Befunde

Bis heute gibt es ziemlich wenig Autopsiebefunde des Gehirns von verstorbenen autistischen Menschen. 1976 hat Darby die bis zu diesem Zeitpunkt bekannten anatomischen Befunde zusammengestellt. Das Problem bei dieser Zusammenstellung ist die in früheren Zeiten unbestimmte Diagnose. Es wurde z.T. nicht klar zwischen kindlicher Schizophrenie, infantiler Demenz, verschiedenen Formen von geistiger Behinderung und kindlichem Autismus unterschieden. Man fand verschiedene Hirnkrankheiten wie tuberöse Sklerose und Lipoidose, entzündliche Veränderungen sowie atrophische und hypotrophische Prozesse. Es scheint jedoch kaum ein ganz typischer – z.B. auch ein intelligenter – Autist bei diesen Untersuchungen dabei gewesen zu sein.

1985 haben Baumann und Kemper über die Autopsie eines 22jährigen wohl typischen Autisten berichtet, der durch Ertrinken zu Tode gekommen war. Hier fand man eine Schrumpfung (Atrophie) der Kleinhirnrinde mit Verlust der sog. Purkinje-Zellen. In die gleiche Richtung gehen die Befunde von Ritvo und Mitarb. (1986), die 4 Gehirne untersucht haben. 3 dieser Patienten waren geistig behindert, bei einem lag der verbale I.Q. aber bei 103. Bei diesem mit 19 Jahren gestorbenen jungen Mann fand man am Gehirn ebensowenig etwas Pathologisches wie bei dem 22jährigen, der einen I.Q. von 40 hatte. Die Gehirne der beiden anderen Autisten wiesen verminderte Zahlen von Purkinje-Zellen auf.

Um sich in die Morphologie des Gehirns Einblick zu verschaffen, kann man sich auch des Computertomogramms bedienen. Nachdem bei einigen früheren Untersuchungen – auch solche mit dem Pneumencephalogramm – Asymmetrien der Hirnhohlräume und fragliche Atrophien im Bereich der Schläfenlappen festgestellt worden waren, haben Rumrey und Mitarb. kürzlich (1988) bei 15 Autisten, für die die DSM-III Kriterien zutrafen (18 bis 39 Jahre alt), Computertomogramme angefertigt und sie mit einer Kontrollgruppe verglichen. Von den Autisten waren 9 durchschnittlich intelligent, 3 geistigbehindert und 3 hatten spezifische Sprachbehinderungen. Man fand keine signifikanten Unterschiede, die auf Hirnatrophien oder dergleichen – auch am Kleinhirn – hinweisen würden. Auch bei einer kürzlich vorgetragenen Studie von Garber und Mitarb. (1988) wurden mit der Methode des magnetic resonance imaging keine pathologischen Veränderungen im Bereich des 4. Ventrikels gefunden, die auf atrophische Vorgänge am Kleinhirn schließen ließen.

Es fällt schwer, diese Forschungsergebnisse mit der Psychopathologie, d.h. dem Verhalten autistischer Menschen in Zusammenhang zu bringen. Die Motorik und ihr abnormes Funktionieren ist sicher ein wichtiger Bestandteil des autistischen Syndroms. Das Hin- und Herbewegen des Körpers, das Schaukeln, das sich wie ein Kreisel Um-sich-selbst-Drehen, das Ausführen und Beobachten kreiselnder Bewegungen mit Objekten kommt bei den meisten Autisten vor. Zum Teil sind das Primitivbewegungen, die man auch beim Tier, z.B. unter den Bedingungen der Gefangenschaft – im Zoo –, aber auch beim Säugling und Kleinkind beobachtet. Die Wiege und das Schaukeln auf dem Arm sind das beste Mittel, um einen Säugling zur Ruhe zu bringen. Diese Bewegungen werden peripher vom Labyrinth des Innenohrs aufgenommen, von dort zum Vestibulariskern im verlängerten Rückenmark und dann zum sog. Deiters-Kern im Kleinhirn weitergeleitet.

Mit der Reifung des Kleinhirn-Vestibularis-Systems, wenn das Kind älter wird, wird das Bedürfnis zu schaukeln und seine beruhigende Wirkung geringer. Für den Erwachsenen nimmt diese gleichmäßige Vestibularisreizung gelegentlich eher einen unangenehmen Charakter an und führt zu Schwindelgefühl, wie z.B. das Schwanken eines Schiffes zur Seekrankheit. Die Hypothese, daß eine Störung im Kleinhirn-Vestibularisbereich zumindest eine Reihe von Symptomen des autistischen Syndroms erklärt, hat also einiges für sich. Sie läßt sich mit einer Verminderung der Purkinje-Zellen in der Kleinhirnrinde, aber auch mit einem Defekt in der Gegend der Vestibulariskerne in Zusammenhang bringen. Dabei muß offen bleiben, ob es sich um Reifungsverzögerung oder um eine erworbene Störung handelt.

Es bestehen aber sicher auch Beziehungen zwischen autistischer Symptomatik und den Schläfenlappen des Gehirns. Das geht u.a. aus der frappanten Ähnlichkeit mit dem Kluver-Bucy-Syndrom hervor: Wenn beide Schläfenlappen etwa durch Verletzung gestört sind, kann das Individuum die Bedeutung von Objekten, die es sieht oder anfaßt, nicht erkennen; es exploriert sie mit den Lippen, mit der Zunge oder mit dem Geruchssinn. Zum Kluver-Bucy-Syndrom gehört auch die Unfähigkeit, Personen und Ereignisse zu erkennen, und ein unsinniges Explorationsverhalten.

Die beidseitige Zerstörung des sog. Hippocampus, der in der Tiefe des Schläfenlappens liegt, ruft das sog. Korsakoff-Syndrom hervor – es kommt auch bei Alkoholkranken vor. Es ist durch schwere Gedächtnisstörungen gekennzeichnet (B.E. Hetzler und J.L. Griffin, 1981). Da zum autistischen Syndrom immer irgendwie geartete Spracheigentümlichkeiten gehören, liegt es ebenfalls nahe, Gewebeveränderungen im jeweils dominierenden Schläfenlappen – beim Rechtshänder links – anzunehmen; denn hier liegt ein wichtiges Sprachzentrum.

Viele Hypothesen zur Lokalisation der Autismus-Symptomatik im Gehirn deuten also auf die Schläfenlappen, auf das Kleinhirn und auf Verbindungen zwischen diesen Hirngegenden bis herab zum Vestibulariskern im Stammhirn hin. Damit ist allerdings nicht ausgeschlossen, daß auch Gewebeveränderungen in anderen Gehirnarealen eine Rolle spielen. Zum normalen Funktionieren des Gehirns gehört immer das Zusammenspiel zahlreicher Zentren.

Es bestehen zweifellos auch Zusammenhänge mit einigen Hirnkrankheiten wie Entzündungen, die in frühen Entwicklungsstadien durchgemacht wurden, oder mit mehr diffusen Erkrankungen wie z.B. der tuberösen Sklerose oder der Lipoidose. Topographische Verdachtsmomente haben sich sowohl von der Psychopathologie her als auch aufgrund einiger – noch umstrittener – Befunde für den Schläfenlappen und das Kleinhirn ergeben.

3. Vier Ursachen-Hypothesen

Es wurde versucht, aufzuklären, mit welchen Hirnarealen die Wahrnehmungsverarbeitungsstörungen des autistischen Syndroms zusammenhängen könnten. Wir wollen uns nun der Frage zuwenden, welche Art abnormer Entwicklung, Krankheit oder Schädigung des Gehirns die autistischen Verhaltensstörungen hervorruft. Hier lassen sich 4 verschiedene Hypothesen anführen, die Ursachen des autistischen Syndroms sein können:

1. Ein normal veranlagtes, hirngesundes Kind wird durch Erlebnisse und Ereignisse, die es psychisch nicht richtig verarbeiten kann, autistisch (Bettelheim, 1967; Tinbergen N. und Tinbergen E.A., 1984 u.a.).
2. Das autistische Syndrom entwickelt sich aufgrund einer bereits bei der Konzeption vorhandenen krankhaften Anlage.
3. Ein normal veranlagtes Kind erleidet intrauterin, perinatal oder postnatal bis zum 30. Lebensmonat eine exogene Schädigung des Gehirns.
4. Autistische Symptomatik tritt im Rahmen einer anderen definierten Krankheit auf, die mit Hirnstörungen verbunden ist.

Alle diese Ursachenfaktoren können zerebrale Wahrnehmungsbahnen unterbrechen, können wahrscheinlich auch deren Reifung verzögern, können aber auch ethologisch bereitliegende Verhaltensmuster aktivieren. Welcher dieser verschiedenen Ursachenfaktoren auf welche Weise die Wahrnehmungsverarbeitsstörung und damit das autistische Syndrom hervorruft, soll im folgenden erörtert werden. Dabei hat die Hypothese eines multikausalen Geschehens die größte Wahrscheinlichkeit für sich.

a) Die psychogene Entstehung

Die erste Hypothese der Entstehung des Autismus durch negative Erfahrungen des Kindes und damit z.T. durch Betreuungsmängel im weitesten Sinne des Wortes, schien anfangs ziemlich einleuchtend zu sein. Kommt es doch bei schwerer Deprivation von Kindern in frühen Entwicklungsstadien zu autismusähnlicher Symptomatik, zum sog. Hospitalismus-Syndrom (S. 60). Auch die Schilderung der Persönlichkeiten der Eltern bei Kanners ersten autistischen Kindern hatte eine solche Annahme nahegelegt.

Dennoch hat eine exakte Prüfung der Elternpersönlichkeiten und der Betreuungspraxis der Mütter (De Meyer, 1979 u.a.) ergeben, daß der Umgang der Mütter mit dem Kind nicht die Ursache des Autismus sein kann, sondern daß derartige Umweltfaktoren höchstens gelegentlich als weiteres verschlimmerndes Agens in Frage kommen.

N. und E.A. Tinbergen haben eine Reihe von möglichen „autismogenen Faktoren" angeführt, die näher betrachtet werden müssen:

In der Schwangerschaft der Mutter soll es „Mangel an Selbstvertrauen" oder „unsanftes Knuffen", wenn sich das Kind im Mutterleib bewegt, sein.

Während der Geburt sollen Benommenheit der Mutter und deren eventuelle Narkose autismogen sein. Bei Zangengeburten werde das Kind durch diese Manipulation „furchtbar erschreckt" und könne damit „tiefgreifend seelisch geschädigt" werden. Nach der Geburt wird der sofortige Körperkontakt mit der Mutter „schon in den ersten Minuten, ja Sekunden" gefordert. Es wird beanstandet, daß die Hebamme das Neugeborene zuerst wasche oder Manipulationen mit ihm vornehmen, damit es atme; weiter wird das Aufziehen in einem Brutkasten bei einem Frühgeborenen als autismogener Faktor genannt.

In etwas späteren Phasen der Entwicklung des Säuglings werden als solche Faktoren angeführt: Die Geburt eines Geschwisterkindes vor dem 18. Lebensmonat des ersten, häufige Besuchsfahrten mit dem Kind, z.B. an Wochenenden, falsches Füttern mit der Flasche, Fehlverhalten der Mutter als übertriebene Ängstlichkeit und Mangel an Selbstvertrauen.

Weiter werden von Tinbergen als autismogen aufgezählt: „eine Postpartumdepression der Mutter", „Flaschenernährung statt Stillen", „bewußtes Fernhalten des Kindes von der Mutter, z.B. durch deren Berufstätigkeit", Verlust eines Elternteils, z.B. durch Scheidung. „Fehlen jeder Ordnung" in der Familie, „elterlicher Ehrgeiz", also Überforderung, „Zweisprachigkeit" der Eltern.

Inwieweit man diese von den Tinbergens aufgeführten Erlebnis- und Erfahrungsfaktoren des Kindes als „autismogen" gelten lassen kann, erscheint sehr fraglich. Gegen diese hypothetischen Faktoren sprechen folgende Argumente:

Diese und ähnliche Erlebnisse vom intrauterinen Leben an haben Hunderttausende oder sogar Millionen von Kindern in der ganzen Welt – sicher auch in einer gewissen Summierung – gemacht und wurden nicht autistisch. Daß manche dieser Erfahrungen für die Entwicklung von Kindern negativ sein können, kann nicht bestritten werden. Autismusspezifisch dürften sie jedoch nicht sein. Empirische Untersuchungen über derartige Zusammenhänge gibt es jedenfalls nicht. Sie beruhen lediglich auf Spekulation.

Der pathogene Charakter von frühen Erlebnissen psychischer Art im weitesten Sinne des Wortes wird seit längerer Zeit stark überschätzt. Cecile Ernst und N. v. Luckner haben kürzlich (1985) in einer größeren Studie verschiedene ältere Arbeiten, die sich mit den Folgen der frühkindlichen Deprivation beschäftigen (Goldfarb, 1955; Spitz, 1945; Bowlby, 1940 und 1976) einer kritischen Prüfung unterzogen. Dabei konnten sie nachweisen, daß die jeweiligen empirischen Untersuchungen nicht fundiert waren. Auch in eigenen Untersuchungen konnten C. Ernst und N. v. Luckner feststellen, daß die Trennung von und der Einfluß der Mutter sowie andere frühkindliche „psychische Traumen" nicht die Bedeutung für die spätere Entwicklung des Kindes haben, die ihnen vielfach zugeschrieben wird.

J. Hemminger (1982) und C. Ernst und N. v. Luckner haben festgestellt, daß psychische Traumen immer nur einen Einfluß auf die aktuelle Entwicklung des Kindes haben, was sich dann durchaus zu späteren Störungen und Mängeln auswachsen kann.

Die Tinbergens hatten gerade die Störung der Bindung zwischen Mutter und Säugling als einen wesentlichen autismogenen Faktor hervorgehoben.

Gegen den Einfluß „pränataler Erlebnisse" auf das spätere Verhalten des Kindes spricht auch eine empirische Untersuchung von M. Cordero-d'Aubisson aus unserer Klinik (1985): Es ergab sich, daß Säuglinge von Müttern mit schwersten existentiellen Belastungen während der Schwangerschaft sich nicht von solchen unterschieden, die einer solchen Belastung nicht ausgesetzt waren. Kritik an Tinbergens Hypothesen haben L. Wing und M.D. Ricks bereits 1976 geübt. Das Hauptproblem bei der Beurteilung dieser Theorie, neben dem Fehlen irgendeines Hinweises zu ihren Gunsten, sei der Mangel an Präzision, mit dem die Begriffe „Autismus" und „Kanner-Syndrom" benutzt würden.

Wenn man Erlebnisse und Erfahrungen des frühesten Lebens als eigentliche Ursachen des autistischen Syndroms mit großer Skepsis betrachtet, so ist sicher nicht von der Hand zu weisen, daß psychische Traumen, wie z.B. auch Deprivation, in der Entwicklung eines autistischen Kindes von Bedeutung sein können.

Gabriele Falliner aus unserem Team hat bei 44 autistischen Kindern signifikant mehr Trennungen von der Mutter in den ersten 30 Lebensmonaten nachgewiesen als bei einer Kontrollgruppe von gesunden, normalen Kindern.

Diese Trennungen kamen meist durch Krankheitsaufenthalte zustande, die bei den Autisten sehr viel häufiger notwendig waren als bei den anderen Kindern. Als Krankheiten wurden vorwiegend solche des Zentral-Nervensystems angegeben.

Das bedeutet: Am Anfang stand die hirnorganische, wenigstens als solche aufgefaßte Symptomatik, die zum Trennungserlebnis führte. Diese mehr oder weniger schwere Deprivation hat in einigen Fällen (7) typische autistische Symptome ausgelöst, die vorher nicht vorhanden gewesen waren.

b) Vererbung

Der zweite ätiologische Faktor, der der erblichen Disposition, ist von verschiedenen Forschern gerade in der letzten Zeit stärker als bisher in den Vordergrund gerückt worden. Allerdings hat bereits Asperger 1944 mit seiner Beschreibung einer besonderen Autismusform, die er „autistische Psychopathie" nannte, Erblichkeit unterstellt, denn Psychopathie gilt als ererbte und angeborene Persönlichkeitsdeviation. So schrieb er auch, bei den betreffenden Kindern sei auch der Vater autistisch. Nissen (1980) meinte sogar, bei dem von ihm als „Kanner-Syndrom" bezeichneten kindlichen Autismus seien „Väter und Mütter autistisch". Für diese Aussage gibt es bisher keine empirischen Belege (siehe auch S. 59).

Mir ist aus der gesamten einschlägigen Literatur kein Fall bekannt, in dem mit Sicherheit ausgesagt worden wäre, daß der Vater oder die Mutter eines autistischen Kindes ebenso autistisch ist oder war wie Sohn oder Tochter. Die Kinder mit einem voll ausgeprägten autistischen Syndrom kommen – weil sie eben so autistisch sind – kaum zur Fortpflanzung, so daß auch aus dieser Sicht autistische Nachkommenschaft sehr unwahrscheinlich ist.

Eine andere Frage ist die nach Wesenseigentümlichkeiten in der Blutsverwandtschaft, die eventuell Ähnlichkeit mit den Symptomen des Autismus haben. Hier wären vor allem Kontaktarmut und Zwangsmechanismen zu nennen. Ein solcher Zusammenhang ist nicht von der Hand zu weisen. Exakte Untersuchungen über diese Frage an einer größeren Population fehlen noch.

Schon Kanner fand Besonderheiten bei den Eltern seiner ersten 11 autistischen Kinder. Sie kamen alle aus „highly intelligent families". In diesen Familien war „a great deal of obsessiveness" (Zwang) zu finden. Die Eltern, Großeltern und anderen Blutsverwandten sollen Personen gewesen sein, die sich stark mit „abstractions of scientific, literary, or autistic nature" beschäftigten und deren Interesse für Menschen begrenzt gewesen sei. Derartige Feststellungen entsprechen den späteren Erfahrungen vieler Autismusexperten, auch meinen eigenen. Sie genügen aber nicht, um sichere Aussagen über die Erblichkeit des Syndroms zu machen.

Für das Vorliegen einer genetischen Disposition des autistischen Syndroms sprechen auch einige andere neuere Untersuchungen (August und Mitarb., 1981; Campbell und Mitarb., 1981; Tsai und Mitarb., 1981). Hier fand man, daß die Brüder und Schwestern autistischer Kinder viel häufiger Wahrnehmungsstörungen (cognitive disability) und Sprachentwicklungsverzögerung, Lernschwierigkeiten sowie geistige Behinderung aufwiesen als die Geschwister von normalen Kindern, aber auch als solche mit Mongolismus.

Auch die Zwillingsforschung erlaubt Aussagen darüber, welche Rolle eine erbliche Disposition für die Entstehung des autistischen Syndroms spielt. Ich habe 24 Arbeiten über Zwillingsuntersuchungen bei autistischen Kindern durchgesehen, in denen über 46 Zwillingspaare mit mindestens einem Autisten berichtet wurde. Dem habe ich ein Zwillingspaar unserer eigenen Beobachtungen hinzugefügt. Von diesen waren 25 eineiig (monozygot) und 22 zweieiig (heterozyot). Von den 25 eineiigen Paaren waren 15 konkordant, d.h. beide Kinder waren autistisch und 10 diskordant (nur ein Kind autistisch). 1985 haben Ritvo und Mitarbeiter 40 autistische Zwillingspaare untersucht. Von den 23 eineiigen (monozygoten) Paaren waren 22 konkordant und nur eines diskordant; bei den 17 zweieiigen (heterozygoten) Paaren waren nur 4 konkordant und 13 diskordant. Addiert man alle diese autistischen Zwillingspaare zusammen, so kommt man auf 87, von denen 48 monozygot und 39 heterozygot waren. Aus dieser Gesamtsumme ergeben sich folgende Prozentzahlen: Bei den eineiigen Paaren sind 77,1 % konkordant und 29,9 % diskordant. Bei den zweieiigen Paaren sind 23,1 % konkordant und 76,9 % diskordant.

Es ergibt sich aus diesen Zwillingsuntersuchungen also insgesamt, daß bei den eineiigen (monozygoten) Paaren sehr viel häufiger (77,1 %) beide Kinder autistisch sind als bei den zweieiigen (heterozygoten), wo dies nur für 23,1 % zutrifft.

Bei allen derartigen Untersuchungen sollte berücksichtigt werden, daß Zwillingsgeburten häufig Risikogeburten sind. Wenn sich die Geburt des 2. Zwillings verzögert, so besteht die Gefahr, daß dieser vorübergehend an Sauerstoffmangel leidet. Er könnte also einen Hirnschaden bekommen. Es sollte deshalb die Forderung erhoben werden, daß bei allen Zwillingsstudien die Ergebnisse der Geburt – die Geburtsanamnese – mit einbezogen wird. Das war bei den zitierten Studien nicht in genügendem Maße der Fall.

Alle Untersuchungen zusammen, die sich mit der Frage beschäftigen, ob Vererbung als Ursache des autistischen Syndroms eine Bedeutung hat, bestätigen, daß eine vererbte Disposition offenbar eine Rolle spielt. Diese Erbdisposition ist jedoch wahrscheinlich ganz unspezifisch. Sie könnte sich nur auf kognitive Störungen, aber ebenso auf Störungen des Hirnstoffwechsels beziehen. Da man weiß, daß für sehr viele Krankheiten eine erbliche Disposition Voraussetzung ist, sicher für die bösartigen Geschwülste, aber selbst dafür, ob man von einer bestimmten Infektionskrankheit befallen wird, sollte die Bedeutung der Erbdisposition beim autistischen Syndrom nicht überbewertet werden. Sie ist wohl nur *ein* Ursachenfaktor unter anderen.

c) Hirnschädigung als Ursache

Bei dem 3. Ursachenkomplex handelt es sich um sog. exogene Gehirnschädigungen. Darunter versteht man alle negativen Einflüsse die von außen auf das Gehirn einwirken, einschließlich des Sauerstoffmangels bei der Geburt.

Tabelle 2 zeigt, welche Schädigungen des Gehirns von der Schwangerschaft bis zum 30. Lebensmonat möglich sind. Das sind alles Schäden oder Krankheiten, die von außen oder aus dem eigenen Körper auf das Gehirn einwirken können. Bei einer Untersuchung von Gabriele Wilhelm aus unserem Team (1977), bei der 80 autistische Kinder 40 gesunden gegenübergestellt worden waren, mußte bei 64 % der Autisten nach der Vorgeschichte oder den erhobenen Befunden ein prä- oder perinataler Hirnschaden angenommen werden. Eine Korrelation mit dem Ausprägungsgrad des Autismus konnte nicht festgestellt werden.

Tabelle 2. Exogene Hirnschädigungen

Pränatal	Perienatal	Postnatal
Blutungen in der Mitte der Schwangerschaft	Anoxie	Hirnentzündungen (z.B. Impfencephalitis)
Toxikämie	Trauma	Trauma
Röteln	Hyperbilirubinämie	Mangelernährung des Gehirns (z.B. bei schweren Ernährungsstörungen)
Toxoplasmose	Atemstörungen (Respiratory distress syndrome)	
Lues	Hypoglykämie	
Cytomegalievirus		

Zwischen dem autistischen Syndrom und Schwangerschaftskomplikationen wurde eine signifikante Korrelation bei einigen ähnlichen Studien gefunden (Pollack und Woener, 1966; Torrey und Mitarb., 1975). Hierbei hat es sich um verschiedene schwere Krankheiten der Mutter wie Toxikämie, Uterusblutungen u.ä., vor allem in den Frühstadien und der Mitte der Gravidität gehandelt.

Eine recht gut bekannte Krankheit der Mutter während der Schwangerschaft, die die Frucht schon im Laufe der ersten 3 Monate schädigen kann, ist die Röteln-Infektion. Diese Virusinfektion führt zu einer Embryopathie, dem sog. Gregg-Syndrom. Dabei gibt es verschiedene Mißbildungen u.a. am Gehirn, an den Augen und am Herzen. Weber und Schmidt haben 1969 die Krankengeschichten eines zweieiigen Zwillingspaares mit Rötelnembryopathie und schweren Augenstörungen (Pseudoretinitis pigmentosa) mitgeteilt. Beide Kinder waren in unterschiedlicher Ausprägung autistisch. Ein ähnlicher Bericht liegt von Chess (1977) vor.

Bezüglich der perinatalen Störungen sind die statistischen Erhebungen nicht eindeutig, eine signifikant höhere Rate wurde nur bei einem Vergleich mit den Geschwistern autistischer Kinder festgestellt (Rutt und Offord, 1971). Wurden wie von Wilhelm die prä- und perinatalen Komplikationen zusammengenommen, so ergaben sich stets signifikante Unterschiede gegenüber Kontrollgruppen (Taft und Goldfarb, 1964; Kolvin und Mitarb., 1971: 49 %; Ornitz und Ritvo, 1976; Lempp, 1972; Finnegan und Quarrington, 1979; Links und Mitarb., 1980; Ch. u. I.C. Gillberg, 1983). Eine Beziehung zwischen dem Auftreten des Autismus und einem zu frühen Geburtstermin sowie zu niedrigem Geburtsgewicht wurde nicht gefunden (Pollock und Woener, 1966).

Offenbar können auch auf das Gehirn einwirkende Schädigungen nach der Geburt (postnatal) für die Entstehung des autistischen Syndroms eine ursächliche Bedeutung haben; denn auch sie treffen ein in der Entwicklung befindliches Gehirn.

Links und Mitarb. (1980) fanden bei einer Gegenüberstellung von autistischen Kindern und ihren gleichgeschlechtlichen Geschwistern signifikant mehr postnatale Komplikationen, die das Gehirn betroffen hatten. Eine solche mögliche Schädigung ist eine Enzephalopathie nach Pockenimpfung, die ja gewöhnlich mit etwa einem Jahr erfolgt. Ich kenne mehrere Kinder, bei denen eine solche Annahme berechtigt war (Kehrer u. Körber, 1971). Ein solcher Fall wurde auch von Eggers 1976 mitgeteilt. Zweifellos kommen auch andere in den ersten 1 1/2–2 Lebensjahren das Gehirn schädigende Einflüsse als Ursachenfaktoren in Frage. Das gilt für Entzündungen verschiedener Genese (Enzephalitiden), für Hirnverletzungen ebenso wie für Intoxikationen (Vergiftungen). Es ist möglich, daß sich auch mangelnde Nährstoff- und Sauerstoffzufuhr zum Gehirn bei schweren Ernährungsstörungen im Säuglingsalter ähnlich auswirken.

d) Hirnkrankheiten als Ursache

Das 4. Ursachenbündel, definierte Krankheiten, die irgendwie das Gehirn betreffen, hat wohl die gleiche Bedeutung für die Entstehung des Autismus wie die exogenen Hirnkrankheiten. Die Störung der Wahrnehmungsverarbeitung kann auch dadurch entstehen, daß das Gehirn kongenital in seiner Funktion beeinträchtigt ist.

An erster Stelle sind hier die Krankheiten zu nennen, die auf *Anomalien der Chromosomen* beruhen. Der *Mongolismus* (*Down-Syndrom*), der in jeder Weise sowohl vom Körperlichen als auch vom Geistigen her ganz klar definiert ist, gilt eigentlich als die Form der geistigen Behinderung, bei der das Verhalten der Kinder sich besonders deutlich von denen mit autistischem Syndrom unterscheidet. Mongoloide sind fast immer recht kontaktfreudig und abgesehen von ihrer geistigen Behinderung sehr umgänglich. Sie sind im Gegensatz zu den Autisten durchaus gruppenfähig. Unter Hunderten von autistischen Kindern und Jugendlichen habe ich erst einmal ein Kind mit Down-Syndrom gesehen, das sich von der Umwelt abschloß und andere für Autismus typische Verhaltensweisen aufwies. Rollin (1946) war sogar der Meinung, daß 42,4% der von ihm untersuchten Mongoloiden ein introvertiertes und gelegentlich auch ein katatones Verhalten an den Tag legten, was keinesfalls den üblichen Beobachtungen entspricht. Einzelbeschreibungen des Zusammentreffens von autistischer Symptomatik mit dem Down-Syndrom liegen von Knobloch und Pasamanic (1975) und Wakabayashi (1979) vor.

Eine andere klar definierte chromosomale Erkrankung ist das 47,XXY *Klinefelter*-Syndrom. Es ist durch Unterfunktion der Geschlechtsdrüsen beim männlichen Geschlecht gekennzeichnet und häufig mit geistiger Behinderung verbunden. Auch hier wurde in einzelnen Fällen das Zusammentreffen mit autistischer Symptomatik beschrieben (Sperber u. Mitarb., 1972; Nielsen u. Mitarb., 1973).

Vor allem in der letzten Zeit hat man sich mit der Frage befaßt, ob Chromosomenbrüche, vor allem des X-Chromosoms, bei Autisten besonders häufig vorkommen.

Körperliche Stigmen, die sonst bei Menschen mit dem *Fragile-X*-Syndrom in Verbindung gebracht werden, liegen bei autistischen Kindern, vor allem bei solchen mit geistiger Behinderung öfters vor. Diese sind u.a.: hoher Gaumen, Prognathie, große, evtl. verbildete Ohren, Klinodaktylie, Muskelhypotonie und große Hoden. Über das Vorkommen von Fragile-X-Chromosomen bei Autisten haben etliche Experten berichtet: Sankar, 1970; Brown und Mitarb., 1982; Meryash und Mitarb., 1982 (6 Fälle); Gillberg und Wahlström, 1984 (ein einzelner Autist und ein Zwillingspaar); Gillberg, 1983 (ein Drillingspaar). Andererseits beobachteten Püschel und Mitarb. (1985) bei 18 darauf untersuchten männlichen Autisten niemals Fragile-X-Chromosomen. Judd und Mandell (1968) ebenso wie Hoshino und Mitarb. (1979) haben das Vorliegen eines „langen X-Chromosoms“ mitgeteilt.

Das Vorkommen eines „extra bisatellited marker chromosome“ wurde von Hansen und Mitarb. (1977) bei einem 14jährigen schwer retardierten autistischen Mädchen beschrieben. Einen ähnlichen Fall haben auch wir kürzlich beobachtet: Das zweijährige in seiner Entwicklung stark verzögerte Mädchen zeigte deutliche autistische Züge. Es hatte einen angedeuteten Epikantus. Früher hatte es BNS-Krämpfe gehabt. Man hatte in einer anderen Klinik nach Auskunft der Mutter ein Marker-Chromosom festgestellt.

Im Gegensatz zu diesen Feststellungen haben Untersuchungen an nicht vorher ausgelesenen autistischen Kindern bezüglich der Chromosomen keine krankhaften Veränderungen ergeben (Böök und Mitarb., 1963; Wolreich und Mitarb., 1970).

4. Autismus bei anderen Erkrankungen des Zentralnervensystems

Es gibt noch eine Reihe von anderen Krankheiten des Zentralnervensystems, bei denen manchmal autistische Symptome beobachtet werden. Hier ist zunächst die Phenylketonurie zu nennen, die eine autosomal vererbte Störung der Tyrosinsynthese ist (Weber, 1966; Friedman, 1969; Gubbay und Mitarb., 1970: Lowe und Mitarb., 1980). Weiter ist das Vorkommen von Autismus gelegentlich bei folgenden Krankheiten beschrieben worden: Tuberöse Sklerose (Creak, 1963; Weber, 1966), Gille-de-la-Tourette-Syndrom (Realmuto und Main, 1982), Zöliakie (Dohan, 1966; Coleman und Mitarb., 1976), Neurofibromatose (Gillberg und Forsell, 1984: 3 Fälle), Muskeldystrophie Duchenne (Komoto und Mitarb., 1984).

Erwähnt werden müssen auch noch Beziehungen zwischen dem autistischen Syndrom und hormonellen Störungen. Hier sind zunächst solche der Schilddrüse zu nennen. Unter den selbst beobachteten autistischen Kindern habe ich mehrere gesehen, die wegen deren Unterfunktion (Hypothyreose) mit Thyreoidin behandelt werden mußten. Der Zusammenhang zwischen solchen endokrinen Defekten und geistiger Behinderung ist lange bekannt. Man sprach früher von Kretinismus. Untersuchungen der Schilddrüsenfunktion bei autistischen Kindern haben keine eindeutigen Ergebnisse erzielt. Abbassi und Mitarb. (1978) – 13 Patienten – sowie Cohen und Mitarb. (1980) – 58 autistische Kinder – haben keine Veränderungen des Trijodthyronins (T3), des thyreoidstimulierenden Hormons (TSH) oder des Tetrajodthyronins (T4) gefunden. Andererseits hat Kahn (1970) über die verminderte Aufnahme von T3 bei 45 von 62 autistischen Kindern berichtet. Die Behandlung von 30 autistischen Kindern, bei denen keine Schilddrüsenstörungen nachgewiesen worden waren, mit T3 ergab keine Unterschiede gegenüber einem Placebo (Campbell, Small und Mitarb., 1978). Die Beziehungen zwischen anderen hormonellen Störungen und dem autistischen Syndrom sind noch unklar.

Gelegentlich sind auch noch andere *Ursachenfaktoren* genannt worden, die zur Entwicklung eines autistischen Syndroms führen sollen. Hier wäre z.B. eine Fehlernährung zu nennen. Dabei muß der Tatsache Beachtung geschenkt werden, daß einer Fehlernährung sekundäre Bedeutung zukommen könnte. Bei manchen autistischen Kindern sind Eßstörungen ein vorstechendes Symptom. Ich habe autistische Kinder gesehen, bei denen die völlige Nahrungsverweigerung eine Gefahr für Leib und Leben bedeutet. Andere haben mit 10 Jahren und älter noch nicht gekaut und mußten deswegen flüssig und breiig (mit Babynahrung) ernährt werden. Dies gilt nicht nur für schwer geistig behinderte Kinder, sondern auch für solche mit nur geringer geistiger Einschränkung (im Lernbehindertenbereich). Bei solchen Autisten kann es vorkommen, daß in ihrer Nahrung bestimmte Nährstoffe oder etwa Vitamine fehlen. Eine Rolle in dieser Beziehung mag auch spielen, daß viele autistische Kinder bei der Nahrungsaufnahme sehr wählerisch sind, evtl. eine ganze Reihe von Speisen ganz verweigern. Aus Sorge, daß sie vom Fleische fallen, werden solche Kinder von ihren Müttern tatsächlich einseitig ernährt und mögen dabei auf einem bestimmten Gebiet zu kurz kommen.

Solche Mangelernährung ist aber nicht die Ursache des autistischen Syndroms, sondern dessen Folge. Sie kann tatsächlich – ich habe das allerdings noch nie gesehen – körperliche Mangelzustände hervorrufen; das hat aber mit der Entwicklung eines autistischen Syndroms nichts zu tun. Ebenso wie beim hyperkinetischen Syndrom (Kinder mit starker Unruhe und Unkonzentriertheit) ist auch schon angenommen worden, Autismus habe etwas mit zuviel Phosphaten in den Speisen zu tun. Diese Hypothese hat sich bei den hyperkinetischen Kindern durch exakte Untersuchungen nicht beweisen lassen (Birgit Weber, 1982). Das gleiche dürfte auch für Kinder mit autistischem Syndrom gelten.

Auch Vitaminmangel kommt als primäre Ursache des Autismus kaum in Frage. So hat z.B. B. Sankar (1979) bei 125 schwer gestörten Kindern, darunter 19 Autisten, keine verminderten Plasmawerte für Folsäure, Riboflavin, Vitamin B6 und Askorbinsäure gefunden. Das schließt nicht aus, daß eine Multivitamintherapie nicht eventuell einen positiven Effekt haben könnte.

5. Biochemische Störungen

Ein gerade in den letzten Jahren viel beachteter Ansatz, die Ursachen des autistischen Syndroms abzuklären, ist der *biochemische*. Alle Vorgänge, die sich im Gehirn abspielen, sind mit chemischen Umsetzungen verbunden. In diese chemischen Prozesse greifen in irgendeiner Weise alle Psychopharmaka, aber auch andere Medikamente ein.

Eine besonders wichtige Gruppe von Stoffen im Nervensystem sind die *Neurotransmitter*. Das sind neurogen gebildete Aktionssubstanzen, die bei der Erregungsübertragung in den Synapsen der Nervenzellen freigesetzt werden.

Ihre Anwesenheit und die Menge, in der sie im Gehirn ausgeschüttet werden, haben sicher etwas mit den Reaktionen und mit dem Verhalten zu tun. Eindeutige und detaillierte diesbezügliche Korrelationen sind allerdings noch nicht bekannt.

Der in diesem Zusammenhang am meisten erforschte Neurotransmitter ist das Serotonin (5-Hydroxytryptonin oder 5HT). Es soll folgende physiologische Funktionen und Verhaltensweisen beeinflussen: Schlaf, Körpertemperatur, Schmerzempfinden, sensorische Perzeption, Sexualverhalten, motorische Funktionen, neuroendokrine Regulation, Appetit, Lernen und Gedächtnis wie Immunvorgänge (J.G. Young und Mitarb., 1982). Es lag und liegt also nahe, zu untersuchen, ob beim autistischen Syndrom die Serotoninmenge im Gehirn von der Norm abweicht. Dies festzustellen ist aber nicht einfach. Die gängigste, aber nicht ganz zuverlässige Methode ist die Serotoninbestimmung in den Blutplättchen (Thrombozyten). Dabei wird argumentiert, daß die Thrombozyten eine gewisse funktionelle Ähnlichkeit mit dem Gehirn haben. Eine zuverlässige Methode der Serotoninbestimmung im Gehirn ist die Untersuchung im Liquor cerebrospinalis. Eine solche ist aber nur durch eine Lumbalpunktion möglich. Zu einer solchen Maßnahme, die im Grunde harmlos ist, wird man sich aber nicht so schnell bei einem autistischen Kind entschließen, zumal sie nur stationär durchgeführt werden sollte.

Die Ergebnisse der Serotoninuntersuchungen bei autistischen Kindern und Jugendlichen sind unterschiedlich. Das liegt z.T. an der Meßmethode, aber auch daran, daß sich der Serotoninspiegel im Blut im Laufe des Tages deutlich verändert und dies wahrscheinlich auch im Zusammenhang mit verschiedenen Lebensbedingungen tut. So könnten auch Angst, Unruhe u.ä. eine Rolle spielen. Bei etwa einem Drittel der untersuchten Autisten fand man eine Erhöhung des Serotoninspiegels (Young und Mitarb.). Bei unseren eigenen Serotoninbestimmungen, die wir bei 129 autistischen Personen in den Thrombozyten vorgenommen haben, war das Serotonin nur bei 28,68% erhöht, bei vielen im Bereich der Norm und bei anderen auch erniedrigt. Eine Beziehung zwischen dem Schweregrad der Ausprägung des Syndroms oder der Symptomatik konnte nicht festgestellt werden. Im cerebrospinalen Liquor haben die meisten Untersucher bei Autisten einen eher etwas erniedrigten Serotoninspiegel gefunden (Young und Mitarb.). Man könnte daraus auf eine verminderte Mobilisation von Hemmungsmechanismen bei autistischen Kindern schließen.

Die weitere Erforschung des Neurotransmitters Serotonin ist wichtig. Denn hieraus können sich neue Erkenntnisse über die biochemischen Ursachen des autistischen Syndroms ergeben. Sie haben jedenfalls Bedeutung für die Therapie, auf die später (S. 83) noch eingegangen wird.

Noch andere bedeutsame Aspekte für die biochemische Erforschung der Ursachen des Autismus ergeben sich aus neueren Untersuchungen der *Endor-*

phine (auch Opioide genannt). Das sind Eiweißstoffe, die im Gehirn oder in der Hypophyse gebildet werden. Man hat festgestellt, daß einer von diesen Stoffen, das Dynorphin, zwei Stunden nach einer Hirnverletzung vermehrt auftritt. Die Endorphine bewirken, daß Schmerz und Durchblutung der verletzten Stelle verringert werden und daß eine gewisse Beruhigung eintritt. Man hat nun die folgende Hypothese aufgestellt: Die Symptome des autistischen Syndroms könnten auf einer verstärkten Aktivität der Endorphine im Gehirn beruhen (Sahley und Pankrepp, 1987).

Ein Hinweis in dieser Richtung ist die bei vielen autistischen Kindern verminderte Schmerzempfindung. Man stellt sich vor, daß eventuell schon von der Geburt an das Endorphinsystem im Gehirn gestört ist. Ch. Gillberg und Terenius (1985) haben in der Cerebrospinalflüssigkeit bei 11 von 20 autistischen Kindern (55%) erhöhte Endorphinwerte gefunden. Bei diesen Patienten war eher eine Tendenz zu selbstbeschädigendem Verhalten zu erkennen als bei den übrigen 9. Die mit dieser Hypothese und den Untersuchungen in Zusammenhang stehenden Überlegungen sind auch für die Therapie von Bedeutung (siehe S. 83).

6. Multikausale Genese

Versucht man die Quintessenz aus den zahlreichen Beobachtungen und Untersuchungen über die Ursachen des autistischen Syndroms zu ziehen, so ergibt sich eindeutig, daß es sich ursächlich *nicht* um eine einheitliche Krankheit handelt. Eine Einheit läßt sich nur aus der Symptomatik, die auf die gestörte Wahrnehmungssynthese zurückgeht, herstellen. Die Ätiologie des autistischen Syndroms ist multikausal, d.h. mehrere Ursachenfaktoren müssen zusammenkommen, damit sich bei einem Kind ein autistisches Syndrom entwickelt.

Über die Bedeutung der aufgeführten vier Kausalfaktoren im einzelnen lassen sich schwer Aussagen machen. Wenn schwerwiegendes, morphologisch faßbares organisches Geschehen am Gehirn nachzuweisen ist, sei es exogen, also als prä-, peri- oder postnatales Trauma oder Noxe entstanden, oder als definierte, das Gehirn betreffende Krankheit, so ist eher die Gefahr der geistigen Behinderung gegeben.

Andererseits können sicher auch leichte frühkindliche Hirnschäden – die sog. minimal brain damages – als Ursachenfaktoren eine Rolle spielen, ohne die intellektuellen Funktionen stärker zu beeinflussen.

Die Zusammenhänge und Verflechtungen der Ursachen des autistischen Syndroms lassen sich auch optisch verständlich machen. Abbildung 3 zeigt das Zusammenspiel der verschiedenen Ursachenfaktoren und seine vermutliche Einwirkung je nach der Ausprägung des Krankheitsbildes.

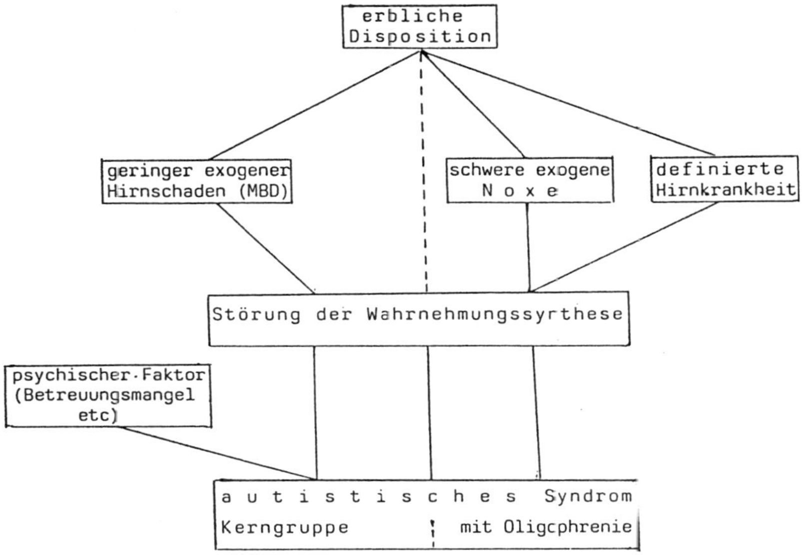

Abbildung 3. Die verschiedenen Ursachenfaktoren des autistischen Syndroms und ihre Faktoren zueinander (H.E. Kehrer, 1988a)

VIII. Verlauf

1. Kindheit und Adoleszenz

Wenn man bei einem Kind ein autistisches Syndrom diagnostiziert bzw. den Verdacht geäußert hat, daß es vorläge, muß der Versuch gemacht werden, die Eltern über die Zukunft ihres Kindes aufzuklären. Im Laufe der letzten Jahrzehnte sind Tausende von autistischen Kindern beobachtet worden. Dabei hat man auch Erfahrungen sammeln können, wie sie sich weiterentwickelt haben.

Bei der 5. Bundestagung „Hilfe für das autistische Kind“ im November 1981 in Baunatal wurden bei einem Expertengespräch, an dem 14 namhafte Jugendpsychiater aus der BRD und der Schweiz teilnahmen, 11 Thesen zum autistischen Syndrom aufgestellt (siehe Anhang V, S. 189). Die 5. These lautet: Der Verlauf des autistischen Syndroms ist charakteristisch: Beginn der Symptomatik vor dem 30. Lebensmonat, Höhepunkte der typischen Symptome zwischen 5. und 8. Lebensjahr. Völlige Heilung ist kaum möglich, aber in günstigen Fällen eine einigermaßen gelingende soziale Anpassung.

Wie kann man am besten Aufschlüsse über den Verlauf des autistischen Syndroms erhalten? Die erste Möglichkeit ist die Beobachtung von einzelnen Personen von der frühen Kindheit bis zum Erwachsenenalter. Viele Eltern haben das Verhalten ihrer Kinder über lange Zeiträume beobachtet und auch dokumentiert. Sie berichten über verschiedengeartete Verläufe, die oft sehr eindrucksvoll sind (Darr u. Worden, 1951; Kestenberg, 1960; Junker: „Glass Ball“, 1964; Frye, 1968; Melton: „Todd“, 1968; Copeland: „For the love of Ann“, 1972; Park: „Eine Seele lernt leben“, 1973; Eickhorn, 1973; Kaufman: „Son rise“, 1977; Greenfild: „A place for Noah“, New York, 1978; Hausler: „Ein Kind zum Vorzeigen“, 1979; Herta Baechtle: „Vom Himmel gefallen“, 1980).

Solche biographischen Berichte lesen sich manchmal wie literarische Erzählungen und sind natürlich oft subjektiv gefärbt. Das soll ihren Wert als Symptombeschreibung nicht schmälern, sie können aber immer nur über *einen* speziellen Fall Auskunft geben. Hinzu kommt, daß nur einige wenige Eltern den Weg der Publikation suchen und auch erreichen. Es werden auch vorwiegend diejenigen sein, die etwas Positives zu berichten haben.

Interessant in dieser Beziehung sind auch Berichte, die autistische Menschen über ihr eigenes Erleben als Erwachsene abgegeben haben. Ein Beispiel ist die Biographie des 31jährigen Jerry Goldsmith (Bemporad, 1979).

Will man etwas weniger Subjektives und global Gültigeres über den Verlauf des autistischen Syndroms erfahren, woraus auch Aussagen über die Prognose möglich sind, so muß man wissenschaftlich fundierte Verlaufsbeobachtungen zu Rate ziehen. Dabei handelt es sich um sog. Follow-up-Studien oder Katamnesen.

Schon der Erstbeschreiber des frühkindlichen Autismus, Kanner, hat 1971, also 18 Jahre nachdem er zuerst über sie berichtet hatte, seine ersten 11 Patienten nachuntersucht, um festzustellen, wie sie sich entwickelt hatten, was aus ihnen geworden war. Darüber hinaus gibt es eine ganze Reihe von Follow-up-Studien, bei denen in unterschiedlicher Weise vorgegangen wurde. Die erste diesbezügliche Untersuchung stammt von Eisenberg (1956). Hier wurden 63 Autisten nach 4 bis 20 Jahren nachuntersucht. Von diesen hatten 3 (etwa 5%) eine gute, 14 (etwa 22%) eine ziemlich gute und 46 (73%) eine schlechte Anpassung erreicht. Etwas weniger als ein Drittel „funktionierte auf einem mäßigen bis guten sozialen Level". Mit 5 Jahren konnte etwa die Hälfte sprechen. Von den 32, die mit 5 Jahren sprechen konnten, hatten 16 eine gute bis mäßige soziale Anpassung erreicht, was bei den 31 nicht sprechenden Kindern nur einmal der Fall war.

In den folgenden Jahren sind 30–40 ähnliche Nachuntersuchungen erschienen, die unterschiedliche Ergebnisse hatten. Von diesen sollen hier einige wenige aufgeführt werden. Havelkova untersuchte 1968 71 Kinder 4 bis 20 Jahre nachdem bei ihnen eine Psychose des Vorschulalters festgestellt worden war. Von diesen waren 42 behandelt worden und 29 nicht. Es ergab sich u.a., daß durch eine heilpädagogisch orientierte Behandlung nur geringe Veränderungen erzielt werden konnten und daß intellektuelle Defizite den Behandlungserfolg einschränkten.

Sehr ausführliche Verlaufsstudien haben Rutter und Lockyer 1967 und 1970 veröffentlicht. Es wurden 63 autistische Menschen 5–15 Jahre nachdem die Diagnose gestellt worden war, nachuntersucht. Bei der Mehrzahl der Kinder hatte die Symptomatik bald nach der Geburt oder in frühester Kindheit begonnen, nur bei einem Fünftel war die Entwicklung 2–3 Jahre normal verlaufen. Die intellektuellen Funktionen waren sehr variabel. Die Kinder waren signifikant häufiger Erstgeborene, kamen eher aus Zwei-Kinder-Familien und nicht aus stärker gestörten Familien (broken homes). Von den Eltern war niemand psychotisch. Bei 10 von den 63 Kindern (15,9%) entwickelten sich epileptische Anfälle. Ungünstig war das autistische Syndrom bei den Kindern verlaufen, die mit einem Intelligenztest nicht zu testen waren oder einen I.Q. unter 60 hatten. Eine schlechte Prognose hatten auch die Kinder, deren Sprache schwer retardiert war und die sich bis zum 5. Lebensjahr nicht brauchbar entwickelt hatte und/oder die auf Töne nicht reagierten. Über ein Drittel der autistischen Kinder befanden sich in Langzeiteinrichtungen. Von den 38 inzwischen über 16jährigen Jugendlichen und Heranwachsenden hatten nur 2 einen bezahlten Beruf. Einige wenige konnten zu Hause oder aushilfsweise in Betrieben einfache Arbeiten verrichten. Die meisten Autisten hatten kein erotisches Interesse für das andere Geschlecht. Etwa die Hälfte ist auf fremde Hilfe angewiesen geblieben.

V. Lotter hat 1974 eine sehr homogene Gruppe von 29 Autisten untersucht. Von 4 Kindern, die sich ziemlich gut entwickelt hatten, war nur eine Person berufstätig. Hier wie bei ähnlichen Untersuchungen wurden 4 Gruppen zur Bewertung der Entwicklung aufgestellt: 1. good (gut); 2. fair (ziemlich gut); 3. poor (dürftig); 4. very poor (sehr schlecht). Diese Kategorien werden wie folgt definiert: *good:* Das Kind führte ein normales oder fast normales soziales Leben und funktionierte in der Schule oder bei der Arbeit zufriedenstellend; *fair:* Das Kind machte sozial und erzieherisch Fortschritte trotz bedeutsamer Abnormitäten im Verhalten oder in den zwischenmenschlichen Beziehungen; *poor:* Das Kind zeigte ernstliche Handicaps, war nicht in der Lage, ein unabhängiges Leben zu führen; es bestand aber ein gewisses Maß an sozialer Anpassung und die Hoffnung auf soziale Fortschritte; *very poor:* Das Kind war unfähig, irgendeine Art von selbständiger Existenz zu führen. Lotter hat die Ergebnisse seiner Untersuchung mit der oben zitierten von Rutter (1967) und einer anderen von De Meyer und Mitarb. (1973) verglichen und in einer Tabelle zusammengestellt (Tabelle 3). Dabei ist die Gruppe A als sehr typisch (Kernautisten), die Gruppe B als weniger klar autistisch definiert und C die Kontrollgruppe. Es zeigt sich, daß diese drei Studien ziemlich gut übereinstimmen. Bei De Meyer und Mitarbeiter ist das Ergebnis etwas schlechter als bei den beiden anderen, was wahrscheinlich mit etwas unterschiedlichen Beurteilungskriterien zusammenhängt. Insgesamt ist die soziale Anpassung bei 62%–97% nicht gut.

Tabelle 3. Ergebnis-Status von 3 Follow-up Studien (nach V. Lotter, 1974)

	Studie von LOTTER 1974				Studie von Rutter 1967		Studie von De Myer 1973	
Ergebnis-status	Gruppe A	Gruppe B	Autisten A + B	Kontroll-gruppe	Psycho-tische	Kontroll-gruppe	Autisten n = 126	Geistig-behinderte n = 126
gut	2	2	4 (14%)	8 (38%)	9 (14%)	20 (33%)	10%	44%
ziemlich gut	4	3	7 (24%)	4 (19%)	16 (25%)	19 (31%)	16%	28%
dürftig	1	3	4 (14%)	5 (24%)	8 (13%)	7 (11%)	24%	24%
sehr schlecht	6	8	14 (48%)	4 (19%)	30 (48%)	15 (25%)	50%	4%
zusammen	13	16	29 (100%)	21 (100%)	63 (100%)	61 (100%)	100%	100%

Das Verhalten von 4 Autisten mit positivem Ausgang hat Lotter ausführlich beschrieben (Tabelle 4). Es ergibt sich auch hier, daß bei diesen günstig verlaufenden Erscheinungsbildern noch in allen 6 aufgeführten Bereichen „autistische" Eigenarten vorhanden sind. Vom praktischen Standpunkt gesehen ist nach Lotters Meinung ein gutes Entwicklungsergebnis sozial nur bedeutsam, wenn die betreffende Person arbeiten kann. Das ist leider bei den allerwenigsten Autisten der Fall. Eine eindeutige Beziehung zwischen Intelligenz, Schulergebnis und Berufsfähigkeit besteht nicht.

Tabelle 4. Vergleich von autistischen und nicht-autistischen Kindern mit günstigem Verlauf nach 6 Verhaltenskriterien (nach V. Lotter, 1974)

Verhaltensklassen (soziale und intentionale Kompetenz)	Beispiele von Beobachtungen: Autisten (n=4)	Nicht-Autisten (n=8)
Benutzung öffentlicher Verkehrsmittel	2 weigern sich, ohne Begleitung zu reisen. Einer gibt als Grund an, er habe "Angst, der Bus würde ihn nicht wieder zurückbringen".	Alle benutzen ohne weiteres öffentliche Verkehrsmittel
Medien	Keiner zeigt Interesse für das Fernsehen. Nur 2 lasen; das beschränkt sich aber auf Bilderbücher, Kursbücher und Broschüren ohne Handlungsinhalt.	Alle sehen häufig fern und lesen mit Inhaltsverständnis
Humor	Alle hatten Verständnis für Humor. Aber 2 fanden komische Situationen unverständlich, wenn sie ihnen nicht erklärt wurden.	Einer konnte hänseln in der Familie nicht vertragen, wenn ihm der Spaß nicht erklärt wurde.
Soziale Konventionen oder das Inhaltsverständnis von Situationen	2 verstanden konventionelles Verhalten schlecht. Z.B.: "S. ist der intelligenteste Junge unserer Schule. Aber es scheint, daß alles was unsere Kinder für selbstverständlich halten, für ihn eine neue Erfahrung ist. "J. scheint Schwierigkeiten mit gewöhnlichen sozialen Konventionen zu haben, z.B. dem Gebrauch von Vornamen bei einigen Leuten.	Es wurden keine Bemerkungen über solche Probleme in den Aufzeichnungen gefunden.
Unangebrachtes Sozialverhalten	2 Autisten sprachen und murmelten vor sich hin, obwohl niemand anwesend war. Einer berührte die Nasen anderer Leute und stand öfter auf, um "herumzuhüpfen". Ein anderer sagte, wenn er wegen des Unterbrechens des Gesprächs getadelt wurde: "Siehst Du Mami, (jetzt) störe ich nicht, ich kontrolliere mich selbst.	Ein Kind neigte in der Werkstatt dazu, aufzustehen und seine Kameraden zu berühren". Ein anderes wedelte ständig krampfhaft mit den Armen, wenn es sich beim Fernsehen aufregte.
Initiative	Bei 3 und möglicherweise bei einem anderen Autisten war ein Mangel an Initiative eindeutig vorhanden. Während alle irgendein sinnvolles Verhalten ausführten, geschah dies immer in Verfolgung eigener eingeschränkter Interessen. Bei anderen Arten von Arbeiten (z.B. im Trainingszentrum) war, um Fortdauer angesichts einer leichten Störung zu garantieren, ständige Überwachung notwendig. Wenn ein Kind in der Schule evtl. seinen Bleistift verlor, blieb es passiv sitzen, bis das bemerkt wurde. In einem spezielleren sozialen Kontext wurden die Kinder als unfähig beschrieben, sich zu verteidigen. Sie reagierten auf nicht vorhergesehene Gespräche oder sollen leicht zubeeinflussen oder passiv gewesen sein.	Die Arten von Berufen, die diese Kinder ausübten, sind vermutlich ein Beweis dafür, daß sie sich in sozialen Situationen außerhalb des Elternhauses zurechtfinden konnten. Ein Jugendlicher suchte und fand eine Tätigkeit bei einem Friseur. Ein anderer prüfte Rechnungen in einer Fabrik. Ein weiterer fand seinen Beruf als Hilfe in einem Lager durch eine Zeitungsanzeige. Schließlich stellte sich einer für eine Arbeit an einer Drehbank selbst vor und fuhr mit dem eigenen Motorrad hin.

Auch in unserem eigenen Team ist eine größere Studie über die Entwicklung und Zukunft autistischer Kinder entstanden. Karla Misek hat 1981 200 autistisch behinderte Kinder durch einen Fragebogen 3–16 Jahre nach dem Zeitpunkt der Diagnosestellung erfassen können (Misek, 1981, 1983; Kehrer und Misek, 1984). Sie hat bei der Einstufung der sozialen Anpassung 5 Gruppen des Ausgangs der Entwicklung – statt 4 bei Lotter – gebildet. Wie diese Kategorien definiert sind, zeigt die Tabelle 5. Bei dieser Untersuchung hatte bei 63% der erfaßten Kinder die Entwicklung einen ungünstigen Verlauf genommen. 26,5% erreichten eine gute bis zufriedenstellende soziale Anpassung, während 11% sich wegen ihres zu geringen Durchschnittsalters keiner Gruppe zuordnen ließen. Es zeigte sich, daß die klassischen Symptome (z.B. fehlender Blickkontakt, sozialer Rückzug etc.) in ihrer Ausdruckskraft und Häufigkeit mit dem Älterwerden abnehmen. Der Versuch der Zuwendung zur Umwelt gelingt jedoch wegen gravierender psychischer Eigenarten schlecht. Die Wahrnehmung von komplexen sozialen Situationen sowie die Herausbildung adäquater Handlungsmuster bleibt gestört. Daraus läßt sich u.a. die Tendenz zu starrem, ritualisiertem Verhalten auf unterschiedliche Anforderungen der Umgebung, die selbst bei Autisten mit günstigem Verlauf eher zunimmt, erklären.

Tabelle 5. Kriterien für die Einschätzunskategorien des Verlaufs (nach K. Misek, 1983)

1. "GOOD" (*normales oder fast normales Leben, Zurechtkommen in Schule und Beruf*)
- Besuch einer Normalschule oder sehr gute Leistungen in einer Sonderschule für Lern-, Sprach-, Körperbehinderte
- Besserung der meisten autistischen Symptome
- altersentsprechendes Beherrschen der Kulturtechniken

2. "FAIR" (*soziale und erzieherische Fortschritte trotz deutlicher Auffälligkeiten im Verhalten und in den sozialen Beziehungen*)
- Besuch/Abschluß einer SfLB oder hervorragende Leistungen in einer GB-Einrichtung
- Besserung in vielen Symptombereichen
- Kulturtechniken erlernt

3. "POOR + "
- gute Leistungen in einer Einrichtung für GB oder ähnlichen Einrichtungen
- Beherrschen der Grundzüge von Lesen und Schreiben

4. "POOR" (*schwer behindert, nur minimale Fortschritte, schwer gestörtes Verhalten*)
- Besuch einer Einrichtung für GB oder ähnliches
- erste Anfänge in den Kulturtechniken (z.B. zählen, Buchstaben . . .)
- keine Verschlechterung der Symptome
- vollkommene Kontrolle der Ausscheidungsfunktionen (= Differentialkriterium zu 5)

5. "VERY POOR" (*unfähig unabhängig zu leben, ständig auf Betreuung angewiesen, keine Fortschritte*)
- Besuch einer Einrichtung für GB ohne Fortschritte
- Stagnation, bzw. Verschlechterung vieler Symptome
- keine Fortschritte in den Kulturtechniken
- mangelnde Kontrolle der Ausscheidungsfunktionen

Die Studie von Karla Misek (1983) zeigt noch einige andere interessante Beobachtungen in der Symptomentwicklung autistischer Kinder. Bezüglich der Ausscheidungsfunktionen konnte festgestellt werden, daß 77,5% bei der Erhebung der Katamnese sauber und trocken waren; bei 44,5% verlief die Sauberkeitserziehung altersgerecht (zwischen 2. und 4. Lebensjahr); 32,6% wurden nach dem 10. Lebensjahr noch sauber und trocken. Auffallend war, daß die Mädchen dabei schlechter abschnitten als die Jungen.

Zum Zeitpunkt der Untersuchung lebten 23,5% der Kinder in einem Heim; zwischen 1. und 5. Lebensjahr waren es nur 2,5%, zwischen 6. und 10. 9% und zwischen 11. und 13. 5,5%. Weiter konnte festgestellt werden, daß sich die Beziehung des autistischen Kindes zu seiner Umwelt im Laufe seiner Entwicklung signifikant verbessert. Diese Verbesserung vollzieht sich vor allem zwischen dem 6. und 10. Lebensjahr. 93% der Stichprobe von Misek wiesen irgendwann motorische Stereotypien auf. Diese persistieren meist über Jahre oder gehen in komplexes zwanghaftes Verhalten über. Bei 23,5% gingen die Stereotypien zurück oder verschwanden ganz. Hier schien eine Beziehung zum gleichzeitigen Rückgang der Bevorzugung der Nahsinne und der Wahrnehmungsstörungen zu bestehen: nimmt das Kind mehr Dinge aus seiner Umwelt wahr, so vermindert sich das stereotype Verhalten signifikant. Mit dem zwanghaften, ritualistischen Verhalten autistischer Kinder verhält es sich ähnlich. Es war bei 70,5% auch bei der Katamnese noch vorhanden, hatte sich nur bei 13% positiv verändert.

Wie andere Follow-up-Studien (z.B. Rutter, 1967, 1970) zeigt auch die Untersuchung von Misek, daß 53% der autistischen Kinder keine Sprache entwickelt hatten oder diese nicht in kommunikativem Sinne gebrauchten. Das waren 36,6% Jungen und 22,4% Mädchen. Irgendwelche Sprachauffälligkeiten hatten noch 59%; dabei wurden Echolalie und pronominale Umkehr am häufigsten genannt. Bei über der Hälfte der Kinder (52%) setzte der Sprachbeginn altersgerecht, nämlich zwischen 1. und 2. Lebensjahr ein; doch nur ein Fünftel (20 %) gebrauchte die Sprache adäquat. Ein sog. Sprachknick – Stagnation oder Rückgang vorhandenen Sprachvermögens – kam bei Jungen vier mal so häufig vor wie bei Mädchen. Die Gruppe der nichtsprechenden Autisten unterschied sich signifikant durch stark ausgeprägte Stereotypien, allgemeine Passivität, mangelnde Aufmerksamkeit und Imitationsfähigkeit von der Gruppe, die sprechen konnte. Bei den gut sprechenden Autisten verläuft die Sprachentwicklung auffallend sprunghaft.

Bezüglich des affektiven Verhaltens war die Aggressivität ein besonders störendes Symptom. Sie war bei 39.5% der autistischen Kinder zur Zeit der Katamnese nach den Angaben der Eltern noch vorhanden. Sie traten meist in Überforderungs- oder Angstsituationen auf. Sie hatte sich nur bei 10% der Kinder gebessert und bei 5% verschlechtert. Die Häufigkeit von selbstbeschädigendem Verhalten (Autoaggressivität) betrug nach der Pubertät annähernd 30%. Bei den „sehr typischen“ Autisten gingen sie in 38,1% der Fälle zurück, was bei den „weniger typischen“ nur bei 28% der Fall war. Die Häufigkeit der Autoaggressionen korrelierte signifikant mit der Bevorzugung der Nahsinne, mit Stereotypien und Zwangsmechanismen sowie mit den Fremdaggressionen.

Autistische Kinder und Jugendliche waren bei der Untersuchung von Misek in allen Schultypen zu finden. Sie wurden oft bis zu 5 Jahre zu spät eingeschult; 22% hatten bereits zwei oder mehr Schulen durchlaufen. Abbildung 4 zeigt, welche pädagogischen Einrichtungen sie aufgenommen hatten. 60% der Autisten konnten nicht schreiben, 27% konnten mehr oder weniger gut lesen und schreiben, 21% beherrschten die vier Grundrechenarten.

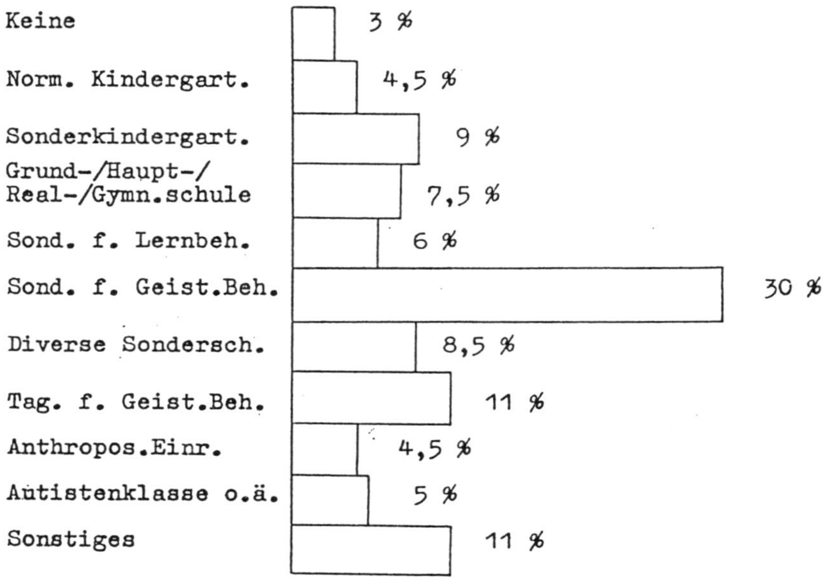

Abbildung 4. Häufigkeit der besuchten Schulformen (K. Misek, 1983)

Herausragende Fähigkeiten wurden von den Eltern von 71% ihrer Kinder angegeben. Dabei handelte es sich aber vorwiegend um Vergleiche mit sonstigen schlechten Leistungen und nicht mit den Fähigkeiten der Altersnorm. Sie lagen vor allem auf dem Gebiet der Musik, des Gedächtnisses und der Orientierung. 32,5% sollen in einem Schulfach besonders begabt sein, meist ist es Musik, Mathematik oder Geographie. Auch im intellektuellen Bereich waren oft (21,5%) Entwicklungssprünge, besonders im sprachlichen Bereich, zu beobachten. Sie lagen meistens vor dem 10. Lebensjahr.

Manchmal kommt es auch vor, daß das Erscheinungsbild des autistischen Syndroms unerwartet verläuft. So entwickeln sich z.B. nach ganz schlechtem Verlauf später recht gute Fähigkeiten. So berichten Rees und Taylor (1975) über ein Mädchen, bei dem sich nach 18monatiger normaler Entwicklung eine „kindliche Schizophrenie" entwickelt hatte. Die geschilderte Symptomatik entspricht ganz der eines typischen autistischen Syndroms. Im Handlungsteil eines Intelligenztests erreichte sie einen I.Q. von 130. Das Mädchen hat nach Abschluß der Schule studiert und hier auch einen Abschluß erreicht. Sie zeigt jedoch eine „schwere Unreife der Ego-Funktionen", kann keine Zukunftspläne machen; ihre sozialen Kontakte sind nur oberflächlich.

2. Der erwachsene Autist

Die vielen Verlaufsuntersuchungen haben zwar wichtige Aufschlüsse über die Entwicklung des autistischen Syndroms gegeben, man muß sich aber nun auch fragen: Wie sieht ein erwachsener Autist aus, wie verhält sich ein Mensch, bei dem im Kindesalter die Diagnose autistisches Syndrom gestellt wurde, wenn er über 20 Jahre alt geworden ist?

Ich persönlich habe nur von wenigen autistischen Menschen erfahren, daß sie eine berufliche Tätigkeit auf dem freien Arbeitsmarkt haben ausüben können, die sie ernährt hätte. Bei einer bei uns z.Zt. laufenden katamnestischen Studie, mit der bis jetzt 49 über 18jährige Autisten erfaßt wurden, hat man 2 selbständig Berufstätige finden können. Eine diesbezüglich negative Aussage haben M. De Meyer und Mitarb. (1979) gemacht, die 11 über 18jährige Autisten nachuntersucht haben. Über etwas günstigere Ergebnisse berichten Creak (1963) und Rutter (1970). Von Rutters 64 nachuntersuchten Patienten gingen 8 (12,5%) einem Beruf nach. Einer war Computer-Operator, ein anderer machte Büroarbeiten, die anderen 6 vollführten alle ungelernte oder halbangelernte manuelle Tätigkeiten. 3 befanden sich noch in der Schulausbildung.

Bei manchen Menschen, bei denen in der Kindheit ein autistisches Syndrom diagnostiziert worden war, ist die Kernsymptomatik, die dem Erscheinungsbild den Namen gegeben hat, das Autistische, die Kontaktstörung, bis zum Erwachsenenalter weitgehend zurückgegangen. Wie schon im späten Kindes- und Jugendalter haben sie durchaus Kontakt zu ihren Eltern und Geschwistern. Sie blicken andere Menschen normal an. Viele der anderen Symptome sind jedoch bestehengeblieben. Aber auch der zwischenmenschliche Kontakt unterscheidet sich von dem der meisten „normalen" Menschen. Von zusammengenommenen 190 Personen der Nachuntersuchungen von Rutter sowie Brown (1969) hatte niemand geheiratet oder sich verlobt; sehr wenige hatten heterosexuelle Freundschaften. Diejenigen, die insgesamt am meisten Fortschritte gemacht hatten, zeigten etwa zur Hälfte Interesse und Freundlichkeit gegenüber anderen Menschen und waren gewisse Beziehungen eingegangen. Es fehlte ihnen aber die Fähigkeit, richtige interpersonelle Beziehungen aufzubauen, von Bekanntschaft zur Freundschaft überzugehen. Nach Rutter handelt es sich dabei um einen Mangel an sozialem Geschick, nicht an sozialem Interesse. Diese Menschen sind über ihr Unvermögen auf diesem Gebiet unglücklich. Von den Nachuntersuchten von Rutter (1970) hatte nur einer eine Freundin. Einen sehr guten Überblick über das Schicksal autistischer Jugendlicher und Erwachsener gibt auch das Buch von J. Wendeler (1984). Es stützt sich auf zahlreiche ausführliche Gespräche mit Eltern.

Bei der Betrachtung der erwachsenen Autisten ist es noch von Interesse, zu erfahren, wo sie sich befinden, wo sie wohnen. Bei der Nachuntersuchung von Misek stellte sich heraus, daß 42,5% ihrer Fälle, die über 16 Jahre alt waren, sich in einem Heim befanden. Von allen 200 waren es nur 23,5% (unter 10 Jahre 2,5%, zwischen 10 und 16 Jahren 21%). Bei der Katamnese von Rutter befanden sich 34 von 63 nachuntersuchten Autisten (54%) in Heimen für Geistigbehinderte oder psychiatrischen Einrichtungen.

Diese Untersuchungen bestätigen die allgemeine Erfahrung, daß ein großer Teil der erwachsen gewordenen autistischen Menschen auf fremde Hilfe angewiesen bleibt. Wie diese Hilfe im Erwachsenenalter z.Zt. aussieht und wie sie aussehen sollte, wird später zu erörtern sein.

IX. Prognose

Die wesentliche Bedeutung der Beobachtungen des Verlaufs, also der Follow-up-Studien, liegt in der Möglichkeit, hieraus Schlüsse auf die Prognose zu ziehen. Ist es möglich, aus bestimmten Symptomen auf einen günstigen oder ungünstigen Verlauf zu schließen? Wie wirken sich bestimmte therapeutische Maßnahmen aus? Es ist schon früher erörtert worden, daß der Verlauf und die Symptomausprägung beim autistischen Syndrom sehr unterschiedlich sind. Das gilt sowohl für die Schwere der Verhaltensstörungen insgesamt als auch für die Variabilität der Symptome zu verschiedenen Zeiten.

Bei den verschiedenen Follow-up-Studien sind es drei Hauptvariablen, bei denen sich signifikante Korrelationen mit dem sozialen Erfolg oder Mißerfolg gezeigt haben. Das sind die Intelligenz – der I.Q. –, das Ausmaß der vorhandenen kommunikativen Sprache und die Dauer der Beschulung. Der I.Q. ließ vor allem eine Unterscheidung zwischen ungünstigem (poor) und sehr ungünstigem (very poor) Verlauf zu, während man auf Grund der beiden anderen Variablen eher zwischen günstigem (good) und ziemlich gutem (fair) Verlauf differenzieren konnte (Rutter, 1970).

Für die Korrelation der Intelligenz mit der zukünftigen Berufstätigkeit, der Sprachkompetenz, der Rechenfähigkeit und dem Auftreten von epileptischen Anfällen gibt die Zusammenstellung von Rutter (1970) einen Überblick (Tabelle 6). Auch die Dauer der Beschulung, die ja mit der Intelligenz zusammenhängt, korreliert mit den Fortschritten im sozialen und anderen Bereichen (Rutter, 1967, 1970). Das konnte Lotter (1974) bei seiner Verlaufsuntersuchung allerdings nicht bestätigen.

Tabelle 6. Zusammenhang zwischen IQ und verschiedenen Variablen (nach M. Rutter, 1970)

Follow-up Variable	Retardiert IQ < 70	Normal intelligent IQ > 70
BERUFSTÄTIGKEIT	nur in Ausnahmefällen möglich	ca. die Hälfte kann einer Arbeit nachgehen
SPRACHE	nur wenige entwickeln Sprache	fast alle entwickeln Sprache
RECHENFÄHIGKEIT	1/5 erreicht ausreichende rechnerische Fähigkeiten	3/4 erreichen ausreichende rechnerische Fähigkeiten
ANFÄLLE	große Wahrscheinlichkeit epileptischer Anfälle	geringe Wahrscheinlichkeit epileptischer Anfälle

Neben der intellektuellen Entwicklung ist zweifellos die Sprache in allen ihren Bereichen ein wichtiger Prognosefaktor. So ergab sich z.B. bei den Nachuntersuchungen von Rutter (1967, 1970), daß diejenigen autistischen Kinder, die in frühen Jahren kaum auf akustische Reize reagiert hatten und bis zum 5. Lebensjahr stumm geblieben waren, im späteren Verlauf des autistischen Syndroms schlechter abschnitten als die mit Sprachvermögen. Mir persönlich sind allerdings Kinder bekannt, die lange für taub oder hochgradig schwerhörig gehalten wurden – eine ganz sichere Entscheidung hierüber wurde von Seiten der HNO-Ärzte nicht getroffen –, die sich ohne akustisch-verbale Sprache intellektuell ausgezeichnet entwickelt haben.

Ein Mensch ohne richtiges Hörvermögen und ohne verbale Sprache – also ein Taubstummer im landläufigen Sinne – ist, auch wenn er nicht autistisch ist, in seiner gesamten Lebensführung stark behindert, kann aber doch unter gewissen Einschränkungen ein normales Leben führen und beruflich tätig sein. Bei den Autisten, die – oft verspätet – Sprache erwerben, kommt nun noch der Mangel hinzu, daß sie ihr Sprechvermögen nicht oder zu wenig kommunikativ einsetzen.

Karla Misek (1983) hat die statistisch errechneten Faktoren, die den Verlauf des autistischen Syndroms beeinflussen in einem Schaubild (Abb. 5) zusammengestellt. Faktoren, die nach den verschiedenen Einteilungsgraden des Verlaufs eher für einen günstigen Ausgang sprechen, sind: etwa normale Intelligenz und sprunghafte Lernkurve; Kontrolle der Ausscheidungsfunktionen (sauber und trocken) vor dem 8. Lebensjahr; Sprachbeginn vor dem 8. Lebensjahr; Erlernen von Blickkontakt und Imitationsverhalten vor dem 10. Lebensjahr; Rückgang der Stereotypien vor dem 10. Lebensjahr. Ebenfalls positiv vor allem für das Sozialverhalten des heranwachsenden oder erwachsenen Autisten wirkt es sich aus, wenn zwanghaftes Verhalten zurückgeht. Das Auftreten epileptischer Anfälle ist eher ein Hinweis auf einen ungünstigen Verlauf. Bei der Einschätzung der Risikofaktoren in der Schwangerschaft und bei der Geburt ist Karla Misek zu einem unerwarteten statistischen Ergebnis gelangt: Wenn solche Komplikationen von den Müttern angegeben wurden, war die Gesamtprognose eher besser als schlechter. Bei der großen Zahl von Probanden (200) ist es unwahrscheinlich, daß es sich um einen statistisch-methodischen Fehler handelt. Eine mögliche Erklärung könnte die Annahme sein, daß Mütter, die solche Komplikationen so früh erlebt und registriert haben, sich stärker um eine besonders intensive Betreuung und Therapie ihres Kindes bemühen.

Die hier aufgeführten Prognosefaktoren von Karla Misek stimmen im wesentlichen mit anderen Forschungsergebnissen überein. Sie haben den Vorteil, daß sie an der größten bisher untersuchten Zahl von Autisten – 200 – ermittelt wurden. Etwas günstiger als bei anderen ähnlichen Untersuchungen ist das jeweilige Alter, bis zu dem bestimmte Funktionen erworben wurden oder Ver-

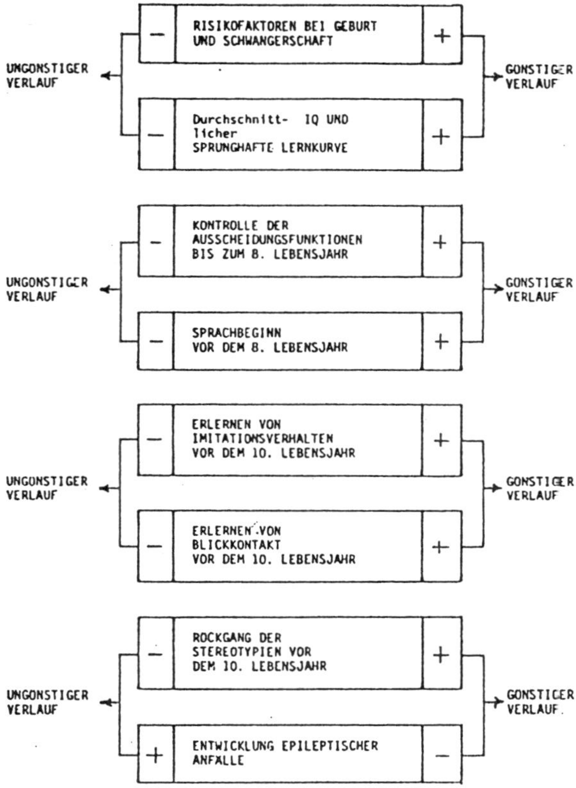

\+ = hohe Ausprägung des Faktors korreliert mit...
\- = niedrige Ausprägung des Faktors korreliert mit...

Abbildung 5. Aufstellung verhaltensbeeinflussender Faktoren (K. Misek, 1983)

änderungen eingetreten sein sollen (8. und 10. Lebensjahr). Neu ist die prognostische Bedeutung der Ausscheidungsfunktionen und der sprunghaften Lernkurve.

Zu diesen Verlaufserwartungen sind noch zwei Anmerkungen zu machen: Bei dieser und bei anderen Verlaufsuntersuchungen wird versucht, Einzelfaktoren herauszuarbeiten, die bei vielen autistischen Kindern nach statistischen Ermittlungen zu bestimmten Formen des Verlaufs geführt haben. Dabei wurde zunächst außer acht gelassen, daß die ermittelten Symptome und Funktionen sich gegenseitig beeinflussen. Die Intelligenz hängt weitgehend – wenn auch nicht vollkommen – mit dem Sprachvermögen zusammen und umgekehrt. Ein Kind, das in starkem Umfang Stereotypien zeigt, ist schlechter zum Lernen der Sprache als auch der intellektuellen Erfordernisse in der Lage. Schließlich beeinflussen epileptische Anfälle, wenn sie häufig auftreten, das Befinden und die Hirnfunktion. Wenn man also im Einzelfall prognostische Aussagen machen will, so darf man sich nicht auf einen der genannten Prognosefaktoren beschränken, sondern muß die Verflechtung zwischen ihnen sehen.

Die zweite Einschränkung für Prognose-Aussagen liegt in der Methode, wie die Faktoren ermittelt wurden, nämlich mathematisch-statistisch. Die gegenwärtige medizinische, naturwissenschaftliche und soziale Forschung hat sich, vor allem seit 20–30 Jahren sehr stark an statistischen Erhebungen orientiert. Das ist für empirische Untersuchungen an bestimmten Kollektiven von Menschen oder Tieren unbedingt erforderlich. Man vergißt dabei häufig die stets vorkommenden Ausnahmen, auch wenn das Ergebnis statistisch signifikant ist. Weiter werden oft Zahlen statistisch ermittelt, die zwar vom Mathematischen her einwandfrei sind, deren Relevanz für menschliche Bezüge aber schwer nachzuvollziehen ist. Fast allen diesen statistischen Ermittlungen an Menschen haften irgendwelche Fehlerquellen an:

Bei kranken Menschen: Was ist die Gesundheitsnorm? Bei sozial Beeinträchtigten: Wie sieht normales Sozialverhalten aus? Kann man sich an gängigen „Normbegriffen“ orientieren oder braucht man eine Kontrollgruppe? Wie soll die Kontrollgruppe „gemached“ – ein schreckliches Wort, für das es keine deutsche Entsprechung gibt – sein, nach dem Geschlecht, nach dem Alter, nach dem I.Q.? Das alles läßt sich praktisch nicht erfüllen. Diese Einschränkungen gelten natürlich auch für die statistisch untersuchten Verlaufsbeobachtungen. Für die Bewertung der Ergebnisse und für ihre Aussagekraft bedeutet das: es lassen sich nur Tendenzen aufzeigen.

Bei den bisher erläuterten Prognose-Aussagen ist ein Punkt noch nicht erörtert worden: der Einfluß eventuell durchgeführter Therapie. Je älter die Untersuchungen sind, um so mehr wird man diesen Gesichtspunkt vernachlässigen können; denn wirkungsvolle Autismustherapie wird erst seit 10–20 Jahren in etwas größerem Umfang betrieben. Ähnliches gilt für den Besuch einer Spezialschule oder -klasse, die erst in letzter Zeit in gewissem Umfang eingerichtet wurden. Bei zahlreichen Arbeiten über verschiedene Behandlungsmethoden wird immer wieder über Erfolge berichtet. So kann ich z.B. Lovaas und Mitarb. (1973) zitieren. Sie führten bei 20 autistischen Kindern Verhaltenstherapie durch und waren dabei während der Dauer der Behandlung meistens erfolgreich. Bei Nachuntersuchungen nach 1–4 Jahren ergaben sich große Unterschiede zwischen den Kindern, bei denen die Therapie durch Kotherapeuten, meist die Eltern, fortgesetzt worden war, und denen, die in eine Institution gekommen waren. Bei den Weiterbehandelten blieb der Behandlungserfolg bestehen oder verbesserte sich noch, bei den anderen kam es zu Regressionen.

Nach Rutter und Bartak (1973) war der Schulerfolg am besten, wenn die autistischen Kinder in einer gut kontrollierten Klassensituation spezifisch und systematisch unterrichtet wurden. Behandlung im häuslichen Milieu war anders orientierten Therapieformen überlegen. Allerdings hatten sich der intellektuelle Stand und die Sprachkompetenz kaum verändert. Die meisten Behandlungserfolge, auch auf lange Sicht gesehen, spielen sich im sozialen Bereich ab. „Kurz gesagt, die Behandlung hat auf die kognitiven Defizite, deren Einfluß auf den Autismus fundamental ist und die mit dem Verlaufsausgang am stärksten in Beziehung stehen, die geringste Wirkung" (Rutter, 1973). Rutter ist der Meinung, daß Behandlung sich auf die Sozialisation, die Kommunikation, das Verhalten und auf den Schulerfolg am günstigsten auswirkt. Er glaubt, daß die besten Ergebnisse erzielt werden, wenn die Therapie in den allerersten Lebensjahren beginnt. Aber auch im Jugendalter ist therapeutische Hilfe dringend erforderlich.

Um beurteilen zu können, welche Therapieformen und welche Therapiedauer aufs Ganze gesehen am wirksamsten sind, müßten noch mehr kontrollierte Studien in diesem Problemkreis gemacht werden. Das ist eine sehr schwierige Aufgabe; denn fast immer werden mehrere Therapieformen teils gleichzeitig, teils nacheinander angewandt. Es wird schwer möglich sein, hier heilpädagogisch-psychotherapeutische und medikamentöse Behandlungen auseinanderzuhalten. Einzelne und kasuistische Beobachtungen zeigen, daß die Kinder, die in einem ungünstigen Milieu, etwa einem Heim ohne spezielle Förderung aufgewachsen sind, sich viel schlechter entwickelt haben als frühzeitig beginnend über längere Zeit intensiv und speziell betreute und behandelte Kinder.

X. Epidemiologie

Die Frage, wie viele Autisten es überhaupt gibt, wie sie sich auf die Geschlechter und auf bestimmte Bevölkerungsgruppen verteilen, ist vor allem vom politischen und sozialen Standpunkt interessant. Wenn Maßnahmen zur Diagnostik, Beschulung und Therapie von der öffentlichen Hand gefordert werden, so muß man zunächst einmal feststellen, wie viele Personen das überhaupt betrifft. Allein die fast nicht mehr zu überschauende Masse von Literatur über dieses Thema läßt vermuten, daß das autistische Syndrom einigermaßen häufig vorkommt. Wenn Doris Weber (1985) schreibt: „Es handelt sich beim frühkindlichen Autismus um eine relativ seltene Störung, die jedoch häufiger vorkommt, als man früher annahm", so spielt diese Aussage das Problem etwas herunter, denn später wird festgestellt, daß die Zahl der autistischen Kinder in der BRD die der Blinden plus Sehbehinderten erheblich übersteigt und fast an die der Gehörlosen herankommt.

In diesem Zusammenhang können nur Zahlen sprechen. Eine der wichtigsten Untersuchungen, die über die Anzahl autistischer Kinder Auskunft geben kann, stammt von Victor Lotter. Da seine 1966 erschienene Arbeit, ebenso wie diejenige von Asperger, von etlichen Autoren, die sie zitiert haben, offenbar nicht im Original gelesen wurde, soll ihr Inhalt hier kurz wiedergegeben werden. In dem an London angrenzenden County of Middlesex, dessen Einwohnerzahl etwa 2.250.000 betrug, wurden alle 8–10jährigen Kinder erfaßt. Es handelte sich um 75.930, von denen ein Teil wegen irgendwelcher Behinderungen Sonderschulen besuchte und dadurch leicht zu erreichen war. Um autistische Kinder in Normalschulen aufzuspüren, wurden Fragebogen an sämtliche in Frage kommenden Lehrer gegeben. Auf diese Weise wurden 35 Kinder mit einem Durchschnittsalter von 9,5 Jahren ermittelt. Sämtliche Kinder wurden von Lotter persönlich untersucht und getestet. Da bei 3 Kindern kein ausreichender Kontakt mit den Eltern möglich war, wurden sie bei den statistischen Berechnungen weggelassen, so daß 32 übrig blieben. Von diesen waren 23 Jungen und 9 Mädchen. Von diesen 32 Kindern wurden 2 Gruppen gebildet: die Kernautisten (15), die auf den Fragebögen die höchsten Punktzahlen erreicht hatten, und die übrigen 17, die „im Allgemeinen weniger stark markierte und heterogenere Symptome" aufwiesen. 22 Kinder, welche zwar geistig-seelisch gestört, aber nicht autistisch waren, dienten als Kontrollgruppe.

Lotter hat nun die Prävalenz des autistischen Syndroms in der Altersstufe 8–10 Jahre in der Grafschaft Middlesex ermittelt. Bei 35 Kindern kommt er insgesamt auf 4,5 auf 10.000, bei 32 auf 4,1. Davon gehören 2,0 pro 10.000 der Kerngruppe an.

Spätere Untersuchungen zur Frage der Häufigkeit des autistischen Syndroms haben sich teils nicht an so großen Zahlen orientiert wie Lotter, teils das Syndrom nicht so klar definiert. So hat z.B. Treffert (1970) von 280 als geistig-seelisch auffällig gemeldeten Kindern in Wisconsin im Alter bis zu 12 Jahren 159 mit der Diagnose „kindliche Schizophrenie" gefunden. Das bedeutet 4,8 auf 10.000. Wenn allerding doppelt gezählte Fälle weggelassen wurden, so fiel die Prävalenzrate auf 3,1 von 10.000. Bei den neueren Ermittlungen von Wing und Gould (1979) in einer Londoner Gemeinde (Camberwell) betrug die Prävalenzrate für das autistische Syndrom allgemein 4,8, für die Kernautisten 2,0 auf 10.000. Zu ganz ähnlichen Ergebnissen kam man in Japan (Y. Hoshino und Mitarb., 1982): Autistisches Syndrom insgesamt 4 bis 10, Kernsyndrom 4,96 auf 10.000.

Auch zwei in noch neuerer Zeit durchgeführte epidemiologische Untersuchungen in Schweden und West-Berlin kamen zu ähnlichen Ergebnissen. Ch. Gillberg und H. Schaumann (1982) fanden: 2,0 auf 10.000 für die Kerngruppe und 4,0 bei etwas weiter gestellter Diagnose. H.-C. Steinhausen und Mitarb. (1983) fanden in Berlin 1,9 an Kernautisten auf 10.000.

In der allerneusten Studie aus Japan kommen Y. Tonoue und Mitarb. (1988) zu sehr viel höheren Zahlen, die sich mit schon früher in Japan erhobenen decken. Sie fanden in einem Gebiet mit 800.000 Einwohnern nordöstlich von Tokio 13,9 autistische Kinder auf 10.000. Solche Diskrepanzen mit früher und in anderen Ländern erhobenen epidemiologischen Untersuchungen beruhen mit großer Wahrscheinlichkeit auf Unterschieden bei der Diagnosedarstellung. Tonoue und Mitarb. sind nach den Kriterien des DSM-III vorgegangen. Sie meinen, daß man bei den früheren Untersuchungen restriktiver vorgegangen sei.

Man kann darüber streiten, ob die eng eingegrenzte Diagnosestellung gegenüber der weiteren Vorteile hat. Wenn es nicht nur darum geht, Menschen zu klassifizieren, sie in ein bestimmtes Schubfach einzuordnen, sondern möglichst viele autistische Kinder und Jugendliche mit – vielleicht nicht immer ganz spezifischer Symptomatik – einer gezielten Therapie und Betreuung zuzuführen, so sollte man die Diagnose nicht zu eng stellen. Vom wissenschaftlichen Standpunkt aus, wenn die Ursachen oder bestimmte Therapieformen erforscht werden sollen, ist es allerdings wichtig, sich streng an vorgegebene diagnostische Kriterien wie z.B. DMS-III zu halten.

Aufgrund dieser Zahlen sind verschiedentlich Hochrechnungen vorgenommen worden, um abzuschätzen, wieviele Autisten es etwa in der Bundesrepublik Deutschland gäbe. Dabei muß man berücksichtigen, daß sich die jeweils erhobenen Werte immer auf eine bestimmte Altersstufe von Kindern beziehen.

Bei Lotter (1966) waren es die 8–10jährigen, bei Wing und Gould (1979) die 5–14jährigen. Je jünger die Kinder sind, um so unsicherer wird die Diagnose sein, weil die Patienten doch länger beobachtet werden sollten. Aber auch bei den älter und schließlich erwachsen gewordenen Autisten liegt ein Unsicherheitsfaktor darin, daß man manchmal nicht genau weiß wie autistisch sie vielleicht früher gewesen sind. Da man annehmen muß, daß es auch vor 50–60 Jahren und natürlich auch noch früher autistische Kinder gegeben hat, ist die Frage: Wo sind sie geblieben? Wahrscheinlich befindet sich der größte Teil in psychiatrischen Landeskrankenhäusern und Heimen für Geistigbehinderte. Aber etliche werden auch gestorben sein, da viele von ihnen gewisse Hirnschäden haben, die die Lebenserwartung verkürzen.

Es ist wohl das Zweckmäßigste, Hochrechnungen nicht auf die Gesamtbevölkerung, sondern auf die Altersgruppen zu beziehen, für die die Erkennung des autistischen Syndroms, die Betreuung und die Therapie am wichtigsten sind. Solche Zahlen müssen den Politikern und den Sozialbehörden an die Hand gegeben werden, damit sie die notwendigen Maßnahmen einleiten. So hat J. Wendeler (1988) die Anzahl der Kernautisten unter den 5–15jährigen Kindern in der BRD auf 1.900, die der nicht absolut typischen Autisten auf 2.100 geschätzt, so daß eine Gesamtzahl von 4.000 resultiert. Diese Zahlen liegen weit über den Blinden (1.000), Sehbehinderten (1.250) und nur 300 unter den Gehörlosen, die 1969 eine staatlich anerkannte Sonderschule besuchten. Dabei muß man berücksichtigen, daß die Kinder zwischen einem und fünf Jahren und die Jugendlichen und Erwachsenen noch nicht einmal mit berücksichtigt sind, was natürlich auch für die Seh- und Hörbehinderten gilt.

1. Geschlechtsverteilung

Schon Kanner und Asperger, aber auch alle anderen Wissenschaftler, die sich mit autistischen Kindern beschäftigt haben, haben festgestellt, daß das männliche Geschlecht gegenüber dem weiblichen überwiegt. Bei Lotter (1966) betrug bei der Gesamtgruppe der Autisten das Verhältnis männlich zu weiblich 2,56:1; bei den Kernautisten 2,75:1 und bei den nicht so typischen 2,4:1. Von anderen Autoren wurden ähnliche Zahlen angegeben: Treffert (1970) 3,4:1; Ritvo und Mitarb. (1971) 3,2:1. Bei den neueren Untersuchungen ist die Differenz erheblich höher: Wing (1981) 15,2:1 sowie Hoshino und Mitarb. (1982) 9:1.

Bezüglich der Geschlechtsverteilung wurde ermittelt, daß bei den autistischen Kindern mit einem IQ über 50 signifikant mehr Jungen als Mädchen zu finden sind. (Lotter, 1966; Wing, 1981; L. Tsai und Mitarb., 1981; Gillberg, 1984), die die gleiche Feststellung trafen, fanden bei den Mädchen signifikant mehr neurologische Störungen (Epilepsie, EEG-Veränderungen etc.) und schließlich mehr nahe Verwandte mit Autismus oder diesen nahestehenden psychischen Veränderungen.

2. Autismus außerhalb der westlichen Welt

Epidemiologisch interessant ist auch die Frage, ob das autistische Syndrom in anderen als den westlichen Ländern, in anderen Kulturen vorkommt. Nach den zahlreichen Beschreibungen der letzten 30 Jahre läßt sich zunächst sagen, daß es im Verhalten autistischer Kinder und Jugendlicher zwischen Mittel-, West- und Nordeuropa sowie Nordamerika offenbar keine Unterschiede gibt. Nach meiner persönlichen Erfahrung und Informationen kann man auch die benachbarten Ostblockländer Polen, Tschechoslowakei und Ungarn hinzunehmen. Aus einigen anderen europäischen Ländern sind die Informationen etwas dürftig oder das diagnostische Konzept ist eventuell anders. So wird z.B. in Rußland nur von kindlicher Schizophrenie oder von organischen Psychosen gesprochen. In dem stark industrialisierten Japan ist das autistische Syndrom schon lange bekannt. Hier hat man sich auch schon intensiv mit der Autismusforschung beschäftigt. Wie oben (S. 101) erwähnt wurde, könnte man den Eindruck gewinnen, daß der frühkindliche Autismus in Japan besonders häufig ist (Hoshino und Mitarb., 1982). Im Gegensatz dazu wird berichtet, daß das autistische Syndrom in China eher selten vorkomme (Tao Kuo-Tai, 1987). Jedenfalls wurden in Nanjing (Nanking) zwischen 1982 und 1986 bei einer Bevölkerung von 4.5 Millionen nur 15 autistische Kinder vorgestellt, obwohl ein „gut ausgestattetes Mental-health-Zentrum" vorhanden ist. In Australien und Neuseeland scheint die Epidemiologie des autistischen Syndroms derjenigen der westlichen Länder zu entsprechen. Jedenfalls sind schon vor circa 20 Jahren wissenschaftliche Arbeiten über dieses Thema aus Australien erschienen, z.B. von J. Rendle-Short (1968).

Zwischen 1975 und 1976 hat V. Lotter (1978) in 9 großen Städten Afrikas in den 6 Ländern Ghana, Nigeria, Kenia, Zambia, Rhodesien (heute Simbabwe) und Südafrika nach dem Vorkommen des autistischen Syndroms geforscht. Er fand viel weniger autistische Kinder, als er erwartet hatte. So gab es z.B. unter den stark Geistigbehinderten weniger autistische Verhaltensweisen als in England, so waren z.B. Stereotypien, Autoaggressionen und Zwangsmechanismen seltener. Die autistischen Kinder, die besonders typisch waren, zeigten weniger Hinweise auf Hirnstörungen und stammten relativ häufig aus sozial privilegierten Familien. Letzteres hängt wahrscheinlich damit zusammen, daß die übrige Bevölkerung die begrenzt vorhandenen Einrichtungen für Behinderte in Afrika nicht nutzen konnte.

3. Soziale Schicht

Die ersten 11 autistischen Kinder, die Leo Kanner 1943 beschrieb, stammten alle von besonders intellektuellen Eltern, meist Akademikern. Der Eindruck, daß die oberen sozialen Klassen überrepräsentiert seien, hat sich lange gehalten, da – ebenso wie in Afrika – autistische Kinder aus unteren sozialen Schichten seltener dem Experten vorgestellt wurden. In den letzten 10 Jahren, als das Erscheinungsbild des Autismus bekannter wurde, fanden Kinder aus allen Schichten den Weg zur Diagnose des Syndroms. Nun kamen sie aus allen sozialen Klassen. Bei seiner oben (S. 88) bereits erwähnten Middlesex-Studie hatte Lotter (1966) allerdings ebenfalls festgestellt, daß die unteren sozialen Schichten unterrepräsentiert waren. Da hier alle Kinder zwischen 8 und 10 Jahren erfaßt wurden, konnte das Argument, nur die aus der Mittel- und Oberschicht würden vorgestellt, nicht mehr stichhaltig sein.

Detlef Bludau (1989) aus unserem Team hat 51 Autistenfamilien u.a. auf ihre Schichtzugehörigkeit untersucht. Er konnte im Vergleich zu den Daten von Allbus (Allgemeine Bevölkerungsumfrage der Sozialwissenschaften) kaum Unterschiede in der Schicht der Autismus-Familien feststellen. Dabei wurden die Kernautisten und die Randautisten sowohl getrennt als auch gemeinsam untersucht. Nur bei der Gruppe der Kernautisten war das Einkommen der Väter signifikant höher. Bludau gibt für die Schichtunterschiede zwischen den Kernautisten und den Randautisten folgende Erklärung: Die Kernautisten finden später qualifizierte Hilfe, die Diagnose „Autismus“ wird später gestellt. Bei den Randautisten wird durch Frühförderung und ähnliche Maßnahmen früher Hilfe angeboten und deswegen die Diagnose früher gestellt. Wenn letzteres bei den Kernautisten erst in einem höheren Alter des Kindes der Fall ist, ist die Familie – seit Heirat oder Aufnahme der Partnerschaft – schon älter. Sie hatte mehr Zeit zum sozialen Aufstieg. Auf diese Weise werde bei den Eltern der Kernautisten eine höhere soziale Schicht vorgetäuscht, als sie bei gleichem „Familienalter“ anzutreffen sei.

XI. Soziales

1. Bedeutung für die Gesellschaft

Wenn viele Tausend autistische Menschen der verschiedenen Altersstufen in allen Ländern, in der BRD allein deutlich mehr als Blinde leben, so ist das ein gesellschaftliches Problem, mit dem nicht nur die Einzelnen – die vielen betroffenen Eltern und Geschwister – sondern auch die Allgemeinheit fertig werden muß. Das gilt für das autistische Syndrom ebenso wie für die schweren körperlichen Krankheiten wie Krebs, Kreislaufkrankheiten und neuerdings Aids. Es ist wohl nicht richtig, die Bedeutung einer solchen Krankheit nur an der Zahl der Betroffenen zu messen. Die Richtschnur sollte das Leiden und die Hilfsbedürftigkeit der Menschen sein. Historisch gesehen ist der frühkindliche Autismus in Deutschland Ende der Sechziger-Jahre einem etwas breiteren Kreis von Betroffenen und Experten bekannt geworden. In den angelsächsischen Ländern hat man sich schon früher mit diesem Problem beschäftigt. Es ging und geht überall darum, das autistische Syndrom soweit bekannt zu machen, daß die zuständigen Berufszweige – Ärzte, Psychologen und andere soziale Berufe – und die zuständigen Behörden Maßnahmen ergreifen, die von den Einzelnen selbst nicht zu leisten waren und sind. Das ist in unterschiedlichem Maße gelungen.

2. Elterninitiativen

Da sie sich von den Behörden allein gelassen fühlten, gründeten Eltern autistischer Kinder nach dem Vorbild der englischen „National Society for Autistic Children" 1969 den Verein „Hilfe für das autistische Kind". Die Initiative ergriff die Mutter eines autistischen Sohnes in Lüdenscheid. Mit sehr starkem Engagement und der Hilfe anderer Autisten-Eltern gelang es ihr, in kurzer Zeit eine Organisation aufzubauen, die sich bald über die nördliche Hälfte der BRD ausdehnte und sich später in etwas geringerem Umfang in einigen Gegenden Süddeutschlands ausdehnte. Zentren dieser Eltern-Initiativen waren und sind die Hansestädte Bremen und Hamburg. In Bremen führte der Zusammenschluß einiger Eltern schon früh zum sog. Bremer Projekt, einer vorwiegend behavioristisch ausgerichteten Spezialschule für autistische Kinder und Jugendliche, die längere Zeit die einzige in Deutschland blieb, und heute in veränderter Form noch besteht. In Hamburg entstand das ebenfalls heute noch arbeitende „Institut für Therapie autistischer Verhaltensstörungen".

Dieser anfangs kleine Verein hat sich zu einer großen Organisationsform, dem Bundesverband „Hilfe für das autistische Kind" mit Sitz in Hamburg entwickelt. In ihm vereinen sich z.Zt. 22 Regionalverbände aus der ganzen BRD. Der Bundesverband hat sich laut seiner Satzung 4 Ziele gesetzt: 1. Die Förderung aller Maßnahmen und Einrichtungen, die eine wirksame Hilfe für autistische Kinder, Jugendliche und Erwachsene bedeuten; 2. Öffentlichkeitsarbeit, insbesondere Veranstaltung von Fachtagungen; 3. Herausgabe von Büchern, Broschüren und anderen Veröffentlichungen; 4. Die Anregung und Förderung des Zusammenschlusses von Eltern und Freunden von autistischen Kindern und Jugendlicher auf örtlicher bzw. regionaler Basis sowie Unterstützung und Ausbau dieser örtlichen Vereinigungen.

Der Bundesverband gibt seit 1976 die halbjährlich erscheinende Zeitschrift „autismus" heraus, in der über die Verbandsaktivitäten, über Einrichtungen im In- und Ausland, über neue Forschungsergebnisse, vor allem auf dem Gebiet der Therapie, über Schulprobleme und andere mit dem Thema Autismus zusammenhängende Probleme berichtet wird. Es ist dieser Elterninitiative gelungen, das autistische Syndrom in der BRD einigermaßen bekannt zu machen.

Die Regionalverbände haben inzwischen insgesamt 20 Einrichtungen für die Behandlung und ambulante Betreuung autistischer Menschen aufgebaut. Hier werden von z.T. lang eingearbeiteten Therapeuten und Betreuern psychologische, heilpädagogische und andere Hilfen angeboten.

Schwierig ist noch immer die Situation für diejenigen Kinder und Herangewachsenen, deren Betreuung und Versorgung zu Hause nicht möglich ist. Es gibt nur wenige Heime, die auf die Pflege autistischer Menschen spezialisiert sind. Meines Wissens existieren in der BRD nur 4–5 Internats-Einrichtungen. Selbstverständlich werden autistische Kinder auch in anderen Heimen gut betreut. Es ist aber ein Vorteil, wenn sich Personal mit Erfahrungen auf diesem Gebiet um sie kümmert.

Ähnliches gilt für die Erwachsenen. Die bisher fast als einzige offenstehende Lösung, diese autistischen Menschen in einem Psychiatrischen Landeskrankenhaus oder in einem Heim für Geistigbehinderte unterzubringen, ist sehr häufig unbefriedigend, vor allem dann, wenn das Erscheinungsbild des autistischen Syndroms dort wenig bekannt ist. Deswegen haben die Elterninitiativen sich bemüht, Spezialheime einzurichten, bzw. an vorhandene Heime anzugliedern. Die wenigen inzwischen vorhandenen haben sich nach meinen Informationen gut bewährt.

Im Kleinkind- und Vorschulalter werden die autistischen Kinder meistens von den Ambulanzen „Hilfe für das autistische Kind" heilpädagogisch betreut. Das geschieht meist zusätzlich zu den sonst für behinderte Kinder üblichen

Maßnahmen der Frühförderung und der Betreuung in Kindergärten und Tagesstätten für Behinderte.

3. Schule

Autistische Kinder findet man in allen Schultypen vom Gymnasium bis zu den verschiedenen Sonderschulen. Wieweit sie dort optimal gefördert werden, ist eine andere Frage. Die Zahl der Autisten, die ein Gymnasium oder eine Realschule mit Erfolg besuchen können, ist sehr klein. Ich kenne jedoch vereinzelte Schüler mit ziemlich typischer Symptomatik, die es bis zum Abitur gebracht haben. Von einem solchen Mädchen in den USA wurde ja auch schon berichtet (S. 93).

Bei den Kindern der Kerngruppe ist oft nicht die mangelnde Schulleistung das Problem, sondern ihre ungenügende Gruppenfähigkeit, ihre Unfähigkeit sich in einem größeren Klassenverband am Unterricht zu beteiligen. Andererseits ist der intellektuelle Leistungsstand bei einem großen Teil der Autisten über dem Niveau der Grund- und Hauptschule. Es sind also bei der Frage nach dem richtigen Schultyp zwei Gesichtspunkte zu beachten, die intellektuelle Leistung und das Gruppenverhalten.

Viele autistische Kinder scheitern in der Grundschule, wenn man sich überhaupt entschließt, sie in eine solche aufzunehmen. Ihr Problem ist dabei nicht selten weniger die Schwierigkeit, den Stoff zu verarbeiten, als ihr gesamtes Verhalten im Klassenverband. Sie nehmen keinen Kontakt zu den Mitschülern auf, werden dadurch beinahe zwangsläufig von diesen gehänselt oder geärgert. Sie wenden sich nicht der Lehrerin zu, sondern beschäftigen sich oft stereotyp mit unterrichtsfremden Gegenständen. Mindestens hat man den Eindruck, daß sie dies tun. Man ist manchmal erstaunt, hinterher zu bemerken, daß sie doch einiges vom Unterricht mitbekommen haben. Auf die Dauer wird die Lernsituation in einer Klasse von etwa 30 Schülern aber immer unbefriedigender. Wie soll ein solches Kind pädagogisch weiter gefördert werden?

Die beste Lösung wäre die Kombination von Einzelunterricht, Unterricht in einer Kleinstgruppe und im allgemeinen Klassenverband. Das setzt zweierlei voraus: Genügend Lehrer für solche Schüler und kompetente Lehrer, die im Umgang mit verhaltensgestörten, speziell autistischen Kindern geschult sind. Gelegentlich sind derartige Unterrichtsversuche vorübergehend praktiziert worden, so an einer Sonderschule für Lernbehinderte in Münster. Sie sind aber wegen der fehlenden Zuweisung von Lehrerstellen wieder eingestellt worden.

Einige wenige autistische Schüler gehen zur Sonderschule für Lernbehinderte über, da hier die Klassenfrequenz immerhin zwischen 12 und 20 liegt. Für viele von ihnen ist aber, unabhängig von ihrer intellektuellen Kapazität, auch diese Schülerzahl noch zu groß. Hier entspinnt sich dann der Streit zwischen den Eltern, die eine Schule mit einem niedrigeren intellektuellen Niveau für ihr Kind ablehnen, und der Schulbehörde. Sie argumentiert, für dieses Kind sei die Klasse mit etwa 6 Schülern und einem Lehrer plus einer weiteren Betreuungsperson die optimale Lösung. Dieses Argument trifft nur zu, wenn die geistigen Leistungen des Kindes wirklich dem Niveau der Sonderschule für Geistigbehinderte entsprechen. Das ist manchmal nicht leicht zu beurteilen, weil sich viele autistische Kinder schwer, in einer einmaligen Sitzung oft überhaupt nicht testen lassen. Das kann bedeuten, daß sie in einer Schule mit höherem Niveau auch nicht funktionieren würden, muß es aber nicht. Deswegen muß in einem solchen Fall der Intellekt und die Möglichkeit, ihn weiterzuentwickeln, sehr sorgfältig geprüft werden. Am besten wird ein Tester hinzugezogen, der das Kind kennt, damit die Faktoren Angst und Abneigung gegen fremde Personen weitgehend ausgeschlossen werden.

Leider muß man es immer wieder erleben, daß ein Kind mit normaler oder nur wenig unterdurchschnittlicher Intelligenz doch in einer Geistigbehinderten-Schule landet, weil an dem betreffenden Ort einfach keine andere Schulmöglichkeit besteht.

In dieser Beziehung sind die Verhältnisse in anderen Ländern, vor allem in England und den USA besser. Kathleen Wagner-Riddiford hat über England 1978 berichtet:

„Laut einem Bericht der NSAC, erstellt 1977, gibt es in den 12 Schulen, die sie oder ihre Ortsverbände unterhalten, etwa 310 Plätze für autistische Kinder. . . Die staatlichen Schulen . . . bieten 672 Plätze in etwa 54 Einrichtungen (incl. Kleinkindschulen), alle speziell für autistische Kinder bestimmt“.

Ebenfalls 1978 hat Hanne Dierlich-Wilhelm über die Verhältnisse in den USA informiert:

„Seit dem 1. Juli 1975 ist z.B. jeder Schuldistrikt mit mehr als 8.000 Schülern verpflichtet, autistische Kinder im Alter von 5 bis 18 Jahren im Sonderschulprogramm aufzunehmen bzw. Spezialklassen für sie einzurichten. Bis zum September 1980 sollen Jugendliche bis zum Alter von 21 Jahren mit eingeschlossen sein. Eine Herabsetzung der unteren Altersgrenze für das Schulrecht autistischer Kinder auf 3 Jahre ist vorgesehen“.

Über ein besonders positives Erziehungszentrum in Kalifornien hat Vera Bernhard-Opitz 1983 Auskunft gegeben.

„Hier unterrichten – Leiterin, eine Psychologin – 6 Sonderschullehrer, 12 Lehrerassistenten, eine Elterntrainerin, eine Sprachtherapeutin, eine sensomotorische Therapeutin und ein Kinder- und Jugendpsychiater (letzterer teilzeitlich); um fortlaufende Einzeltherapie zu ermöglichen, sind ca. 25 – 30 angelernte Freiwillige (meist Studenten) in den Unterricht einbezogen“.

In Deutschland gibt es nur wenige Spezialschulen für autistische Kinder. Das liegt z.T. daran, daß man sich darüber gestritten hat, ob die Spezialschule überhaupt der richtige Weg sei, autistische Kinder optimal zu unterrichten.

Man sah und sieht in der Isolierung von anderen Schülern ein ernstes Problem, was nicht zu bestreiten ist. Deswegen ist es, wie bereits erwähnt, am günstigsten, Spezialklassen für autistische Kinder an anderen, am besten an Sonderschulen für Lernbehinderte, einzurichten. Das Dilemma in der Wahl des richtigen Schultyps, bzw. der richtigen Klasse ist folgendes: Faßt man alle autistischen Kinder einer bestimmten Region in einer Spezialschule zusammen, so wird man hier auf die Dauer die für diesen Unterricht am besten geeigneten, nämlich gut ausgebildete und erfahrene Lehrer bekommen. Man wird auch nach der Räumlichkeit und dem Arbeitsmaterial die günstigsten Bedingungen schaffen können. Die Isolierung in der Schule könnte dadurch gemildert werden, daß man den Kindern außerhalb der Schule genügend Umgang mit Gleichaltrigen ermöglicht. Die negative Seite der Isolierung in der Spezialschule wird bei angegliederten Klassen an eine andere Schule vermieden. Hier wird es aber zweifellos schwieriger sein, kompetente Lehrpersonen anzustellen. Denn für die vielen Schulen, an denen man zusätzliche Kleinklassen für autistische Kinder angliedern müßte, wird man kaum eine ausreichende Zahl von Lehrern finden, die Erfahrung mit dem autistischen Syndrom haben und denen hierfür hilfreiche pädagogische Methoden zur Verfügung stehen. Das gleiche Argument gilt für das integrative Schulmodell. Es wird vor allem von G. Feuser (1988) propagiert. Hier sollen behinderte und nichtbehinderte Kinder grundsätzlich gemeinsam unterrichtet werden.

In diesem Zusammenhang muß noch das älteste Schulprojekt in der BRD, das „kompensatorische Programm für autistische Kinder" in Bremen erwähnt werden (H. Cordes, 1983, 1988). Bereits 1972 haben sich dort einige Autisteneltern zusammengetan, um eine Spezialschule für ihre Kinder zu gründen. 1976 wurde daraus das „Bremer Projekt. Sonderklasse für autistische Kinder". Hier wurde viele Jahre in einem zur Verfügung gestellten Gebäude nach lerntheoretischen Gesichtspunkten einzeln und in kleinen Gruppen unterrichtet. Nach diesem Konzept wird in Bremen auch heute noch gearbeitet.

Die Auseinandersetzung um den besten Schultyp wird sich kaum durch eine grundsätzliche Empfehlung lösen lassen. Alle drei Konzepte, die einzelne Spezialschule, die Sonderschule mit Autistenklasse und die integrative Schule haben ihre Vorzüge. Welcher Art der Beschulung autistischer Kinder man den Vorzug gibt, sollte nach den örtlichen Gegebenheiten und nach dem Angebot an geeigneten Pädagogen entschieden werden. In den angelsächsischen Ländern haben sich die Spezialschulen bewährt. Sie kommen vor allem für Ballungsräume in Frage, wo viele autistische Kinder in erreichbarer Nähe leben. Die Tatsache, daß man sich um einen geeigneten Schultyp streitet, sollte nicht auf dem Rücken der Betroffenen ausgetragen werden, die jahrelang darauf warten müssen – wenn überhaupt – in angemessener Form unterrichtet zu werden. Daß es sich lohnt,ihnen ein spezielles pädagogisches Angebot zu machen, haben inzwischen zahlreiche Erprobungen und z.T. jahre- bis jahrzehntelange Erfahrungen im In- und Ausland gezeigt.

4. Sexualität

Da ein großer Teil der autistischen Kinder und Jugendlichen körperlich gesund ist, entwickeln sich die Genitalien normal. Wenn dies nicht der Fall ist, so hängt das mit einer möglichen Begleitkrankheit, z.B. einer Chromosomenstörung, zusammen und hat mit dem eigentlichen Autismus nichts zu tun. Die körperlichen Funktionen der Geschlechtsorgane laufen also meist altersentsprechend ab oder treten etwas verzögert ein.

Wie andere Kinder auch, beginnen viele Autisten zu masturbieren. Für sie hat jedoch die genitale Stimulation eine größere Bedeutung, da sie wegen ihrer Isolation stärker auf Selbststimulation angewiesen sind, die ja für sie manchmal fast der einzige Lustgewinn ist. Gegen die Masturbation autistischer Kinder, Jugendlicher und Heranwachsender ist vom gesundheitlichen Standpunkt im Grunde nichts einzuwenden. Problematisch wird sie nur, wenn sie sich exzessiv und vor Partnern in der Öffentlichkeit abspielt.

Sexuelle Tabus sind ein nicht wegzudenkender Bestandteil unseres sozialen Lebens. Es läßt sich darüber streiten, in welchem Umfang sie notwendig sind, sie gehören aber zum menschlichen Verhaltensrepertoire, das ihn vom Tier unterscheidet. Es entwickelt sich also beim Kind normalerweise, wohl vorwiegend als Produkt der Erziehung das, was man Schamgefühl nennt. Die Schwierigkeit autistischer Menschen, soziale Situationen richtig zu durchschauen, ist wohl der Grund dafür, daß bei ihnen das Schamgefühl kaum vorhanden ist. A. Bier aus unserem Team hat bei einer soeben fertiggestellten empirischen Studie (1989) mit 51 Probanden, die auf einer Elternbefragung beruht, u.a. festgestellt, daß das Schamgefühl sehr häufig fehlt. Sie masturbieren völlig ungeniert in der Öffentlichkeit und/oder berühren die Genitalien von Partnern. Damit erregen sie natürlich Anstoß. Da das Kind und die/der Jugendliche so gut wie möglich sozial integriert leben soll, ist die Einschränkung der Masturbation auf den jeweiligen Intimbereich auch ein Therapieziel. Die mit der Geschlechtsreife zusammenhängenden Vorgänge als solche sind nach unseren Erfahrungen bei autistischen Jugendlichen kein sehr ernstes Problem. So gelingt es meistens ohne größere Schwierigkeiten, Mädchen auf die zu erwartende Menstruation vorzubereiten. Die Intimpflege muß bei ihnen allerdings wie bei anderen Behinderten intensiver eingeübt werden.

Ein anderes Thema ist die Problematik der erotischen und sexuellen Partnerbeziehungen. Hier haben Jugendliche und Heranwachsende wegen ihrer Kontaktstörung meist große Schwierigkeiten. Bei ihnen zeigt sich häufig ein starkes Zärtlichkeitsbedürfnis, bei dem es oft zweifelhaft ist, ob es mit Sexualität etwas zu tun hat. Es ist häufig wenig gezielt und richtet sich nicht auf einen Partner des anderen Geschlechts. Normale heterosexuelle Beziehungen kommen nur selten zustande. Das liegt u.a. auch an den besonderen Situationen, in denen diese jungen Menschen leben, nämlich in der Sonderschule, in Heimen oder in Gruppen mit anderen Behinderten. Es kommt, wenn auch selten vor, daß solche junge Autisten sich schon nach einem/einer Partner(in) sehnen, aber den/die geeigneten Partner(in) nicht finden oder von diesem/dieser abgewiesen werden.

Ob und in welchem Umfang autistische Menschen sexuelle Beziehungen haben sollen, ist schwer zu entscheiden. Man muß dabei unbedingt an die Folgen, an eine Schwangerschaft denken. Welche psychische Belastung bedeutet sie für eine junge autistische Frau? Was soll aus dem Kind werden, das sie selbst sicher nicht wird großziehen können? Ist die Fortpflanzung aus eugenischen Gründen erwünscht? Auf diese und damit verbundene Fragen, z.B. die einer eventuellen Sterilisation wird später (S. 114) noch eingegangen.

XII. Juristische Fragen

Das autistische Kind steht in jeder Beziehung unter dem Schutz seiner Eltern. Sie haben wie bei allen anderen Kindern das Recht und die Pflicht, sich um das leibliche und seelische Wohl ihrer Kinder zu kümmern. Die Situation kann problematisch werden, wenn das Kind zum Heranwachsenden – juristisch 18–21 Jahre – und Erwachsenen geworden ist. Der mit 18 Jahren mündig Gewordene kann in jeder Beziehung über sich selbst entscheiden, vor allem darüber, wo er wohnt, welche Geschäfte er machen will, mit wem er verkehren oder wen er eventuell heiraten will, ob und von wem er ärztlich behandelt werden will u.ä.

1. Geschäftsfähigkeit

Nach deutschem Recht erreicht ein Mensch mit 18 Jahren die Volljährigkeit. Wenn er psychisch nicht gesund und normal ist, muß überlegt werden, ob es notwendig ist, etwas zu seinem Schutz, um den es rechtlich ausschließlich geht, zu unternehmen. Die Fragestellung kann sich bei allen Geistigbehinderten und/oder sonst stark psychisch Gestörten auftun und ist nicht autismusspezifisch.Welche Probleme sind es nun, die die Eltern eventuell zu einem juristischen Eingreifen drängen? Die erste Frage ist die nach dem *Aufenthaltsort*. Um irgendwelche Gefahren abzuwenden, z.B. sozialer Abstieg bis zur Landstreicherei oder in die Drogenszene, aber auch, um eine vielleicht notwendige ärztliche Behandlung durchzusetzen, müssen die Eltern – oder ein Vormund oder Gebrechlichkeitspfleger – bestimmen, wo sich der autistische Mensch, sei er geistig behindert oder nicht, aufhält. Bei jungen Frauen eher als bei Männern kann es notwendig sein, sie durch die Aufenthaltsbestimmung vor sexueller Promiskuität zu schützen. Andererseits kann es aber auch notwendig sein, geschäftliche Transaktionen, etwa Verschwendung von Geld, zu verhindern.

Viele Eltern, vor allem solche, deren Kinder geistigbehindert sind, lassen ihren Sohn oder ihre Tochter mit 18 Jahren entmündigen. Das geschieht nach §6, Abs. 1 BGB. Hier heißt es:

„Entmündigt kann werden, wer wegen Geistesschwäche seine Angelegenheit nicht zu besorgen vermag“.

Die Entmündigung gibt dem Vormund – es kann und sollte ein Elternteil sein – das Recht, über sein Mündel so zu bestimmen wie über ein Kind. Der

Antrag auf Entmündigung wird beim Vormundschaftsgericht gestellt. Da der Richter selten alleine über eine Entmündigung entscheiden wird, ist ein psychiatrisches Gutachten erforderlich. In ihm wird der Psychiater zu der Frage Stellung nehmen, ob die Entmündigung notwendig ist. Sie ist ein schwerer Eingriff in die Rechte der Persönlichkeit und sollte nur angestrebt werden, wenn wirklich zu befürchten ist, daß die volle Geschäftsfähigkeit ernste Gefahren heraufbeschwört. Falls die Vormundschaft nicht von einem Elternteil übernommen werden kann, ist es zweckmäßig, eine andere Person aus dem Verwandten- oder Bekanntenkreis auszusuchen. Denn sonst wird vom Jugendamt ein Amtsvormund bestellt, der meistens nicht genügend Zeit für ein einzelnes Mündel hat, da er oft über zahlreiche zum Vormund bestellt ist.

2. Gebrechlichkeitspflegschaft

Ein milderer Eingriff in die Rechte eines volljährigen Menschen ist die Bestellung eines Gebrechlichkeitspflegers nach §1910, Abs. 2 und 3 BGB:

(1.) Vermag ein Volljähriger, der nicht unter Vormundschaft steht, infolge geistiger oder körperlicher Gebrechen einzelne Angelegenheiten oder einen bestimmten Kreis seiner Angelegenheiten, nicht zu besorgen, so kann er für diese Angelegenheiten einen Pfleger erhalten.
(2.) Die Pflegschaft darf nur mit Einwilligung des Gebrechlichen angeordnet werden, es sei denn, daß eine Verständigung nicht möglich ist.

Da bei vielen autistischen Menschen, vor allem den geistig behinderten, Vermögensangelegenheiten eine untergeordnete Rolle spielen, wird der Kreis der Angelegenheiten die Verfügung über die Aufenthaltsbestimmung oder die Behandlung in Krankheitsfällen sein. Allein damit können viele Gefahren für den autistischen Menschen abgewendet werden. Welche Maßnahme der Fürsorge für den einzelnen behinderten Menschen in Frage kommt, muß individuell entschieden werden. Mindestens sollte bei jedem autistischen Menschen, der die Volljährigkeit erreicht, die Frage geprüft werden, ob Maßnahmen zu seinem Schutz oder dem der Familie erforderlich sind.

Das Entmündigungs- und Pflegschaftsrecht sind z.Z. Gegenstand von Reformmaßnahmen. Da die Konzeption dieser Gesetze bis 1900 zurückreicht, wird es Zeit, sie an die Gegebenheiten des heutigen Lebens anzupassen. Das ist am 1.2.1989 durch einen Beschluß der Bundesregierung geschehen. Das neue „Betreuungsgesetz" wird noch das Parlament passieren müssen. Vorgesehen ist eine persönliche, anstatt anonymer Betreuung, die weitgehend auf die Wünsche der Betroffenen eingehen soll.

Oben war davon die Rede, daß der Vormund über den Aufenthaltsort seines Mündels bestimmen kann. Wenn es darum geht, einen autistischen Menschen in einer Krisensituation in ein psychiatrisches Krankenhaus einzuweisen, so ist das auch ohne Entmündigung durch Unterbringungsgesetze („Psych.K.G.") in der BRD auf Länderebene möglich. Ein entsprechender Antrag kann von den Eltern oder anderen Angehörigen sowie nachträglich vom psychiatrischen Krankenhaus gestellt werden. Bei Protest des Untergebrachten muß ein Richter innerhalb von 3 Tagen entscheiden, ob die Einweisung notwendig war.

3. Sterilisation

Da sie in körperlicher Hinsicht meistens normal oder fast normal entwickelt sind, tritt auch bei autistischen Jugendlichen mit der Pubertät die Möglichkeit zum Sexualverkehr ein. Man nahm früher an, die Kontaktstörung würde hier ein starkes Hemmnis sein. Heute weiß man jedoch, daß heterosexuelle Beziehungen durchaus möglich sind und vorkommen. Das beinhaltet natürlich bei den Mädchen die Gefahr einer unerwünschten Schwangerschaft. Sie könnte zwar auch aus eugenischen Gründen problematisch sein, ist es aber sicher vor allem deswegen, weil ein autistisches Mädchen kaum in der Lage sein wird, ein Kind aufzuziehen und zu betreuen. Es ist daher verständlich, daß sich die Eltern Sorgen machen. Es ist über dieses Thema schon oft diskutiert worden. Es ist so vielfältig, daß es schwer fällt, den Eltern befriedigende Empfehlungen zu geben.

Bei manchen öffentlichen Diskussionen wird weniger die Frage der Sterilisation angesprochen, als die der Sexualität (Eva Gerhart, 1985). Die Sexualität hat bei behinderten Menschen nur insofern etwas mit einer eventuellen Sterilisation zu tun, als sexuelle Kontakte ohne die Befürchtung einer Schwangerschaft möglich wären. Hier liegt für leicht unterdurchschnittlich begabte Mädchen die Gefahr der Promiskuität oder sogar der Prostitution. Dieses Argument scheint mir für fast alle autistischen Mädchen und Frauen kaum eine Bedeutung zu haben. Denn sie stehen aufgrund ihrer psychischen Störung nie ganz selbständig im Leben. Sie werden immer von den Eltern, sonstigen Verwandten oder von Sozialarbeitern oder ähnlichen Personen so weit betreut, daß unerwünschte Promiskuität verhindert werden kann. Es geht bei der Diskussion um die Sterilisation also lediglich um zwei Fragen:

1. Soll dieser Eingriff zur Abwendung von Schwierigkeiten durch eine eventuelle Schwangerschaft vorsorglich vorgenommen werden? Und
2. Ist diese Operation mit ihren Folgen mit oder ohne Einwilligung der Betroffenen durchzuführen?

Zu 1. Die Sterilisation beeinträchtigt erotische Gefühle und sexuelle Handlungen nicht. Die Diskussion über dieses Thema, so interessant sie sein mag, kann bezüglich der Sterilisation also keine Erkenntnisse bringen. Es geht ausschließlich darum, wie man die Möglichkeit einer eventuellen Schwangerschaft in jedem Einzelfall beurteilt, wie man sich zu dem Eingriff stellt, der die Fortpflanzung für die Zukunft beendet. Hier können auch religiöse Gründe ins Spiel kommen. Bei diesen Überlegungen muß heute auch in Betracht gezogen werden, daß Empfängnisverhütung auch auf andere Weise, vor allem durch die Einnahme von Östrogenen – Antibaby-Pille – möglich ist.

Zu 2. Ein Teil der autistischen Mädchen und Frauen, besonders wenn sie geistig behindert sind, wird die Zusammenhänge zwischen Sexualität und Schwangerschaft nicht verstehen. Für sie kann die Sterilisation dann wohl auch keine Einschränkung der Persönlichkeit sein. Bei den Mädchen, mit denen man über diese Problematik sprechen kann, wird es erforderlich sein, ihnen den Eingriff der Sterilisation zu erklären und ihre Einwilligung einzuholen. Sind sie nicht dazu bereit, kann die Sterilisation nur gegen ihren Willen vorgenommen werden, wenn sie noch nicht mündig oder entmündigt sind. Zu einem solchen Schritt dürften sich Eltern und Vormünder wohl nur entschließen, wenn die Gefahr einer Schwangerschaft ganz erheblich ist. Das dürfte sehr selten der Fall sein. Hier hat man ja auch immer noch die Möglichkeit, die Antibaby-Pille zu geben. Aber auch das kann, juristisch gesehen, nicht gegen den Willen der Betroffenen geschehen.

Zusammengefaßt läßt sich sagen:Eltern oder Vormünder müssen bei autistischen Mädchen oder Frauen zwischen 4 Möglichkeiten entscheiden:

1. Nichts unternehmen; die Betroffenen ständig beschützen und hoffen, daß es nicht zur Schwangerschaft kommt.
2. Die Sterilisation vornehmen lassen.
3. Antikonzeptionelle Mittel wie Antibaby-Pille oder Intrauterin-Pessar anwenden.
4. Die Möglichkeit der Abtreibung in Kauf nehmen.

Diese Entscheidung zu treffen, ist sehr schwierig und kann nur ganz individuell getroffen werden. Manchmal scheint es mir, daß die Eltern unter diesen Problemen mehr leiden als das autistische Mädchen.

Über das Thema Sterilisation von Geistigbehinderten ist in der letzten Zeit kontrovers diskutiert worden. Das ist nach den schlimmen Vorkommen in der Nazizeit verständlich. Diese Fragen und eventuell zu erlassende neue gesetzliche Bestimmungen sollten sehr gut durchdacht sein und von allen Seiten beleuchtet werden. Man sollte dabei aber nicht außer Acht lassen, daß es heute ausschließlich um die Interessen der behinderten Menschen selbst und ihrer Familien geht und nicht wie in der Nazizeit um politische oder wirtschaftliche Belange. Deswegen erscheint jede Polemik unzweckmäßig.

4. Strafrecht

Es ist sehr unwahrscheinlich, aber nicht unmöglich, daß autistische Menschen Handlungen begehen, die gegen das Strafgesetzbuch verstoßen. Da ein Teil der Autisten geistig behindert ist, fällt er unter die Rubrik der Menschen, für die das Strafgesetzbuch wegen „Schwachsinns Schuldunfähigkeit", oder verminderte Schuldfähigkeit (§§20 und 21, StGB, früher §175, Zurechnungsunfähigkeit) vorsieht. Nach kriminologischen Erfahrungen kommen verschiedene Delikte, vor allem Diebstähle und dergleichen, aber auch aggressive Akte bis zu Kapitalverbrechen bei weniger stark intellektuell eingeschränkten Menschen – man nannte sie früher Debile – vor; allerdings sind sie sicher nicht häufiger als bei den sog. Vollsinnigen, den normal Begabten. Über Straftaten von Geistigbehinderten und sog. Debilen findet man in der Literatur, die sich mit diesem Thema aus der Sicht der sozialen und krankhaften Störung beschäftigt, kaum etwas. Wenn aggressive Geistigbehinderte Gegenstände zerschlagen, so wird kaum jemand auf die Idee kommen, einen Antrag auf Strafverfolgung nach §303 StGB wegen Sachbeschädigung zu stellen. Das gleiche gilt für die Folgen von Angriffen auf Personen, die bei intellektuell Normalen als Körperverletzung (§§223 bis 226 StGB) bestraft werden könnten. Mit diesem Problem werden die Betreuer von Geistigbehinderten fertig, ohne den Richter und Staatsanwalt einzuschalten, es sei denn, es kommt zu einer tödlichen Verletzung. Sollte das Gericht in einem solchen Falle doch einmal eingeschaltet werden, werden sicher die Voraussetzungen des §20 StGB anerkannt werden.

Wie steht es nun mit autistischen Menschen, die nicht geistig behindert sind? Über sie ist in der Autismus-Literatur meines Wissens außer einer Publikation, die ich selbst 1981 veröffentlich habe, nichts bekannt geworden. Diese Arbeit ist in der juristischen Zeitschrift: Monatsschrift für Kriminologie und Strafrechtsreform erschienen und deswegen von Autismus-Experten kaum gelesen worden. Hier hat ein damals 22jähriger Mann recht außergewöhnliche Handlungen begangen, die als strafbar angesehen werden: 8 mal Fahren in der Bahn ohne Fahrausweis; 6 Ladendiebstähle; 4 andere Diebstähle; 5 mal Raub, vor allem von Einkaufstaschen von Frauen; 3 Überfälle auf Mädchen; einmal Betrug. Bei diesem jungen Mann war mit 6 Jahren die Diagnose „frühkindlicher Autismus" gestellt worden. Sie konnte auch bei der jugendpsychiatrischen Begutachtung für das Gericht bestätigt werden. Es bestanden noch: eine schwere Kontaktstörung, eine eigenartige, geschraubte, wenig modulierte Sprache, die zeitweise wie Amtsdeutsch klang, Neigung zu Selbstgesprächen, motorische Stereotypien, Unempfindlichkeit gegen akustische und Kältereize, gelegentliche Ordnungszwänge, eine Perseverationsneigung. Besonders auffällig war die Gleichgültigkeit gegenüber den Gefühlen anderer Menschen, das Fehlen von Empathie. Von einem Mädchen sprach er als „die weitere Person".

Dieser junge Mann hatte einen sehr bewegten Lebenslauf. Er hat zunächst die Sonderschule besucht. Sein Spezialinteresse war die Geographie. Er beschäftigte sich viel mit Landkarten und Atlanten, war auf diesem Gebiet sehr gut informiert. Er erreichte schließlich mit 16 Jahren den Hauptschulabschluß. Eine Lehre als Fräser brach er bald ab. Nun begann für ihn eine wahre Odyssee des Herumreisens. Offenbar wollte er die ihm von seiner Beschäftigung mit der Geographie bekannten Orte persönlich kennenlernen. Er reiste mehrfach nach Berlin, in die DDR, in die Schweiz, in die Tschechoslowakei, nach Jugoslawien und schließlich sogar nach Kanada. Er lebte zeitweise wie ein Landstreicher, arbeitete gelegentlich als Kellner, Koch, Zeitungszusteller u.ä. Im Laufe dieses unsteten Lebens kam es zu den oben genannten kriminellen Handlungen. Sie waren einzeln gesehen vielleicht weniger schwerwiegend, führten jedoch durch ihre Häufung (27 Delikte innerhalb gut zwei Jahren) zur Anklage durch Staatsanwälte an verschiedenen Orten.

Als ich ihn zum ersten mal zur jugendpsychiatrischen Untersuchung sah, saß er in einem Gefängnis der höchsten Sicherheitsstufe. Er schien sich dort allerdings ganz wohl zu fühlen, denn er wünschte die Isolierung. Der junge Mann verstand durchaus die juristischen Zusammenhänge. Er wollte nicht exkulpiert werden, sondern lieber eine Strafe absitzen. Er hatte eigentlich keine Einsicht, daß er etwas Strafbares getan hatte, erklärte alles aus den Umständen; die beraubten Frauen und angegriffenen Mädchen täten ihm gar nicht leid. Aus forensisch-psychiatrischer Sicht wurde dieser Autist zunächst nach §105 JGG als Jugendlicher beurteilt, obwohl er bei der Begehung der meisten inkriminierten Handlungen über 18 Jahre alt, also Heranwachsender war. Er wurde schließlich – eigentlich gegen seinen Willen – als schuldunfähig (§20 StGB) bezeichnet.

5. Sozialrechtliche Fragen

Im Kapitel über Soziales (S. 105) wurde über verschiedene Maßnahmen zur Behandlung und Betreuung gesprochen. Es wäre nun noch zu erörtern, wie sie praktisch durchgeführt, vor allem bezahlt werden. Alle ärztlichen Leistungen, sowohl die diagnostischen als auch therapeutischen, werden von den *Krankenkassen* getragen. Schwierigkeiten könnten höchstens auftreten, wenn sich eine Therapie über viele Jahre erstreckt. Aber auch dann läßt sich durch entsprechende begründete Anträge meist eine Verlängerung erzielen.

Die längerdauernde Therapie und Betreuung durch eine Spezialeinrichtung, wie z.B. durch eine Ambulanz „Hilfe für das autistische Kind“ wird auf Antrag vom *Sozialamt* bezahlt. Hierzu ist es im allgemeinen notwendig, daß ein Experte, wohl am besten ein Kinder- und Jugendpsychiater die Notwendigkeit bescheinigt. Da bei diesen Einrichtungen meist keine Ärzte tätig sind, sind die Krankenkassen nicht verpflichtet, die Kosten zu tragen.

Es gibt noch ein paar andere Probleme, aufgrund derer Eltern autistischer Kinder gezwungen sind, Behörden und Ämter aufzusuchen. Neben der Bezahlung therapeutischer und heilpädagogischer Maßnahmen stehen den Familien noch andere Sozialleistungen zu: Das autistische Syndrom gilt im Allgemeinen als *schwere Mehrfachbehinderung*, die eine besonders intensive Betreuung erfordert. Häufig sind die Eltern „rund um die Uhr" mit ihrem autistischen Kind beschäftigt, können es keinen Augenblick aus den Augen lassen. Das bedeutet, daß sie Anspruch auf Pflegegeld mit einem erhöhten Pflege- und Betreuungsaufwand haben. Die Erwerbsminderung wird bei dieser schweren Mehrfachbehinderung meist auf 100 % geschätzt. Alle diese Feststellungen müssen den Versorgungs- und Sozialämtern gegenüber durch ärztliche Gutachten – meist durch einen Kinder- und Jugendpsychiater – erläutert werden. Weitere Vergünstigungen, die von Ämtern erreicht werden können, sind Ausweise für Schwerbeschädigte, Geld zum Ersatz von Kleidung, die von Autoaggressiven zerrissen wird, von zerstörtem Mobilar etc.

Aus alledem ergibt sich, daß Eltern neben der medizinisch-psychiatrisch-psychologischen Beratung auch juristischen Rates bedürfen. Nicht selten müssen sie einen Rechtsanwalt aufsuchen, um Behörden gegenüber ihre Rechte durchzusetzen. Im Allgemeinen wird es aber genügen, sich durch Sozialarbeiter und Sozialpädagogen informieren zu lassen. Alle diese Fragen sind durch das Bundes-Sozialhilfe-Gesetz (BSHG) geregelt.

XIII. Therapie

Wer sich mit dem Thema „kindlicher Autismus" beschäftigt, ohne persönlich, etwa als Eltern, betroffen und dadurch mit dem Problem zwangsläufig konfrontiert zu sein, der kann eigentlich nur – wie die Eltern selbstverständlich auch – das eine Ziel haben, autistischen Menschen jeden Alters zu helfen. Alle bisherigen Ausführungen in diesem Buch haben im Grunde nur den Sinn gehabt, Hilfsmittel zu finden, wie man das gestörte Verhalten positiv beeinflussen kann, aber gleichzeitig das körperliche und seelische Befinden der Autisten bessert.

Unter dem Oberbegriff Therapie sollen hier alle Maßnahmen subsummiert werden, die geeignet sind, auf das autistische Syndrom positiv einzuwirken, seien sie psychotherapeutischer, pädagogischer, heilpädagogischer oder medizinischer Art. Wenn anfangs einige Mühe aufgewandt wurde, das Syndrom zu beschreiben und eine Diagnose zu stellen, so vor allem deswegen, weil wir wissen müssen, was wir behandeln sollen. Vor jeder Therapie sollte eine möglichst präzise Diagnose stehen, denn nur so können – was unbedingt erwünscht ist – spezifische Behandlungsmethoden angewandt werden. Die gute diagnostische Einordnung dient aber auch dazu, daß sich Experten über das Erscheinungsbild verständigen können. Geschähe dies nicht, wüßte man gar nicht, welche Behandlungsmethode bei welcher Verhaltensstörung oder Krankheit am ehesten Aussicht auf Erfolg verspricht.

Aber auch die Ursachenforschung hat selbstverständlich das Ziel, den betroffenen Menschen zu helfen. Das muß, da bekannt ist, daß mehrere Ursachen gleichzeitig und nebeneinander wirksam sind, vielschichtig geschehen. Hier werden die Maßnahmen vielfach darin bestehen, bestimmte Dinge, etwa in der Erziehung und Betreuung oder der Ernährung zu vermeiden.

Wie u.a. in dem Kapitel „Verlauf" (S. 86) ausgeführt wurde, können die therapeutischen Erwartungen nicht zu hoch geschraubt werden. Dennoch glaube ich, daß bei *jedem* autistischen Menschen jeglicher Altersklasse durch gezielte Behandlungsmaßnahmen etwas zum Positiven zu verändern ist. Die zweifellos nicht seltenen therapeutischen Mißerfolge sagen nicht aus, daß in dem speziellen Fall gar nichts zu machen sei, sondern nur, daß mit der angewandten Methode kein Erfolg erzielt wurde. Das kann auch an einer diagnostischen Fehleinschätzung liegen oder daran, daß die zweckmäßigste Behandlungsmethode nicht bekannt ist oder aus praktischen Gründen nicht durchgeführt werden kann.

Ich halte den vielfach geäußerten therapeutischen Defätismus – eine spezielle Therapie des Autismus gäbe es nicht – für verfehlt. Das gleiche läßt sich, wenn man den Gesamtverlauf betrachtet, von manchen anderen körperlichen und psychischen Krankheiten sagen, etwa von den bösartigen Geschwülsten, aber dennoch wäre es unverantwortlich, wenn man solche Menschen ohne Hilfe lassen, im Falle der psychischen Krankheit die Betroffenen nur „verwahren“ würde.

Beim Autismus und den geistigen Behinderungen kann man sich auf den Standpunkt stellen, eine Therapie sei nicht erforderlich, weil der Behinderte, so wie er ist, vielleicht ganz glücklich sei. Die Frage, wer glücklich ist und wie man glücklich sein kann, ist eine philosophische. Sie kann hier nicht gelöst werden. Es scheint mir jedoch nicht so verkehrt zu sein, wenn man in unserem Kulturkreis die Auffassung vertritt, daß es gewisse Vorteile hat, an den „Segnungen“ der Zivilisation und der Kultur teilzunehmen. Also werde ich alles tun, um dem autistischen Menschen zu helfen, ein nach unseren Maßstäben möglichst normales Leben zu führen.

Aber noch ein anderes Argument spricht gegen ein therapeutisches Laisser-faire: Der autistische Mensch lebt in einer Gemeinschaft, das Kind – als Behinderter so lange wie möglich – in einer Familie. Je schwerer behindert es ist, um so größer die Sorge der Eltern, um so mehr stört Fehlverhalten das Familienleben, zu dem selbstverständlich auch die Geschwister gehören. Deswegen sollte jede therapeutische und pädagogische Maßnahme recht sein, die die häusliche Situation verbessert.

Eine schwierige Frage in diesem Zusammenhang ist noch die, welche therapeutische Maßnahme man moralisch vertreten kann. Man kann die kleinen autistischen Kinder und auch die meisten Ältergewordenen nicht fragen, ob sie mit einer bestimmten Therapieform einverstanden sind. Diese Entscheidung liegt immer bei den Erwachsenen, juristisch bei den Eltern, sachlich gesehen bei den Experten. Diese Problematik ist im Grunde nichts besonderes, denn sie trifft auch für die Behandlung körperlicher Krankheiten zu. Die Eingriffe, die ein Kinderarzt oder erst recht ein Kinderchirurg vornehmen muß, sind für den kleinen Patienten höchst unangenehm, vor allem deshalb, weil er die Zusammenhänge nicht richtig verstehen kann. Im Falle der körperlichen Krankheit hilft dem Arzt aber das Argument, er müsse mit dem Eingriff das Leben retten, oder ernste Gefahren für die Zukunft abwenden. Ob dies nicht auch mit einer weniger eingreifenden Methode möglich sei, läßt sich meist schwer prüfen.

Bei den Verhaltens- und Gesundheitsstörungen des autistischen Kindes leuchtet die Mehrzahl der angewandten Behandlungsverfahren als nützlich ein. Dennoch muß man sich manchmal fragen, ob eine bestimmte Maßnahme, die mit sehr viel Mühe für alle behaftet ist, das Kind psychisch normaler macht. Es gibt gelegentlich Behandlungsschritte, die mehr dem Ehrgeiz der Eltern entspringen, als daß sie das Kind wirklich weiter brächten. Vom Standpunkt des Arztes und wohl auch des Pädagogen muß jedoch alles unternommen werden, wenn ein Chance zur Besserung besteht. Eine Einschränkung gibt es jedoch: Die Behandlungsmaßnahme ist für den Patienten nicht zumutbar. Das sind im Zusammenhang mit dem autistischen Syndrom in erster Linie aversive Verfahren der Verhaltenstherapie, also z.B. die Anwendung von Schmerzreizen bei Autoaggressionen (S. 160). Hier muß der Therapeut in ganz extremen Einzelfällen abwägen, wie er sich verhalten soll.

Auch bei der sog. Festhaltetherapie (S. 131) ist ein Streit entbrannt, ob das bis zu stundenlange Halten des Kindes gegen dessen Willen nicht Schaden anrichten könnte (F. Burchard, 1987). In allen diesen Fällen muß der Therapeut m.E. flexibel sein. Jede Polemik mit Argumenten aus anderen Lebensgebieten sollte man vermeiden. Der Therapeut muß in jedem Einzelfall abwägen, welches Rechtsgut überwiegt. Ist mit großer Wahrscheinlichkeit zu erwarten, daß eine bestimmte Maßnahme – etwa das Festhalten – einen Durchbruch zum Positiven im Verhalten und Befinden des Kindes bringen wird, so sollte man ihm auch gewisse vorübergehende Unannehmlichkeiten zumuten. Auch das gesunde normale Kind ist in seiner Entwicklung Belastungen ausgesetzt. Auch hier muß man sich manchmal fragen, ob eine 20stündige Flugreise in einen anderen Kontinent für einen 6 Monate alten Säugling oder pro Tag 80–90 Tiefflüge über das Wohnhaus – bei sonnigem Wetter! – für ein Kleinkind zumutbar sind.

Die Nützlichkeit einer Behandlungsart hängt stark mit der Persönlichkeit und den Erfahrungen des Therapeuten zusammen. Jeder Einzelne wird bestimmte Verfahren bevorzugen, die er sich im Laufe der Zeit – aus welchen Gründen auch immer – angeeignet hat. Diese Tatsache hat zwei positive Effekte: 1. wird die Methodik gut beherrscht und 2. hilft der Glaube an die Richtigkeit des Handelns – vor allem auch wenn er von den Eltern geteilt wird – mit. Nicht nur bei den Medikamenten sondern in starkem Grade auch bei jeder Psychotherapie gibt es einen Placeboeffekt. Therapeuten und Eltern, die von der Zweckmäßigkeit der Behandlung überzeugt sind, verhalten sich dem Kind gegenüber ganz anders als solche, die an der Richtigkeit der Therapie zweifeln.

Die Therapie des autistischen Syndroms gibt es nicht. Man wird sich sicherlich nicht mit *einer* Methode zur Besserung der Symptomatik begnügen, sondern versuchen, den ganzen Menschen, das autistische Kind, mit den Mitteln, die über die Psyche wirken und evtl. mit solchen, die den Körper beeinflussen, zu behandeln. Das eine schließt das andere nicht aus. Es ist vor allem wichtig, nach ausführlicher Diagnostik einen gut durchdachten, ausgewogenen Behandlungsplan zu erarbeiten. Er richtet sich natürlich nach den örtlich vorhandenen Möglichkeiten und muß für das Kind, für die Eltern und für den oder die Therapeuten(in) zumutbar sein. Die Erfolge oder Mißerfolge müssen monatelang kontrolliert werden. Zu viele gleichzeitige Maßnahmen – Polypragmasie nach ärztlicher Nomenklatur –, aber auch zu rascher Wechsel der Behandlungsarten müssen unbedingt vermieden werden.

1. Ziele der Therapie

Die im ersten Kapitel dieses Buches erörterte Verhaltensweisen autistischer Kinder und Jugendlicher gelten als abnorm und krankhaft. Das Ziel einer Therapie muß es also sein, hier Veränderungen herbeizuführen. In Tabelle 7 wurden die Behandlungsziele, auf die autistische Symptomatik abgestimmt, zusammengestellt. Welche Ziele im Einzelfall ins Auge gefaßt werden sollen, hängt u.a. von der Ausprägung des Syndroms und vom Alter ab. Das gleiche gilt für die Frage, welche Erwartungen und Hoffnungen man in die geplanten therapeutischen Maßnahmen setzen kann.

Tabelle 7. Ziele der Autismus-Therapie

Ziele zum Normalen
1. Kontakt zu Gleichaltrigen
2. Aufgabe der Isolation
3. Gruppenfähigkeit (z.B. in der Schule)
4. Selbständigkeit (An- und Ausziehen, Waschen, Trocken- und Saubersein etc.)
5. Normale, auch kommunikative Sprache
6. Zeichensprache
7. Angepaßtheit zu Hause
8. Angepaßtheit außer Haus
9. Gutes Spiel- und Arbeitsverhalten
10. Intellektueller Fortschritt
11. Kulturtechniken
12. Schulbesuch und Berufsausbildung
13. Berufliche Tätigkeit
14. Vermeidung von Heimunterbringung im Kindesalter
15. Leben in einer Gruppe

Welche Hindernisse den Therapiezielen entgegenstehen, zeigt Tabelle 8. Die hier zusammengestellten Verhaltensstörungen wurden nach dem lerntheoretischen Ansatz in Exzesse und Defizite eingeteilt, d.h. die durch die Behandlung angestrebte Veränderung besteht sowohl im Abbau von irgendwelchen Störungen als auch im Aufbau nicht oder zu gering vorhandener Verhaltensweisen.

Tabelle 8. Hindernisse der Autismustherapie

Was verhindert normales Verhalten	
Verhaltensexzesse (sind abzubauen)	*Verhaltenslücken* (Aufbau notwendig)
1) Unruhe	1) Isolation, Rückzug
2) Stereotypien	2) zu wenig Kontakt mit Mitmenschen
3) Aggressivität	3) Antriebsmangel, Apathie
4) Autoaggressivität	4) Sprachmängel
	a) im Sprachverständnis
	b) im Wortschatz, Grammatik
	c) der Sprachkommunikation
5) Zwangsrituale	5) mangelnde Selbständigkeit
6) Einnässen, Einkoten	6) mangelndes Spiel- und Arbeitsverhalten
	7) Unkonzentriertheit
	8) sensorische Mängel

2. Geeignete und zuständige Therapeuten

Die nächste Frage ist: wer ist für die Therapie autistischer Kinder und Jugendlicher geeignet und zuständig? Die Erstbeschreiber des autistischen Syndroms Kanner und Asperger waren Kinderpsychiater bzw. Pädiater. Auch an der weiteren Autismusforschung waren zahlreiche Personen dieser Berufssparte beteiligt. Der Kinder- und Jugendpsychiater bzw. der Pädiater sollten also auch die Instanz sein, die die Diagnose stellt und die Therapie einleitet, sowie auch durchführt, soweit sie zu diesen Fachgebieten paßt und die äußeren Bedingungen es zulassen.

Psychologen

Zum Aufspüren des Syndroms, aber auch für die Behandlung, soweit sie nicht medizinisch ist, sind die Psychologinnen und Psychologen kompetent. In der Forschung haben viele dieser Berufsgruppe Behandlungsverfahren entwickelt und angewandt; andere haben reiche Erfahrungen auf diesem Gebiet gesammelt.

Pädagogen und andere Therapeuten

Da bei autistischen Kindern Lernen und Erziehen eine wichtige Rolle spielen, sind Pädagogen, vor allem Sonderpädagogen auch im Zusammenhang mit der Therapie gefordert. Eine wichtige Aufgabe haben hier aber Heilpädagogen, Sozialpädagogen, Beschäftigungstherapeuten, Logopäden, Musiktherapeuten und Erzieherinnen, denen noch Krankengymnastinnen, Motopädinnen und ähnlich Ausgebildete hinzuzufügen wären.

Alle diese Berufszweige sind es, die die eigentliche therapeutische Arbeit mit den Kindern, Jugendlichen, aber auch Erwachsenen einzeln und in Gruppen auszuführen haben. Die meisten von ihnen bringen von ihrer Ausbildung her gute Voraussetzungen für die Behandlung und/oder Betreuung derartig Behinderter mit. Ihre Ausbildung allein macht sie dafür aber sicher noch nicht kompetent genug.

Zu fordern ist daher eine längere persönliche Erfahrung mit autistischen Menschen; denn es genügt nicht, während des Studiums ein paar Autisten gesehen zu haben. Die relative Seltenheit des Syndroms bewirkt, daß sicher nicht jeder in diesen sozialen Berufen Ausgebildete während des Studiums in genügender Weise mit dem Problem Autismus und seiner Behandlung konfrontiert wird.

Co-Therapeuten

Zu diesen verhältnismäßig zahlreichen von Berufs wegen mit Autismus Befaßten kommt dann noch die Gruppe der Co-Therapeuten hinzu. Dies sind in erster Linie die engeren Bezugspersonen, also die Eltern, manchmal auch die Geschwister. Ohne sie geht bei der Autismustherapie nichts. Das gilt natürlich vor allem für die in der Familie lebenden autistischen Kinder und Jugendlichen – das sind bei weitem die meisten –, aber auch für die in Heimen befindlichen; auch sie sollen den Kontakt zu den Eltern nicht verlieren.

3. Ort der Therapie

Das nächste Problem ist der Ort der Therapie. Hier ist zunächst die Frage stationär, teilstationär oder ambulant zu erörtern. Für alle drei Möglichkeiten gibt es positive und negative Aspekte, die von der Einzelsituation des Kindes oder Jugendlichen abhängen.

Beim stationären oder internatsmäßigen Aufenthalt liegt der Hauptvorteil in der Entlastung der Familie. Es gibt unter den autistischen Menschen jeder Altersstufe zweifellos etliche, die für eine Familie unter den üblichen Bedingungen eines städtischen Lebens nicht tragbar sind. Hier schlagen manchmal alle noch so liebevollen und intensiven Bemühungen der Eltern fehl. Diese sind völlig überfordert, verzweifelt und am Ende ihrer Kräfte. Auch die Geschwister leiden in solchen Fällen übermäßig.

Hier wäre die stationäre Behandlung in einer kinder- und jugendpsychiatrischen Klinik die beste Lösung, wenn solche Einrichtungen genügend Kapazitäten, besonders auf dem personellen Sektor hätten. Leider können auf den entsprechenden Stationen meist nur ein bis zwei autistische Patienten über Wochen bis Monate behandelt werden. Es fehlen auch Einrichtungen für eine spezielle Krisenintervention. Die staatlichen und sonstigen zur Aufnahme verpflichteten jugendpsychiatrischen Einrichtungen sind für den speziellen Fall der Krisenintervention bei einem dekompensierten, evtl. schwer autoaggressiven Autisten personell kaum eingerichtet. Hier bleibt oft nur die intensive medikamentöse Ruhigstellung oder sogar die körperliche Fixierung. Sie sind ohne psychotherapeutische und heilpädagogische Maßnahmen wenig hilfreich.

Ein anderes Argument für die internatsmäßige Unterbringung eines Autisten ist der Gedanke an seine oder ihre Zukunft. Irgendwann einmal werden die Eltern, wenn eine Selbstversorgung nicht möglich oder unwahrscheinlich ist, die weitere Betreuung nicht mehr leisten können. Deswegen sollte bei Jugendlichen oder Heranwachsenden daran gedacht werden, wo sie in Zukunft leben werden. Grundsätzlich bin ich mit Rutter (1985) der Meinung, daß autistische Kinder und Jugendliche so lange wie möglich im Elternhaus bleiben sollten, wenn es die äußeren Umstände gestatten. Eltern, die ihr Kind und seine pathologischen Besonderheiten von der Säuglingszeit an kennen, sind sicher die besten Betreuer ihrer Kinder. Zu ihnen besteht vom Kleinkindalter an eigentlich immer Kontakt. Auch Geschwister sind oft ausgezeichnete Betreuer ihrer autistischen Brüder und Schwestern. Das hat Beckmann (1982) aus unserem Team bei einer Untersuchung von 105 Familien mit autistischen Kindern festgestellt. Das Problem dabei ist nur, wieviel man den Geschwistern in dieser Beziehung zumuten kann, ohne sie in ihrer eigenen Entwicklung zu gefährden.

Die Möglichkeit, heranwachsende und erwachsene Autisten in Heimen unterzubringen, die speziell diesem Zweck dienen, hat in den letzten Jahren einige erfreuliche Ansätze gezeitigt. Eine intensive Weiterentwicklung auf diesem Gebiet ist jedoch dringend erforderlich.

Für bei weitem die größte Zahl der autistischen Kinder und Jugendlichen wird die ambulante Therapie am zweckmäßigsten sein. Sie hat die Vorteile der weiteren Integration in die Familie und der intensiven Cooperation derselben. Sie ist sicher aber auch viel besser für den einzelnen Autisten, der lieber in der gewohnten Umgebung lebt und die Änderung des Wohnortes und der Bezugspersonen schwer verkraftet. Ambulante Therapie ist aber wohl auch finanziell ökonomischer.

Welche Personen für die ambulante Behandlung geeignet sind, wurde schon oben erläutert. Sie befinden sich vor allem in Frühförderstellen und in Therapiezentren, die in erster Linie von den Elterninitiativen „Hilfe für das autistische Kind" eingerichtet wurden. Hier steht im allgemeinen ein kompetentes Team zur Verfügung, welches nach der individuellen Analyse ein Therapieprogramm entwickeln und in die Tat umsetzen kann. Selbstverständlich bieten auch kinder- und jugendpsychiatrische Kliniken sowie sozialpädiatrische Institutionen solche Therapien an; sie werden dort aber meistens nur für einen begrenzten Zeitraum, evtl. als Einleitungsphase zur Verfügung stehen.

Besonders wichtig bei jeder ambulanten, aber auch bei teilstationärer Therapie ist es, die Eltern, wenn möglich die ganze Familie, in die Behandlung mit einzubeziehen. Die Eltern müssen über alles gut informiert sein und Anleitung erhalten, wie sie mit dem Mädchen oder Jungen zu Hause umgehen sollen. Deswegen sollte sich die Therapie sowohl in der Einrichtung als auch zu Hause, in der Schule oder in der Tagesstätte mit den dortigen Lehrern oder Betreuern gemeinsam abspielen.

4. Behandlungsmethoden

Wie bereits gesagt, gibt es viele Möglichkeiten, das autistische Syndrom therapeutisch anzugehen. Die ideale Lösung wäre eine wirklich ursächliche Behandlung, d.h. Maßnahmen, die den oder die Kausalfaktoren an der Wurzel angehen. Wenn man, wie etwa bei der Phenylketonurie (PKU), einen Enzymdefekt kennen würde, könnte man so wie bei dieser erblichen Krankheit durch eine bestimmte Diät verhindern, daß giftige Stoffwechselprodukte im Gehirn Schaden anrichten. Da auch psychische Traumen, also nicht zu verkraftende Erlebnisse in den frühesten Lebensstadien nicht als eigentliche Ursache des autistischen Syndroms anerkannt werden können, scheint es wenig sinnvoll, durch eine analytische Psychotherapie allein an den Wurzeln der Störungen zu operieren.

a) Lerntheoretisch begründete Verfahren

Der am meisten einleuchtende therapeutische Mechanismus beim autistischen Syndrom ist der behaviouristische, der lerntheoretisch begründete im weitesten Sinne: Das autistische Kind soll lernen, mit seinen vorhandenen geistig-seelischen Kapazitäten die Umwelt zu verstehen und das Leben zu bewältigen. Da man annehmen muß, daß die Störungen der Wahrnehmungsverarbeitung auf ungenügendem Funktionieren von Hirnbahnen und/oder -zentren beruhen, ist zu erwarten, daß bei genügender Übung Kompensationsmechanismen in Gang kommen. Das Gehirn, gerade des Kindes, ist so plastisch, daß andere Bahnen und Zentren kompensatorisch einspringen können.

Ein solcher verhaltenstherapeutischer Ansatz wird von den meisten Autismusexperten (z.B. Lovaas und Mitarb., 1973; Rutter, 1978, 1985) als der für die Praxis am meisten wirkungsvolle gehalten.

Wie z.T. schon in dem Kapitel „Diagnostik" (S. 46) ausgeführt wurde, steht am Anfang eine genaue Verhaltensanalyse. Dabei geht es zunächst nur um beobachtbares Verhalten und nicht um dessen Interpretation. Dieser Gesichtspunkt ist gerade bei autistischen Kindern und Jugendlichen von Bedeutung; denn wir wissen bei ihnen manchmal nicht, welche Emotionen hinter dem Verhalten stehen: Freut sich das Kind, wenn es lacht? Ist es traurig, wenn es weint? Hat es Angst, wenn es sich verkriecht? Wenn es durch verhaltenstherapeutische Maßnahmen gelingt, z.B. solches Verhalten positiv zu verändern, so ist nach der Theorie von James-Lange zu erwarten, daß sich auch die Emotionen ändern. Man wird also ausgewählte Verhaltensweisen, die sich für das Kind selbst oder für seine Umwelt als besonders störend erwiesen haben, protokollieren, d.h. ihre Form und Häufigkeit unter bestimmten Bedingungen in festgelegten Zeiteinheiten aufschreiben. Dazu können technische Hilfsmittel wie eine Einwegscheibe und ein Videorecorder sehr nützlich sein. Solche Protokolle dienen als sog. base line; sie sind die Grundlage, auf der aufgebaut werden kann. Bei jeder neuen Verhaltensanalyse läßt sich prüfen, ob Fortschritte erzielt worden sind. Ist das der Fall, wird man die begonnene Therapie fortsetzen, hat sich das Verhalten nicht gebessert oder sogar verschlechtert, muß das Behandlungsprogramm geändert werden.

Tabelle 9 (H.E. Kehrer, 1988b) gibt in etwas globaler Form an, wie einzelne für das autistische Syndrom typische Verhaltensweisen therapeutisch beeinflußt werden können.

Die Grundsätze der Verhaltenstherapie, d.h. ein gut geplantes Vorgehen, das sich an den beobachteten Symptomen orientiert, lassen sich mit vielen methodischen Ansätzen praktizieren. Verhaltenstherapie bedeutet nicht nur operantes Konditionieren (Verstärken erwünschten Verhaltens) oder etwa Bestrafen von Verhaltensexzessen, das in modernen Programmen nur noch in Extremfällen eventuell einmal zur Anwendung kommt. Es gibt hier eine große Palette von Verfahrensweisen, unter denen sich in der letzten Zeit auch sog. kognitive Ansätze bewährt haben.

Der beste Weg, einfache Verhaltensweisen aufzubauen, wie etwa Blickkontakt oder das Erfüllen einer Aufgabe – „setz dich hin" –, ist die Anwendung des operanten Konditionierens, d.h. die Vergabe von individuell ausgesuchten Verstärkern – materiell oder sozial – oder dem Entzug von sozialen Verstärkern – time out –.

Die selben Methoden eignen sich auch für den Abbau unerwünschten Verhaltens, wie Selbststimulation, Autoaggressivität, Zornausbrüche etc. Hier hat man die Möglichkeit, Handlungen zu verstärken, die mit dem störenden Verhalten unvereinbar sind – ruhig auf dem Stuhl sitzen, mit dem Bleistift hantieren –. Weiter soll bei unerwünschtem Verhalten systematisch soziale Verstärkung entzogen werden, indem man wegschaut, weggeht oder das Kind in ei-

Tabelle 9. Formen der verschiedenen Verhaltensprobleme und deren Behandlungsmaßnahmen

Problem	**Lösung/Maßnahme**
1. Soziale Isolation	geplantes Angebot von strukturierten Interaktionen
2. Mangel an Reaktionsvermögen	Üben des Blickkontaks Aufmerksamkeits-Interaktionstherapie (u.a. mit Imitation des Kindes)
3. Mangel an Verständnis der Umwelt	vereinfachtes Angebot von Gegenständen und Örtlichkeiten in Einzeltherapie
4. Mangel an Verständnis der sozialen Situation	vorsichtiges Heranführen an Partner in einfachen Spielsituationen
5. Sprachdefizite: a) Mangel an Sprachverständnis	Training im Benennen von Gegenständen, Personen, Örtlichkeiten und Handlungen in kleinen Schritten
b) zu geringer Wortschatz	verbale Sprachanbahnung über Imitationstraininng, Aufbau von Zeichensprache,
c) mangelnde allgemeine Sprachkompetenz	Sprachtraining im Dialog (evtl. Rollenspiel)
d) mangelnde Kommunikationssprache	Einüben von Grußformeln, Höflichkeitsbezeugungen, Fragen und Antworten etc.
6. Unvollkommene Motorik	Krankengymnastik, Mototherapie (evtl. basale Stimulation)
7. Sterotypien	Verstärkung nicht-stereotypen Verhaltens allmähliches Überführen in sinnvolle Handlungen Entzug von Stimulationsobjekten
8. Mangel an Eigenantrieb und Initiative	strukturelles Lernen Auffordern zu Handlungen, die Freude machen
9. Aggressivität	Manipulation der Vorstadien time out
10. Autoaggressivität	Verhindern von Verletzungen durch (Teil-)Fixierung und Abschirmung (Helm), Musik-Körpererfahrungstherapie (Facion, 1986), Veränderung des aktuellen Milieus
11. Mangelnde Selbständigkeit	Training der notwendigen Fähigkeiten (shaping etc.)
12. Mangelndes Spielverhalten	allmählicher Aufbau von strukturiertem Spiel
13. Mangelndes Gruppenverhalten	Spiele mit einem Partner in kleinen Schritten auf 2, 3, 4 erweitern
14. Einnässen, Einkoten	systematisches Training
15. Zwänge, Rituale	Abbau durch systematische Verstärkung nicht zwanghaften Verhaltens
16. Störendes Verhalten a) in Familie und Schule	Manipulation der Vorstadien time out Beschäftigung mit Handlungen, die Freude machen
b) außerhalb der elterlichen Wohnung	allmähliche Gewöhnung an fremde Umgebungen (Geschäfte, Restaurants etc.)
17. Mangelnde Kulturtechniken	gezieltes strukturelles Lernen ohne Überforderung zu Hause, in (Sonder)Schulen, in Autismus-Spezialklassen oder -schulen

nem Raum allein läßt – time out –. Schließlich kommt hier die Anwendung von aversiven Reizen – ein Klaps, ein kurzer Schmerzreiz – in Frage.

Sowohl beim Aufbau als auch beim Abbau von Verhaltensweisen kann Modellernen zum Tragen kommen. Das Modell, dessen Handlungen automatisch imitiert werden, ist der Therapeut selbst oder ein anderes Kind in einer kleinen Gruppe. Das autistische Kind macht z.B. Erfahrungen, wie der Therapeut reagiert, wenn das andere Kind „ungezogen“ ist oder wie es die Aufforderungen des Therapeuten befolgt. Auf diese Weise können Verhaltensmuster übernommen und gelernt werden. Noch manche andere Techniken der Verhaltenstherapie eignen sich für die Behandlung des autistischen Syndroms. Sie können hier nicht alle aufgeführt werden.

b) Basistherapie

Die Behandlungsmethoden des autistischen Syndroms werden zweckmäßigerweise in zwei Gruppen eingeteilt: diejenigen, die an der Basis, also mehr an den Grundvoraussetzungen des Verhaltens, u.a. an der Wahrnehmungsverarbeitungsstörung angreifen und diejenigen, die zur Entwicklung von Fertigkeiten im weitesten Sinne dienen. Für einige Maßnahmen trifft vielleicht beides zu. Man sollte aber von manchen Basistherapien nicht erwarten, daß sich bei ihrer Anwendung Erfolge sozusagen von alleine ohne Lernen von Spezialfertigkeiten einstellen. Zur Basistherapie gehört zweifellos die medikamentöse Behandlung, auf die später (S. 136) eingegangen wird.

Hier ist zunächst über Therapien zu sprechen, die die Körperwahrnehmung aktivieren sollen. Wir wissen, daß das autistische Kind Schwierigkeiten hat, sich allein mit den „höheren“ Sinnen, dem Sehen und Hören, in der Umwelt zu orientieren. Es greift deshalb von alleine auf die „niederen“ Sinne Tasten, Riechen und Kinästhetik (Wahrnehmung über den Bewegungsapparat) zurück. Wenn wir ihm helfen, diese Sinnesqualitäten besser auszubauen, sie besser mit den höheren Sinnen in Beziehung zu setzen, so können wir hoffen, daß es seine Umwelt besser verstehen und, darauf aufbauend, in die Lage versetzt wird, sinnvoller zu handeln.

Aber noch ein anderes Argument spricht für die Anwendung einer solchen körperzentrierten Therapie. Die Entwicklung des Körpergefühls, der Wahrnehmung des eigenen Körpers und die Orientierung an diesem spielt sich im Säuglingsalter als Vorstufe zur allmählichen Wahrnehmung der äußeren Umwelt ab. Sie ist offenbar eine Voraussetzung dafür, daß das Lebewesen die Gesamtheit seiner Sinne richtig anzuwenden lernt. Bereits vor über 20 Jahren hat man angefangen, autistische Kinder mit körperzentrierter Therapie zu behandeln. Ich erinnere mich an einen Film der pharmazeutischen Firma Sandoz aus dieser Zeit, in dem neuseeländische Autismusexperten die Körperwahrnehmung z.B. dadurch zu fördern versuchten, daß sie die Figur des auf einem großen Papier liegenden Kindes mit einem Farbstift umfahren. Wenn der kleine Autist dann aufstand, konnte er Form und Größe seines Körpers optisch erfassen. Solche und ähnliche Methoden sind immer einmal wieder praktiziert worden.

Inzwischen ist diese Basistherapie besser wissenschaftlich fundiert und weiterentwickelt worden. Die *sensorische Integrationstherapie* von Jean Ayres (1979, 1984) gehört zum festen Repertoire der Behandlungsmaßnahmen bei vielen kindlichen Verhaltensstörungen. Sie soll sich für Teilleistungsstörungen, minimale cerebrale Dysfunktion, Hyperaktivitätssyndrom, Wahrnehmungsstörungen, Lern- und Verhaltensstörungen, Spina bifida, Folgen von Schädelhirntraumen u.a. (Augustin, 1986) eignen.

Die sensorische Intergrationstherapie nach Ayres wird heute zwar sehr viel angewandt, man findet jedoch in der wissenschaftlichen Literatur wenig kritische Arbeiten zu diesem Thema. In der letzten Zeit haben sich Christiane Arens und Stefan Dzikowski ausführlich mit dieser Therapieform auseinandergesetzt (1988). Jean Ayres hatte selbst mit ihrer Therapie bei autistischen Kindern keine überzeugenden Erfolge. Ihr sensorischer Integrationstest (SCSIT) eignet sich nach den Erfahrungen von Dzikowski kaum für die autistischen Kinder, bei denen eine solche Behandlung zweckmäßig wäre, nämlich die jüngeren und stärker gestörten, die dann meistens auch mutistisch sind. Sie verstehen die verbalen Anweisungen nicht.

Die sensorische Integrationstherapie muß individuell geplant werden und richtet sich vor allem nach dem sensorischen Entwicklungsstand des Kindes. Geübt werden z.B. das Gleichgewicht, die visuell-motorische Koordination, die Körperwahrnehmung (taktil-kinästhetische und propriozeptive Stimulation), der Muskeltonus, die Überkreuzung der Körpermittellinie (Dzikowski u. Vogel, 1988). Ein solches Programm ist im Anhang VI (S. 190) dargestellt. Die beiden genannten Autoren (D. u. V.) kamen in ihrer ausführlichen Studie zu dem Ergebnis, daß „Störungen der sensorischen Integration – wie Ayres sie versteht – “ durch diese „Therapie weitgehend beseitigt werden“ können. „Damit gehen Verbesserungen in der Lernbereitschaft und Lernmotivation auch in anderen – vor allem in höheren Hirnschichten, auf kortikalem Niveau angesiedelten – Bereichen einher“.

Eine in den letzten Jahren entwickelte Behandlungsmethode für autistische Kinder ist die Aufmerksamkeits-Interaktionstherapie (H. Hartmann, 1986; H. Hartmann und U. Rohmann, 1988). Sie beruht auf einer von diesen beiden Autoren konzipierten Hypothese der Informationsverarbeitung, der Zwei-Prozeß-Theorie, die bei der Wahrnehmungsverarbeitung vor allem zwischen neuen und bekannten Umweltreizen unterscheidet. „Die allgemeine

Strategie besteht darin, an Äußerungen, Verhaltensweisen und Reaktionsweisen des Kindes oder Jugendlichen anzuknüpfen und diese in eine verbale oder nichtverbale Form von Kommunikation einzubinden oder für gemeinsames Handeln zu nutzen. . . Therapeut und/oder Bezugsperson verändern ihr kindbezogenes Verhalten solange, bis eine Aufmerksamkeitsreaktion des Kindes (Jugendlichen) er folgt". Zu dieser Therapie gehört auch das „direkte Spiegeln (Imitieren)" des Kindes und das „indirekte Spiegeln", was eine Veränderung des imitierten Handelns, z.B. in der Geschwindigkeit, bedeutet. Die Aktionen des Kindes werden aber variiert oder unterbrochen. Dazu kommen verschiedene Reizangebote.

Ebenfalls als Basistherapie kann der *Ansatz von Delacato* (1974/1975) gelten. Er ist der Meinung, daß infolge einer „Hirnverletzung" wichtige Entwicklungsstufen des Kleinkindes übersprungen worden seien. Daraus resultiere einmal eine „Übersensibilität", ein anderes Mal eine „Unempfindlichkeit" der Sinneswahrnehmung. Delacato vertritt die Ansicht, daß bei dem autistischen Kind die übersprungenen Phasen nachgeholt werden müßten. Das geschieht durch optische, akustische und Geruchsreize sowie durch Kriechen und Krabbeln bis zum Gehen. Diese Therapie ist insofern sehr aufwendig als die Betreuerin, meist die Mutter, täglich stundenlang mit dem Kind herumkriechen und es stimulieren muß. Einzelne Eltern berichten über Besserungen der autistischen Symptomatik. Kontrollierte empirische Studien liegen nicht vor.

c) Festhaltetherapie

Eine weitere Behandlungsmethode des autistischen Syndroms, die auch eher an der Basis angreift, ist die *Festhaltetherapie*. Sie geht von der – kaum zu beweisenden – Hypothese aus, daß früher, eventuell schon intrauterin, Bindungen zwischen Mutter und Kind gestört gewesen seien (N. Tinbergen, 1984). Zusammen mit der New Yorker Psychoanalytikerin Walsh hat Tinbergen die Holding Therapy entwickelt. Diese Behandlungsform wird in Deutschland von der Psychologin, Frau Dr. I. Prekop, propagiert und in breitem Umfang angewandt (I. Prekop, 1984). Das Kind wird – eventuell stundenlang – von der Mutter oder dem Vater festgehalten und eng an deren/dessen Körper gedrückt. Dabei soll es „getröstet" werden. Die Festhaltetherapie ist oft effektiv, das Kind wird ruhiger, manchmal weniger aggressiv, beginnt, da es dem Gesicht der Mutter lange nahe ist, gelegentlich mit Sprachansätzen. Wir haben diese Methode in einer modifizierten Form überprüft (H.V. Rohmann, H. Hartmann, H.E. Kehrer, 1984) und häufig positive Veränderungen festgestellt. Eine einleuchtende Erklärung für diese Erfolge kann man auch aus lerntheoretischer Sicht geben: Das Kind macht die Erfahrung, daß der bisher kaum zustandegekommene Körperkontakt mit der Mutter nach längerem Halten und wenn Beruhigung eingetreten ist, positive Seiten hat. Die Mutter kann endlich einmal in Ruhe, ohne zeitlichen Druck, mit ihrem Kind in Verbindung treten und damit wenigstens irgendetwas bewirken. Das ist für manche Mütter eine so positive Erfahrung – die sie bisher noch nie gemacht haben –, daß sich ihre ganze Einstellung zu ihrem autistischen Kind ändert. Das wiederum wirkt sich auf die Gesamtsituation positiv aus.

Wie oben schon erwähnt, ist die Festhaltetherapie in den letzten Jahren sehr kontrovers diskutiert worden. Von den anglo-amerikanischen Autismusexperten wird sie, ebenso wie die Methode von Delacato, ignoriert. Man sieht in dem gezwungenen Festhalten des Kindes, das sich anfangs heftig wehrt und schreit, eine Vergewaltigung, die man einem hilflosen Kind nicht zumuten dürfe, und glaubt, daß es dadurch Schaden nehmen würde. Vom pragmatischen Standpunkt muß man versuchen, sich über solche Argumente hinwegzusetzen. Wenn eine Therapie einen eklatanten Erfolg erzielt, müssen Unannehmlichkeiten für Patient und Therapeut in Kauf genommen werden. Eine ernstliche Schädigung des Kindes durch das Festhalten ist unwahrscheinlich. Kürzlich hat eine erheblich gebesserte erwachsene Autistin über ihre Erfahrungen berichtet (Temple Grandin u. Margret M. Scariano, 1986; Ugo Grossmann, 1987). Sie hat es zur Doktorandin und Inhaberin einer Firma gebracht. „Äußerer Druck auf ihren Körper" habe ein Gefühl des Wohlbefindens erzeugt. Sie habe ein „existenzielles Bedürfnis" nach der „zärtlichen Umarmung der Mutter" gehabt. Dieses Bedürfnis sei bei ihr anfangs zu kurz gekommen, weil sie selbst eine Aversion gegen Berührung durch andere Menschen gehabt habe.

d) Musiktherapie

Ebenfalls zu den an der Basis angreifenden Behandlungsformen muß die *Musiktherapie* gerechnet werden. Sie ist ein viel angewandtes Element der Autismustherapie. Es wurde im ersten Kapitel bereits darauf hingewiesen, daß autistische Kinder häufig enge Beziehungen zur Musik haben. Das belegen auf der einen Seite das frühe Ansprechen auf Klang, Melodien und Rhythmen und umschriebene musikalische Höchstleistungen bei einzelnen Autisten auf der anderen Seite. Es liegt also nahe, sich der Musik als einem den akustischen Sinn ansprechenden Reiz zu bedienen. Über den akustischen Reiz hinaus ergeben sich aber auch Beziehungen zur Kinästhetik (Muskel- und Gelenkwahrnehmung) und zum Tastsinn, wenn gewisse tiefe und laute Töne über den ganzen Körper wahrgenommen werden. Schließlich ist das Hervorbringen der Musik auf einem Instrument optisch wahrzunehmen. Über den Gesang ergeben sich letztendlich Beziehungen zur Sprache.

Es gibt eine Reihe von Publikationen über Musiktherapie bei autistischen Kindern. Anfang 1988 hat die Zeitschrift „Musiktherapeutische Umschau“ ein Spezialheft dem Thema Autismus gewidmet. Versucht man sich ein Bild über den derzeitigen Stand der musiktherapeutischen Bemühungen um autistische Kinder zu machen, so fällt zweierlei auf: 1. Es gibt offenbar nur kasuistische Darstellungen von Therapieerfahrungen; 2. das Grundkonzept ist fast ausschließlich psychoanalytisch. Da empirische Untersuchungen fehlen und naheliegenderweise vorwiegend die positiv verlaufenden Behandlungen publiziert werden, lassen sich über die globale Wirksamkeit dieser Therapieform keine Aussagen machen.

Beate Mahns (1988) zitiert in ihrem Aufsatz über musiktherapeutische Ansätze in der Praxis mit autistischen Kindern und Jugendlichen 9 weibliche und 3 männliche Musiktherapeuten, die alle von einem tiefenpsychologischen Konzept ausgehen. Als Beispiel soll hier die Methode der bekannten amerikanischen Musiktherapeutin Juliette Alvin dienen, die über dieses Thema schon mehrere Bücher geschrieben hat. „Sie baut auf die Kraft der Klänge. Der Klang dringt in das Unterbewußtsein ein . . . Er kann so Widerstände und Hemmungen überwinden“. Methodisch werden die autistischen Kinder an „alle denkbaren Töne und Klänge herangeführt“. Es wird festgestellt, auf welche Art von Tönen/Klängen das Kind reagiert. So wurden einem Patienten einige Monate lang „sanfte und leise Klänge auf dem Cello“ vorgespielt. Damit konnte der Kontakt zwischen dem autistischen Kind und der Therapeutin aufgebaut werden. Auch der zweite von B. Mahns zitierte Musiktherapeut Rolando Benenzon (1983) ist Analytiker. Er vertritt die Auffassung, „daß es sich beim Autismus um eine pathologische Verlängerung des vorgeburtlichen Seelenzustandes handelt“. Bei seiner Musiktherapie versucht er, das autistische Kind zu behandeln wie ein Ungeborenes, „das sich einerseits gegen die Ängste einer unbekannten Außenwelt und andererseits gegen die Erfahrung von Schwächen in seiner Innenwelt wehrt“. Das Kind solle sich durch die Klänge der Musik an die Schwangerschaft erinnern. Die Therapie ist in die Phasen Regression, Kommunikation und Integration aufgeteilt.

Wenn man alle diese Berichte verfolgt, so zeichnet sich aus ihnen vor allem ab, daß das Vorspielen von Musik – oder das Vorsingen – die Kommunikation mit dem autistischen Kind fördert. Die Klänge wecken sein Interesse, es interessiert sich für die Person, die sie hervorbringt, eventuell auch für das Instrument. Schließlich soll es dazu kommen, daß es sie selbst produziert, mitspielt oder mitsingt.

Musiktherapie ist also zweifellos ein wirkungsvolles Mittel, auf die Wahrnehmungsverarbeitungsstörung autistischer Kinder einzuwirken, ihr In-sich-Verschlossensein aufzulockern und den Kontakt zum Therapeuten, eventuell auch zu anderen Partnern in einer Gruppe herbeizuführen und/oder zu verbessern. Für den letztgenannten Vorgang eignet sich das Instrumentarium des Orff-Schulwerkes oder Teile davon (C. Orff, 1971; G. Orff, 1974).

Da die meisten autistischen Kinder Musik gerne hören, läßt sie sich auch als Verstärker in einem verhaltenstherapeutischen Programm verwenden. Wahrscheinlich ist dieser lerntheoretische Gesichtspunkt bei manchen erfolgreichen musiktherapeutischen Interventionen wirkungsvoll, ohne daß das mit diesem speziellen Ziel geplant ist. Die von vielen Musiktherapeuten angenommenen tiefenpsychologischen Wirkungen sind möglich, aber doch spekulativ.

Empirische Studien über die Wirkung von Musik auf autistische Kinder existieren wenig. Marie-Luise Herrmann-Haunhorst (1978) aus unserem Team konnte keine signifikanten Unterschiede im Spielverhalten autistischer Kinder zwischen beruhigender und anregender Hintergrundsmusik (J.S. Bach) feststellen. Jochen Kramann (1982) beobachtete jedoch bei bestimmten Musikstükken von Vivaldi und Mozart eine Abnahme von Stereotypien, Kontaktaufnahme zur Betreuerin und eine gewisse Beruhigung. Ein Werk von Xenakis rief gehäufte Stereotypien und eine gewisse Aggressivität hervor. Die Interpretation eines Stückes von Khatchaturian (Säbeltanz) durch eine Rockgruppe (Exception) bewirkte keine Veränderung des Verhaltens und der Motorik.

e) Physikalische Therapie

Auch die *physikalische Therapie* gehört zu den Basistherapien des autistischen Syndroms. In diese Rubrik gehören Krankengymnastik, Mototherapie und ähnliche Verfahren, d.h. Methoden, die sich ohne einen eigentlichen psychotherapeutischen Anspruch mit der Körperbewegung befassen. Da ein ziemlich großer Teil der autistischen Kinder infolge von Hirnstörungen gewisse neurologische Symptome aufweist und damit teils bleibende motorische Unvollkommenheiten – ziemlich selten –, teils motorische Entwicklungsverzögerungen zeigt, sind Schritte zur Normalisierung der Körperbewegung sehr häufig angezeigt. Sie tragen zweifellos dazu bei, dem Kind einen besseren Kontakt zu Gleichaltrigen zu ermöglichen und das Selbstwertgefühl zu erhöhen. Die äußere motorische Normalisierung ist aber auch ein Beitrag, das Anderssein des Kindes in seiner Umwelt zu verringern.

Bei manchen motorischen Besonderheiten autistischer Kinder sollte man mit der Feststellung eines neurologischen Symptoms vorsichtig sein. Der steife Gang oder der Zehengang eines Autisten lassen sich oft nicht ohne weiteres als Spasmus klassifizieren. Auch ist es fraglich, ob Handdrehen und eigenartige Fingerbewegungen etwas mit dem extrapyramidalen Symptom Athetose zu tun haben. Die Beziehungen solcher motorischer Abnormitäten zu den Pyramidenbahnen und dem extrapyramidalen System des Gehirns sind noch nicht geklärt.

Aus der Sicht der Mototherapie spielen diese diagnostischen Überlegungen aber eine untergeordnete Rolle. Erhöhte Muskelspannung muß mit gezielten Lockerungsübungen behandelt werden. Bei der Frühförderung autistischer und geistig behinderter Kinder haben sich die krankengymnastischen Methoden von Bobath und Vojta bewährt. Sie dienen vor allem dazu, Entwicklungsverzögerungen in der Motorik soweit wie möglich aufzuholen.

Jede Mototherapie hat einen übenden Charakter. Das Kind muß auf einem oft langen, mühsamen Weg lernen, seinen Muskel- und Gelenkapparat sinnvoll einzusetzen, d.h. so zu benutzen, daß die Bewegungen des täglichen Lebens, etwa Gehen, Greifen, Hantieren ausgeführt werden können. Dabei muß die Krankengymnastin berücksichtigen, daß die unvollkommene Bewegung beim autistischen Kind mit seiner gestörten Wahrnehmung zusammenhängen kann und nicht nervös-muskuläre Ursachen hat. Ein Kind, das beim Hinabsteigen die Treppenstufen in einer falschen Perspektive sieht, wird Schwierigkeiten beim Heruntergehen haben. Durch geduldiges Üben – am besten in ganz kleinen Schritten – kann ein solches Kind lernen, trotz seiner Wahrnehmungsstörung Treppen zu bewältigen. Ähnliches gilt sicher auch für Bewegungen der oberen Extremitäten. Hier müssen meist sowohl Grob- wie Feinmotorik verbessert werden. Da vielen motorischen Störungen autistischer Kinder keine ernsthafte nervöse oder muskuläre Abnormität im Wege steht, läßt sich auf diesem Gebiet manches verbessern. Krankengymnastische Behandlung läßt sich gut mit Musik kombinieren. Sie schafft eine angenehme Atmosphäre für Patient und Therapeut und dient der Entspannung. Während Mototherapie bei autistischen Kindern vorwiegend als Einzelbetreuung eingesetzt werden kann, lassen sich im späteren Stadium evtl. auch kleine Gruppen bilden. Sie haben auch den positiven Effekt des Modellernens und der Kontaktförderung.

Eine in der letzten Zeit öfters angewandte Maßnahme ist verstärkte körperliche Tätigkeit (Increased Physical Exercise). Gemeint ist damit schnellere und anstrengendere Tätigkeit, z.B. als Jogging, Aerobic etc., aber auch in Form von körperlicher Arbeit. Kern und Mitarb. haben 1982 experimentell festgestellt, daß anstrengendes Jogging bei 7 autistischen Kindern selbstimulierendes Verhalten 15 Minuten später vermindert. Diese Besserung hielt aber nur 1–2 Stunden an. In ähnliche Richtung gehen Untersuchungen von Bachman und Fuqua (1982). Sie konnten nachweisen, daß – präzise gemessene – körperliche Tätigkeit in umgekehrtem Verhältnis zu störendem Verhalten, Stereotypien und unangemessenem Schreien steht. Schließlich haben McGimsey und Favell (1988) bei 10 in einem Heim befindlichen Geistigbehinderten zweimal täglich 45 Minuten mehr oder weniger ungezielte Übungen in Form von Laufen, Trampolinspringen u.ä. durchgeführt. Sie konnten damit z.T. schwer aggressives Verhalten und Hyperaktivität deutlich reduzieren.

Ein ähnliches Thema ist der Einsatz von Arbeitstherapie. Schon in den Zwanzigerjahren hat der deutsche Psychiater Hermann Simon (1927, 1929) den Wert von körperlicher Arbeit bei psychisch Kranken erkannt. Er bildete Arbeitskolonnen, die vorwiegend in der Landwirtschaft täglich intensiv arbeiten mußten. Daraus hat sich dann später die sog. Beschäftigungstherapie entwickelt. Bei ihr legt man mehr Wert auf handwerkliche und künstlerische Tätigkeit, d.h. das kreative Element steht im Vordergrund. Sie ist sicher auch eine effektive Maßnahme bei der Behandlung autistischer Kinder, wenn es gelingt, sie dazu zu motivieren. Hier soll aber mehr von gröberen, körperlich anstrengenderen Tätigkeiten die Rede sein. Sie haben eine zweifache, evtl. sogar dreifache Wirkung: 1. führt die längere körperliche Anstrengung zum Aggressions-und Hyperaktivitätsabbau; 2. fördert die immer in Gruppen geübte Tätigkeit den Kontakt und 3. bewirkt ein eventuell eingeführtes kreatives Element Freude am Handeln.

Der Einsatz von körperlicher Anstrengung als Mittel gegen Aggressivität und Hyperaktivität kommt vorwiegend für Geistigbehinderte mit autistischen Verhaltensweisen in Frage. Er kann gerade in Heimen dem Personal den Umgang mit den ihnen Anvertrauten erheblich erleichtern. Zudem ist es sehr einfach, die Kinder, Jugendlichen und evtl. auch Erwachsenen eine bestimmte Zeit lang sich intensiv bewegen, auch herumtoben zu lassen. Etwas ähnliches, aber mehr in Form von Arbeitstherapie, hat sich auch bei autoaggressiven Jugendlichen bewährt (Kane 1987).

f) Medikamentöse Therapie

Ebenso gehört die *medikamentöse Therapie* zu den physikalischen Behandlungsmethoden. Sie wirkt über den Körper auf das Zentralnervensystem und soll psychische Veränderungen hervorrufen. Als Therapeut kommt hier nur der Arzt in Frage. In welcher Weise können Medikamente die Verhaltensstörungen autistischer Kinder und Jugendlicher positiv beeinflussen? Hier stehen theoretisch zwei Möglichkeiten offen: 1. die symptomatische Behandlung, d.h. die gezielte Einwirkung auf bestimmte Verhaltensweisen, wie z.B. die Unruhe, und 2. eine medikamentöse Veränderung von biochemischen Störungen, die dem autistischen Syndrom zugrunde liegen. Diese beiden Ansätze werden sich allerdings manchmal nicht streng von einander trennen lassen. Ein durchaus greifbares Ziel der medikamentösen Behandlung ist es, den autistischen Menschen für psychotherapeutische und heilpädagogische Maßnahmen zugänglich zu machen.

Der erste Ansatz, die symptomatische Therapie, ist in der Psychiatrie seit langem bekannt. Nachdem es früher nur möglich war, psychisch Kranke durch

Opium, Paraldehyd und einige wenige andere Stoffe zu beruhigen, geben die seit 30–40 Jahren von der pharmazeutischen Industrie entwickelten Psychopharmaka dem Arzt Mittel in die Hand, recht gezielt vorzugehen.

Trotz unbestreitbarer Erfolge ist die Einstellung der meisten Menschen bei uns in Deutschland gegenüber den Psychopharmaka ambivalent, wenn nicht negativ. Das hat z.B. eine kürzlich aus unserem Team erarbeitete Studie von A. Puttich (1987) ergeben. Von 82 Eltern autistischer Kinder, die hierzu befragt wurden, standen 81% Medikamenten generell skeptisch gegenüber, nur 17,5% hatten positive Erwartungen; etwa 30% hatten mit Psychopharmaka angeblich keinerlei Erfahrungen. Bei einem solchen Befragungsergebnis muß man sich überlegen, wie diese Einstellungen zustande kommen. Hierfür gibt es eine Reihe von Gründen, die sich zum Teil entkräften lassen: 1. ist man mit der erhofften Wirkung unzufrieden; 2. beobachtet man unerwünschte Nebenwirkungen; 3. hat man die Befürchtung, das Wesen des Kindes, sein Charakter würde verändert. Schließlich haben 4. manche Menschen eine magische Angst vor der Wirkungsweise von Medikamenten, vor allem von Psychopharmaka, weil sie den Wirkungsmechanismus nicht durchschauen.

Die erste Begründung ist durchaus verständlich. Sie gilt aber nur für das jeweilige oder die speziellen Medikamente in der angewandten Dosierung und für den gegebenen Zeitraum und sollte nicht auf *die* Psychopharmaka ausgedehnt werden. Das Angebot an Psychopharmaka ist heutzutage so riesig, daß kein Arzt und auch kein Psychiater alle kennen kann. Er verordnet also nur einige wenige, mit denen er persönliche Erfahrungen hat oder er verläßt sich auf Ankündigungen der Firmen auf dem „Waschzettel", deren euphemistische Aussagen natürlich umstritten sind. Da jedes Individuum auf Medikamente spezifisch reagiert, ist die Wirkung von keiner Verordnung mit Sicherheit vorauszusagen. Wenn jedoch ein, zwei oder drei Psychopharmaka nicht den gewünschten Effekt haben, besagt das nicht, daß ein anderes, besser ausgesuchtes das nicht doch tut.

Ad 2: Für die Nebenwirkungen gilt im Grunde ähnliches. Dabei muß man sich aber auch über den Begriff „Nebenwirkungen" im klaren sein. Wenn ein Medikament gegeben wird, das einen beruhigenden Effekt haben soll, so könnte das Kind sehr ruhig, evtl. apathisch werden. Man hat also über das Ziel hinausgeschossen. In veränderter Dosierung könnte das Mittel genau die richtige Wirkung haben. Viele Eltern setzen es aber dann sogleich wieder ab. Um das „richtige" Psychopharmakon zu finden, muß man sich Zeit lassen, evtl. auch gewisse Nebenwirkungen in Kauf nehmen. Häufig klingen sie nach ein paar Tagen oder Wochen von alleine ab. Jedenfalls sollte ein Psychopharmakon keinesfalls nach wenigen Tagen wieder abrupt abgesetzt, sondern höchstens ausschleichend reduziert werden; ebenso wie es einschleichend eingenommen werden sollte. Bei anderen Nebenwirkungen, die man nach längerer

Gabe befürchtet, z.B. auf die Leberfunktion, sind selbstverständlich Kontrolluntersuchungen im Blut u.ä. erforderlich. Die Hinnahme von Nebenwirkungen ist eine Frage der Verhältnismäßigkeit. Wenn der Effekt eines Medikaments überwiegend positiv ist, muß man überlegen, ob gewisse Nebenwirkungen nicht noch toleriert werden können. In diesem Zusammenhang muß auch berücksichtigt werden, daß manche autistische Kinder auf bestimmte Psychopharmaka – evtl. in einer bestimmten Dosierung! – paradox reagieren, daß sie statt ruhiger unruhiger werden. Das hat zur Folge, daß man ein anderes Mittel aussucht.

Am besten funktioniert die Einstellung auf ein bestimmtes Medikament, wenn vom Arzt ein genauer Behandlungsplan gemacht wird. Hier wird auf einer Art Kalender verzeichnet, wann man mit einer ganz kleinen Dosis beginnt und diese dann ganz allmählich auf mehrere Tagesgaben steigert. Nach meiner Erfahrung sollte bis zu einer etwas höheren Dosis gesteigert werden, bei der man eine Wirkung beobachten kann. Dann sollten die Gaben ganz allmählich wieder reduziert werden, um festzustellen, ob die günstige Wirkung nicht auch mit einer etwas geringeren Dosis möglich ist. Zu dem Behandlungsplan gehört auch die genaue Beobachtung der Medikamentwirkung. Eine solche Beobachtung durch die Eltern oder durch Pflegepersonen funktioniert am besten, wenn die Verhaltensweisen, die beeinflußt werden sollen, schriftlich protokolliert werden. Nur so können sich die Beobachter ein einigermaßen exaktes Bild darüber machen, was wirklich passiert ist. Dazu gehört es auch, daß Ereignisse – Überanstrengungen, interkurrente Krankheiten etc. – protokolliert werden, die vielleicht für Verschlechterungen des Verhaltens verantwortlich sind und fälschlich als Nebenwirkungen eines Medikamentes gedeutet werden.

Ad 3: Die Wirkung von Psychopharmaka wird manchmal überschätzt. Durch die moderne biochemische Forschung hat man zwar viel erreicht, man kann aber – glücklicherweise – das Wesen eines Menschen nicht durchgreifend und bleibend verändern. Verändert wird eine unbeschriebene Verhaltensweise, ein Symptom, etwa der Wachheitsgrad, Unruhe oder Teile des affektiven Verhaltens. So kann man heute z.B. auch die Stimmung durch ein geeignetes Medikament positiv beeinflussen, solange das Psychopharmakon eingenommen wird. Durch Drogen kann man bekanntermaßen Rauschzustände mit traumähnlichen Erscheinungen hervorrufen. Damit ist aber der Charakter und das Wesen des Menschen nicht verändert worden. Der negative Effekt kann in diesem Fall bei langer Einnahme der Droge darin bestehen, daß es zu einem hinorganischen Persönlichkeitsabbau kommt. Solche Effekte sind bei den Psychopharmaka, die autistischen Kindern und Jugendlichen üblicherweise gegeben werden, kaum zu befürchten.

Ad 4: Die bisher angeführten Gesichtspunkte haben dazu geführt, daß viele Menschen aus einer nicht näher zu begründenden – magischen – Angst vielen Medikamenten, besonders Psychopharmaka grundsätzlich skeptisch, wenn nicht ganz negativ gegenüberstehen. Einerseits greifen in unserer Zivilisation Millionen von Menschen, die im Grunde gar nicht krank sind, zu Medikamenten, etwa zur Spalttablette oder zum Valium. Dabei haben sie häufig ein schlechtes Gewissen. Wenn sie selbst oder ihre Kinder aber dann wirklich krank sind, glauben sie, das ärztlich verordnete Medikament könnte ganz schädlich sein.

Ich bin auf die allgemeine Betrachtung von Medikamenten etwas ausführlicher eingegangen, weil unsere Befragung (Puttich) und meine persönliche Erfahrung erwiesen haben, daß sowohl Eltern als auch Betreuer oft derart negative Einstellungen, z.T. auch Vorurteile gegenüber Psychopharmaka haben. Sie werden durch Berichte – und wohl auch eigene Beobachtungen – von Überdosierungen in manchen psychiatrischen Einrichtungen unterstützt. Psychopharmaka und viele andere Medikamente haben die medizinische Wissenschaft und in den letzten Jahrzehnten auch die Psychiatrie ein gewaltiges Stück vorangebracht. Ein Beispiel ist die Anwendung von antiepileptischen Mitteln, mit denen die Häufigkeit von Anfällen heutzutage ganz erheblich verringert werden kann. Für autistische Menschen sind Medikamente ein wichtiger Bestandteil der Therapie, wenn sie gut ausgesucht und richtig dosiert gegeben werden.

Welche Mittel kommen nun zur symptomatischen Behandlung des autistischen Syndroms in Frage? Das richtet sich zunächst danach, welche krankhafte oder störende Verhaltensweise behandelt werden soll. Meistens sind es Unruhe und Aggressivität, bzw. Autoaggressivität. Hier kommt es darauf an, ein Mittel zu finden, das beruhigt, ohne müde oder apathisch zu machen. Dafür kommen Haloperidol, Dipiperon und Neuracen in Frage; aber auch Atosil und Dogmatil können wirksam sein. Positive Wirkungen in dieser Beziehung haben wir aber auch von dem Amphetamin Ritalin gesehen. Bei allen diesen Präparaten muß man bei längeren und höher dosierten Gaben auf sog. extrapyramidale Nebenwirkungen achten. Sie bestehen in Muskelsteifheit, vor allem im Kopf-Halsbereich, auch der Gesichts-, Augen- und Schlundmuskeln. Sie verschwinden nach Dosisreduktion oder Absetzen des Präparats. Ist die Wirkung überzeugend positiv, so können solche extrapyramidalen Symptome auch durch zusätzliche Gaben von Akineton beseitigt werden. Bei Ritalin muß man darauf achten, daß keine unerwünschten Kreislaufwirkungen auftreten.

Auch eine andere Psychopharmaka-Gruppe, die Thymoleptika, eignen sich manchmal zur Behandlung autistischer Menschen; denn 1. bestehen theoretisch gewisse Beziehungen zwischen dem autistischen Syndrom und endogenen Depressionen, und 2. kommen öfters bei Autisten auch depressive Verstimmungen evtl. mit unbegründeter Angst oder Zustände, die hieran erinnern, vor. Wir haben vor Jahren (H.E. Kehrer, 1978) Amitriptylin (Laroxyl) auf seine Wirksamkeit untersucht und in einigen Fällen Erfolge gesehen. Sicher kommen auch manche andere Psychopharmaka zur Behandlung des Autismus in Frage und sind verschiedentlich empfohlen worden (M. Campbell und Mitarb., 1972, 1982; J. Martinius, 1984); sie können hier aber nicht alle aufgeführt werden.

Bei der oben erwähnten Elternbefragung durch A. Puttich (1987) wurden Promethacin (Atosil), Periciazin (Aolept) und Methylphenidat (Ritalin) als die wirksamsten angegeben. Als eine für autistische Menschen wirksame Medikamentengruppe sind noch die Antiepileptika zu erwähnen. Da bei manchen autistischen Kindern und Jugendlichen epileptische Anfälle vorkommen (siehe S. 95), ist es notwendig, diese medikamentös zu unterdrücken. Hierzu eignen sich verschiedene Medikamente, wie Phenhydan, Petnidan, Suxinutin, Carbamazepin (Tegretal, Timonil), Clonazepam (Rivotril), Ospolot, Orfiril, Ergenyl, um nur einige zu nennen. Sie müssen je nach der Art der aufgetretenen Anfälle (große Anfälle, Absencen, psychomotorische Anfälle, BNS-Krämpfe etc.) und dem Befund des Elektroencephalogramms ausgesucht werden. Auch bei ihnen gibt es Nebenwirkungen, denen Rechnung getragen werden muß, wie z.B. Müdigkeit und Zahnfleischhyperplasie. Die moderne Epileptologie ist jedoch so weit, daß praktisch immer eine erhebliche Reduktion der Anfälle oder sogar ihr völliges Sistieren erreicht werden kann.

g) Neurotransmitter-Therapie

Die biochemische Forschung hat in den letzten Jahren neue Wege eröffnet, indem sie die von der Schizophrenieforschung schon länger bekannten Neurotransmitter beim autistischen Syndrom genauer unter die Lupe genommen hat (siehe auch S. 83). 1982 sind F. Geller und Mitarb. auf die Idee gekommen, den Stoff Fenfluramin, von dem man weiß, daß er den Spiegel des Neurotransmitters Serotonin im Blut und Gehirn senkt, bei autistischen Kindern anzuwenden. Sie beobachteten bei 3 autistischen Jungen eine Verbesserung des IQ und einiger klinischer Symptome. Das haben G.J. August und Mitarb. 1985 an 9 autistischen Kindern nachgeprüft. Sie stellten fest, daß Fenfluramin den Serotoninspiegel um etwa 60% senkt, ohne wesentliche negative Nebenwirkungen hervorzurufen, unabhängig von dem vorher gemessenen Serotoninspiegel. Der Aktivitätsgrad, die Aufmerksamkeit und die motorischen Störungen besserten sich. Auf die Intelligenz hatte diese Behandlung keinen Einfluß. Im Gegensatz zu einigen anderen Mitteilungen hat sich überhaupt gezeigt, daß zwischen dem in den Thrombozyten gemessenen Serotoninspiegel und der autistischen Symptomatik keine eindeutige Beziehung besteht. Wir selbst haben inzwischen bei etwa 100 autistischen Menschen, vorwiegend Kindern und Jugendlichen, diese Untersuchungen durchgeführt und nur bei einem kleinen Prozentsatz erhöhte Werte gefunden. Bei denjenigen, bei denen der Serotoninspiegel erhöht war, haben wir Fenfluramin (in Deutschland das Präparat Ponderax) gegeben und dabei den Eindruck erhalten, daß sich Unruhe, Schlaflosigkeit und Aggressivität sowie Autoaggressivität besserten. Mit dieser Art von Behandlung eröffnet sich insofern ein neuer Weg, als man nicht mehr einzelne Symptome medikamentös behandelt, sondern mehr an den Grundlagen, an gestörten biochemischen Prozessen im Gehirn angreift. Deswegen muß die Forschung auf diesem Gebiet unbedingt weitergetrieben werden.

Fenfluramin ist bisher in der medizinischen Praxis als Appetitzügler empfohlen worden. Dieser den Appetit vermindernde Effekt ist bei vielen Autisten unerwünscht. Er muß also bei der Verordnung beachtet werden, d.h. den Patienten muß besonders viel Nahrung angeboten werden. Wenn die Wirkung wirklich eindeutig positiv ist und sich das gestörte Verhalten deutlich bessert, wird man diese wie andere Nebenwirkungen bei anderen Medikamenten in Kauf nehmen müssen und eventuell durch eine besonders kleine Dosis die Einschränkung des Appetits in Grenzen halten. Nach der neuesten Übersicht von S. du Verglas und Mitarb. (1988) hat Fenfluramin bei 33% der autistischen Kinder einen positiven Effekt auf Hyperaktivität und Stereotypien. Am besten sprechen Kinder mit einem höheren IQ an. Bei der Verordnung von Fenfluramin ist weiter zu beachten, daß das Präparat einschleichend gegeben und vor allem nicht von einer höheren Dosis plötzlich abgesetzt wird, da dadurch stark vermehrte Unruhe und Reizbarkeit hervorgerufen werden können. Auf Teilnahmslosigkeit, Nahrungsverweigerung und Magenbeschwerden in den ersten 14 Tagen der Medikation sowie Reizbarkeit, Agitation und gehäuftes Schreien nach etwa einem Vierteljahr bei einigen autistischen Patienten haben Realmuto und Mitarb. (1986) hingewiesen.

In der letzten Zeit sind gelegentlich Mitteilungen über neue Wirkstoffe zur Behandlung des autistischen Syndroms und von autoaggressivem Verhalten publiziert worden. Es handelt sich um Medikamente, die an den *Endorphinen* angreifen, nämlich an den körpereigenen Stoffen, die mit den Opiaten, deren Hauptvertreter Morphium und Heroin sind, Ähnlichkeit haben. Daher werden sie auch Opioide genannt (siehe auch S. 83). Diese Stoffe sammeln sich im Gehirn vermehrt an, wenn es verletzt wird und zwar vor allem in der Nähe der Verletzung. Sie sollen Schmerzen verringern wie die von außen zugeführten Opiate, sie sollen auch die Durchblutung fördern. Es hat sich nun gezeigt, daß die Blockierung eines Endorphins, des Dynorphins, sich insofern positiv auswirkt, als dadurch Lähmungserscheinungen und Schock verringert werden. Die gleiche Blockierung des Dynorphins soll nun Symptome des Autismus günstig beeinflussen (Barbara Herman, Washington). Es wird angenommen, daß autistische Kinder ein überaktives Opioid-System haben, was auf das Sozialverhalten, aber auch auf die Schmerzverarbeitung Einfluß hat. Auf diesem Gebiet gibt es zahlreiche interessante Tierversuche.

Für die Behandlungspraxis bedeuten diese neuen Erkenntnisse, daß man versuchen kann, durch Blockierung der Endorphine, zunächst des Dynorphins, Besserungen des Verhaltens und Rückgang von Autoaggressionen zu erreichen. Die ersten derartigen Versuche hat B. Herman bei 5 autistischen und 3 anderen schwer autoaggressiven Kindern durchgeführt. Sie hat sie mit dem Präparat Naltrexon behandelt. Sie gab das Mittel zunächst nur einmal die Woche, dann jeden 2. Tag, und sah insofern positive Effekte, als stereotype Bewegungen, Echolalie und das Bedecken der Augen und Zuhalten der Ohren zurückgingen. Die Eltern hätten berichtet, daß die Kinder mehr Spaß am Sozialkontakt und am Schmusen hätten. Autoaggressionen seien stets zurückgegangen.

Über erfolgreiche Behandlung mit Endorphinblockern von Patienten mit autoaggressivem Verhalten, die z.T. als Autisten zu gelten hatten, haben auch noch andere Autoren berichtet. R. Sandyk aus Südafrika (1985) hat einen 11jährigen Jungen mit Aggressivität und Autoaggressivität mit Naloxan intramuskulär behandelt und damit vorübergehend ein Sistieren dieses störenden Verhaltens erreicht. Bei zwei schwer geistig behinderten Erwachsenen mit bisher unbeeinflußbarer Selbstbeschädigung haben Szymanski und Mitarb. (1987) mit dem oral verabreichten Endorphin-Antagonisten Naltrexon keine wesentliche Besserung erzielt. Sahley und Panksepp (1987) haben jedoch die Behandlung und Anwendung von Naltrexon empfohlen. „Bei richtiger Kombination mit anderen klinischen Maßnahmen kann man abnormes stereotypes Verhalten reduzieren oder eliminieren, die physiologische Entwicklung beschleunigen und eine normalere ontogenetische Organisation des sozialen Verhaltens stimulieren". Wichtig ist in diesem Zusammenhang, daß nach diesen Autoren Naloxan und Naltrexon „im allgemeinen sichere Drogen seien, die keine ernstlichen Kontraindikationen" hätten. Naltrexon könne sogar in hohen Dosen ohne Bedenken gegeben werden, die Wirkung halte Tage an.

Diese Endorphin-Antagonisten kommen zur Behandlung sicher nur bei einer ausgewählten Gruppe in Frage, nämlich bei solchen Menschen, die starke Aggressivität und selbstverletzendes Verhalten sowie erhebliche Stereotypien zeigen. Das Präparat der Wahl ist Naltrexon, das als Trexan in USA, England, Frankreich und den Niederlanden im Handel ist. Leider ist es in Deutschland noch nicht zum Verkauf zugelassen. Das ist erst in circa 1–2 Jahren zu erwarten. Man muß also im Einzelfall versuchen, Trexan der Firma Du Pont aus dem Ausland zu beschaffen.

h) Außenseitermethoden

Bisher war zur Behandlung des autistischen Syndroms von Methoden die Rede, die mehr oder weniger unumstritten, wenn auch nicht immer erfolgreich sind. Wie bei einem teilweise so schwerwiegenden und therapieresistenten psychischen Erscheinungsbild nicht anders zu erwarten, sind im Laufe der letzten Jahrzehnte aber noch viele andere Behandlungsarten angegeben und angewandt worden. Ich möchte sie als Außenseitermethoden bezeichnen. Manche Autoren, aber auch Eltern autistischer Kinder schwören auf diese Verfahren. Sie sind aber meistens nicht durch überzeugende exakte Studien, vor allem empirische Untersuchungen verifiziert worden. Ihnen fehlt oft auch die theoretische Begründung.

i) Vitamintherapie

B. Rimland hat vor 14 Jahren zum ersten Mal hochdosierte Vitamingaben zur Behandlung von Kindern „mit schweren Geisteskrankheiten" empfohlen. Er gab 37 Autisten 2 Tabletten Vitamin-B-Komplex, 200 mg Pantothensäure, 1–3 g Ascorbinsäure, Nikotinamid und 150–450 mg Vitamin B6. Bei 59% der Patienten soll sich der Zustand gebessert haben. Später hat Rimland (1978) 16 autistischen Kindern nur Vitamin B6 (Pyridoxin) in nicht näher spezifizierten hohen Dosen verabreicht und dabei ebenfalls Besserungen erzielt. Diese sollen wieder zurückgegangen sein, als das B6 ohne Wissen der Eltern und Betreuer durch ein Placebo ersetzt wurde. Schließlich hat Rimland eine Kombination von 10 Vitaminen (A, B1, B2, B6, C, D, Nikotinamid, Pantothensäure, B12, Folsäure) plus Spurenelementen, vorwiegend Kalzium und Magnesium zusammengestellt, die sich auf das autistische Syndrom günstig auswirken soll.

Die Anwendung von Pyridoxin (B6, 30 mg/Körpergewicht) plus Magnesium (zwischen 400 und 1500 mg) bei autistischen Kindern wurde 1981 von Lelord und Mitarb. überprüft. Während der Medikation besserte sich bei 15 von 44 Probanden (34%) der Kontakt. Emotionelle Ausbrüche, Negativismus und Selbstbeschädigung gingen zurück. Die Kinder seien besser ansprechbar gewesen. Diese Behandlungserfolge gingen bei 14 der gebesserten Kinder wieder zurück, wenn B6 und Magnesium nicht mehr gegeben wurden. Es ließ sich nicht eruieren, wovon es abhing, ob ein autistisches Kind auf diese Behandlung ansprach oder nicht. Die Gebesserten waren eher etwas atypische Autisten mit Begleitkrankheiten und anderen Verhaltensstörungen, also weniger „Kernautisten". Ein großer Teil der behandelten Gruppe erhielt während des Therapieversuchs auch noch andere Medikamente, vorwiegend Psychopharmaka.

Es ergibt sich also, daß die Behandlung mit hohen Dosen von Vitamin B6 und Magnesium bei etwa einem Drittel der autistischen Kinder positive Wirkungen zeigt. Da schädliche Wirkungen dieser Medikation kaum zu erwarten sind, sollte man einen Behandlungsversuch dann machen, wenn andere Therapiemaßnahmen fehlschlagen. Ob die große Kombination von 10 Vitaminen und Spurenelementen der B6 und Magnesium-Therapie überlegen ist, ist offen. In den etablierten wissenschaftlichen Zeitschriften ist seit 1981 zu diesem Thema nichts publiziert worden. Aus meiner persönlichen Erfahrung kann ich sagen, daß im Laufe der Jahre nur wenige Eltern über länger anhaltende Besserungen bei Vitamin-Therapie berichtet haben. Allerdings wurde bei der Befragung durch A. Puttich (1987) die Vitamin-Therapie unter den wirksamen Behandlungsarten genannt.

ii) Diätformen

Die zweite Behandlungsmaßnahme zur Besserung autistischer Verhaltensweisen, die als Außenseitermethode gelten muß, ist die Anwendung bestimmter Diätformen. Von der Annahme ausgehend, daß bestimmte außergewöhnliche Verhaltensweisen, vor allem die Überaktivität (das sog. hyperkinetische Syndrom) etwas mit allergischen Vorgängen zu tun haben, hat der Amerikaner B.F. Feingold (1975) eine Diät empfohlen, die keine künstlichen Farbstoffe und keine Salicylate enthält. Die von Feingold anfangs beschriebenen Erfolge, d.h. die Beruhigung der hyperaktiven Kinder hielt einer wissenschaftlichen Prüfung nicht stand. Die Eliminationsdiät wurde gelegentlich sogar als schädlich angesehen. Sie ist nicht speziell beim kindlichen Autismus empfohlen worden.

Bei autistischen Kindern ist hingegen die Frage aufgeworfen worden, ob die häufig vorhandenen eigentümlichen Eßgewohnheiten (Verweigerung, Heißhunger etc.) bewirken könnten, daß die eingenommene Nahrung vom Standpunkt des Nährwertes oder durch den Mangel bestimmter zugeführter Stoffe – etwa Vitamine – ungenügend sei und dadurch Verhaltensstörungen produziert werden könnten. R. Raiten und Th. Massaro haben dies 1986 an 40 Autisten und 38 Kontrollkindern überprüft. Sie stellten zwar bei den Autisten fest, daß größere Mengen an Proteinen, Kohlehydraten, Nikotinamid, Vitamin B1, B3, Kalzium, Phosphor und Eisen zugeführt wurden als bei der Kontrollgruppe, konnten die Differenz jedoch durch ein etwas höheres Alter und damit verbundenes größeres Nahrungsbedürfnis erklären. Die Eltern und die sonstigen für die Ernährung zuständigen Personen erschienen bei den autistischen Kindern mehr diätbewußt und gaben sich besondere Mühe mit der „richtigen" Ernährung. Bei einer anderen Studie hatten Shearer und Mitarb. (1982) gefunden, daß autistische Kinder ($n = 12$) etwas weniger Kalzium und Vitamin B2 zu sich nahmen als eine Kontrollgruppe ($n = 10$).

Eine neue Außenseitermethode zur Behandlung von Verhaltensstörungen ist 1975 in Deutschland durch die Phosphathypothese aufgekommen. H. Hafer hat diese Hypothese folgendermaßen formuliert: „MBD-Kinder (MBD = minimal brain dysfunction) gehören einer endokrinen Extremvariante an, die durch Insuffizienz des Noradrenalinstoffwechsels charakterisiert ist und auf Phosphatzusatz in der Nahrung mit metabolischer Alkalose reagiert, welche zu den bekannten Erscheinungen der motorischen Unruhe und derjenigen Verhaltensstörung führt, die als ‚minimal brain dysfunction' bezeichnet wird. Amphetamine bzw. Methylphenydat-H-Cl durchschlagen die endogene Eigenart dieser Kinder". Da sehr viele autistische Kinder auch sehr unruhig sind und als MBD-Kinder gelten können, lag es nahe, diese Hypothese auch auf sie anzuwenden.

Hafer hat nun eine spezielle Diät entwickelt, die nicht nur die phosphathaltigen Zusatzstoffe aus der Nahrung eliminiert, sondern auch die natürlichen Phosphate reduziert. Die sehr gründliche Überprüfung der Postulate von Hafer, daß auch natürliche Nahrungs-Phosphate Unruhezustände provozieren, durch B. Walther (1982) hat derartige Korrelationen nicht bestätigt. Es erwies sich, daß es sich wohl vorwiegend um Placebo-Effekte handeln müsse. „Unsere zweimaligen Doppelblindversuche konnten . . . einen statistisch bedeutsamen Zusammenhang von Verhaltens- und Leistungsstörungen mit der Verabreichung von Phosphaten nicht nachweisen".

Neuerdings haben auch die Deutsche Gesellschaft für Kinder- und Jugendpsychiatrie, die Deutsche Gesellschaft für Kinderheilkunde und die Gesellschaft für Neuropädiatrie zu den Zusammenhängen zwischen phosphatreduzierter Kost mit dem hyperkinetischen Syndrom Stellung genommen (Strunk, 1987). Man war der Meinung, daß diese Diät nicht unbedenklich sei. Allerdings sei es möglich, daß eine sog. oligoendogene Diät nützlich sein könnte. Hauptbestandteil dieser Diät „sind bestimmte Fleischsorten, Kohlehydrate, Obst, Gemüse, Wasser, Kalzium und Vitamine". Auch Karch u. Mitarb. (1988) haben sich kürzlich sehr kritisch zur phosphatarmen Diät bei hyperaktiven Kindern geäußert.

Es ist kaum zu erwarten, daß für autistische Kinder andere Kriterien gelten als für solche, die – nur – hyperkinetisch sind. Es kann deshalb zur Phosphatdiät nicht geraten werden. Gelegentlich gemeldete positive Wirkungen dürften doch wohl mit irgendwelchen Imponderabilien – Suggestivwirkungen, also Placeboeffekten zusammenhängen.

iii) Frischzellentherapie

Eine weitere, schon sehr lange bekannte Außenseitermethode, deren Wirkung in der letzten Zeit auch für das autistische Syndrom geltend gemacht worden ist, ist die Frischzellentherapie. Behauptete Erfolge bei Mongoloiden (Down-Syndrom) halten einer kritischen Prüfung nicht stand. Durch die Injektion von Frischzellen wird in das Immunsystem eingegriffen, was evtl. vorübergehende

Entwicklungsschübe in Gang setzen kann. Diese gleichen sich innerhalb von wenigen Wochen wieder aus (Hoene, 1987). Hinzu kommt, daß es gelegentlich schwere allergische Reaktionen und Schockerscheinungen gibt, vor denen das Bundesgesundheitsministerium und kürzlich das Bundesgesundheitsamt gewarnt haben. Ich persönlich habe in meinem langjährigen praktischen Umgang mit autistischen Menschen noch nie gesehen, daß durch Frischzellentherapie autistische Symptomatik gebessert wurde.

iv) Tomatis-Therapie

In den letzten Jahren ist zu den genannten Außenseitertherapien die Methode von Tomatis hinzugekommen. Die Urteile der Eltern, die sie bei ihrem Kind angewandt haben, sind ganz unterschiedlich: Meldungen über gute Erfolge (Gisela Greiser, 1985) stehen negativen (Nicosia Nieß, 1987) und sehr kritischen Berichten (Dorothea Lentkitsch-Gnädinger, 1985) gegenüber. Die Frage nach der Effektivität der Tomatis-Therapie sollte von zwei Gesichtspunkten aus angegangen werden: 1. vom Aspekt der wissenschaftlichen Begründung des Vorgehens und 2. von der rein pragmatischen, empirischen Seite aus.

Prof. A. Tomatis hat als Hals-Nasen-Ohrenarzt in Paris einige Hypothesen entwickelt. Diese sind nicht in den wissenschaftlichen Büchern und Zeitschriften veröffentlicht worden, die sich ernsthaft mit dem Thema „autistisches Syndrom" beschäftigen. Sie sind auch nicht auf Tagungen über das Thema Autismus vorgetragen und diskutiert worden. Die Hypothese von Tomatis ist eine Mischung von Neurophysiologie und Psychoanalyse. Man kann sie nur schwer nachvollziehen. Mir liegt ein Vortrag von Tomatis in deutscher Übersetzung vor, den dieser auf dem 2. Internationalen Kongreß für Audio-Psycho-Phonologie in Paris 1972 gehalten hat. Er beginnt mit mehr anekdotischen Berichten über Flugzeugpiloten und Sänger. Erklärungen mit behavioristischen Begriffen wie „bedingter Reflex" und „feedback" sind in diesem Zusammenhang dubios. Ausführungen über Physiologie des Ohres sind zumindest sehr eigenwillig: „Ich bitte Sie nun, sich fortan immer bewußt zu bleiben, daß das Ohr nicht zum Hören ist . . . "; „Die Herzpumpe reicht nicht aus zur Versorgung des Gehirns . . . ". Sodann äußert sich Tomatis über das intrauterine Leben des Föten und zitiert wissenschaftlich schwer haltbare Hypothesen über dessen Gefühle und Erlebnisse. Er geht u.a. so weit, zu behaupten, „daß die Lebenskraft des Menschen durch das Ohr bestimmt wird". Das öffne oder verschließe sich zur Kommunikation, je nachdem, ob die erste Beziehung (gemeint offenbar die zwischen Mutter und Kind) angenommen oder zurückgewiesen werde. In den weiteren Ausführungen wird der Vorgang des Hörens mit der allgemeinen Perzeption, mit den komplizierten Vorgängen der Reizverarbeitung, der Wahrnehmungssynthese und des Denkens gleichgesetzt.

Schließlich stellt Tomatis die Hypothese auf, das Ohr sei für die „Energieladung des Gehirns" verantwortlich.

Tomatis hat für seine Therapie einen Apparat entwickelt, das sog. elektrische Ohr. Mit diesem werden aus dem Tonangebot, z.B. aus der Musik, bestimmte Frequenzen herausgefiltert. Dies geschieht in unterschiedlicher Weise, was die Frequenz und das rechte oder linke Ohr anbetrifft. Die Patienten müssen über viele Stunden die gefilterten Tonangebote anhören. Hierzu gehört bei Kindern auch die Stimme der Mutter, die z.B. so gefiltert wird, daß sie dem Höreindruck des Föten im Uterus ähnelt.

Über die Erfolge der Tomatis-Therapie hat die kanadische Schriftstellerin, Patricia Joudry (1986), ein Buch geschrieben, das unter dem Titel „Gesundheit aus dem Walkman" ins Deutsche übersetzt wurde. Nach dieser Autorin werden bei folgenden (Befindens)-Störungen Therapieerfolge erzielt: Hörstörungen, einschließlich Ohrgeräuschen und Schwindel, Geräuschempfindlichkeit, Schwierigkeiten von Sängern beim Singen, Sprachstörungen (u.a. Stottern), Lesestörungen (Legasthenie), Lern- und Arbeitsstörungen, Kopfschmerzen (Migräne), erhöhter Blutdruck, Halswirbelsäulensyndrom, Eßstörungen (Übergewicht), Sorgen und Angst. Positiv veränderten sich angeblich auch die Energie, die geistige Klarheit und der Schlaf. Eine Frau konnte besser Kreuzworträtsel lösen, eine andere benötigte beim Zahnarzt keine Anästhesie. Sogar ein besonders unruhiger Cockerspaniel wurde durch die Tomatis-Behandlung ruhiger. Nach Ansicht von Patricia Joudry ist diese Therapie zwar nicht wissenschaftlich untersucht, aber „jeden Tag in der Arena des Lebens getestet".

Vom autistischen Syndrom ist in dem Buch von Joudry nicht die Rede. Die Beziehung zum Autismus wird in folgender Weise hergestellt. In einer Schrift ohne Datum, die nach Angaben der Ehefrau Lena für einen nicht bekannten Empfänger von Prof. Tomatis verfaßt und von Werner Schwalm, Gesamtschule Soden-Allendorf, ins Deutsche übersetzt wurde, sind folgende Hypothesen aufgestellt worden: „Ohne nachzuforschen, warum das autistische Kind nicht zuhört, sind wir sicher, daß es hören kann, aber daß es sich bewußt (überlegt) weigert, zuzuhören". Das Kind weigere sich, die Sprache in seine Welt einzufügen. Der kindliche Autismus beruhe auf einer ganz frühen, schon intrauterinen Störung. Der Embryo könne bereits zuhören. „Das Ohr des Föten nimmt in bemerkenswerter Weise die Stimme seiner Mutter wahr. Auf diese Weise besteht ein Austausch, eine echte Übereinstimmung zwischen Mutter und ihrem Kind . . . Vor dem Hintergrund der innigen, täglichen und dauernden Beziehung . . . erlebt der Fetus bereits ein Gefühl des Entzückens, das durch das Plätschern der Stimme der Mutter hervorgerufen wird. Dort und nicht woanders beginnt das Verlangen zuzuhören!" Wenn sich aus irgend einem Grund dieses Verlangen nicht abzeichne oder „wenn es bereits in seinem Ursprung abstirbt, werden tiefgreifende Störungen der Kommunikation auftreten, deren Folgen wir kennen".

Die Therapie besteht also nach Tomatis darin, daß das autistische Kind über das elektrische Ohr lernt „wieder zuzuhören“, und zwar auf die Stimme der Mutter, so wie es sie aus dem Uterus gehört hat. Damit wird – ohne jeden Beweis! – unterstellt, daß bei dem Föten, der später Autist wird, die Fähigkeit des „Zuhörens“ unterbrochen worden sei. Wie das zustande kommen soll, bleibt dunkel.

Die Hypothesen sind wie viele andere tiefenpsychologische nicht zu beweisen und werden von den meisten modernen Autismusforschern abgelehnt. Sie sind m.E. auch deshalb schwer nachzuvollziehen, weil sie keine Erklärung dafür abgeben, warum gerade das autistische Kind im Uterus andere Erlebnisse haben soll als eines, daß sich später normal entwickelt. Diese unbewiesenen tiefenpsychologischen Hypothesen haben auch noch den Nachteil, daß sie bei den Müttern Schuldgefühle hervorrufen, denn es wird irgendwie unterstellt, daß sie sich in der Schwangerschaft falsch verhalten und damit ihr Kind geschädigt hätten.

Einleuchtender, aber von Tomatis nicht klar präzisiert, wäre eine Erklärung der Wirkung des „elektrischen Ohres“ auf die bei autistischen Kindern zweifellos gestörte Wahrnehmungsverarbeitung. Diese Störung betrifft zwar auch die optische Wahrnehmung, wirkt sich aber im Akustischen stärker aus. Autistische Kinder erscheinen oft wie taub, obwohl ihre periphere Wahrnehmung durch das Ohr normal funktioniert. Es würde also evtl. einleuchten, mit gefilterten Tönen, z.B. musikalischer Art, die Wahrnehmung über das Ohr in irgendeiner Weise zu trainieren. Wenn man auf diese Weise vorgehen wollte, sollte man aber im Einzelfall vorher untersuchen, welche Rolle die akustische Wahrnehmung bei dem betreffenden Kind spielt. Eine wahllose Beschallung aller Autisten mit dem Anspruch, sie auf diese Weise zu heilen, ebenso wie Legastheniker und die vielen oben genannten Befindungsstörungen, ist ein unwissenschaftliches Vorgehen.

Was weiter verlangt werden sollte, sind exakte empirische Untersuchungen. Bevor man die Tomatis-Therapie im das Repertoire der anderen Behandlungsmethoden des autistischen Syndroms aufnehmen könnte, müßte der Erfinder und Begründer dieser Therapie einen Bericht über die Wirkung bei autistischen Menschen, über Erfolge und Mißerfolge in einer kontrollierten Studie vorlegen, die in einer anerkannten wissenschaftlichen Zeitschrift publiziert oder auf einem Kongreß, bei dem Autismusexperten anwesend sind, vorgetragen und diskutiert wird. Einzelmitteilungen von Tomatis-Anhängern, die manchmal eher anekdotischen Charakter haben, genügen hier nicht. Ihnen stehen ohnehin Berichte enttäuschter Eltern gegenüber.

Wie oben schon ausgeführt wurde, tendieren Eltern von autistischen Kindern, die mit anderen Behandlungsverfahren keine positiven Erfahrungen gemacht haben, dazu, therapeutische Methoden zu übernehmen und für ihr Kind

* Autismus ist eine angstdominierte Störung des emotionellen Gleichgewichts |Einstellungen|

Definitionen d. Autismus

* Eine schwere Störung in der Beziehung und im Verständnis zur Umwelt (Hilfe für d. aut. Kind)
* Eine schwere chronische Verhaltensstör. bei der die Einschränkung des Kontaktes, die Bezogenheit auf sich selbst im Vordergrund steht (Kehrer)
* Kontakt[illegible] mit Rückzug auf die eigene Vorstellung und Gedankenwelt und Isolation von der Umwelt (Vgl. Pschyrembel)

auszuprobieren, die ihnen von Bekannten empfohlen werden. Bei einer solchen Therapie gibt es sicher auch, ebenso wie bei Medikamenten, Placebo-Effekte. Eine Behandlung, die sehr teuer ist und für die man viel Eigeninitiative aufbringen muß – Reise nach Paris –, hat einen hohen Erwartungswert. Durch ihre Hoffnungen werden die Eltern auch positiv gestimmt, was sich wiederum auf das Kind günstig auswirken kann, indem die Eltern mit ihm anders umgehen als bisher. Die gemeinsame Reise mag als weiteres Placebo hinzukommen.

Man sollte Eltern, die die finanziellen und sonstigen Aufwendungen einer solchen Behandlung auf sich nehmen wollen, nicht daran hindern, ihnen auch nicht von einem Versuch abraten; denn jede Maßnahme, die bei den oft so schwer gestörten Kindern und Jugendlichen auch nur eine kleine Besserung verspricht, könnte sich – auch im Verein mit anderen wissenschaftlich anerkannten Methoden – irgendwie günstig auswirken. Es kann jedoch von den Kostenträgern (Krankenkassen etc.) nur in seltenen Ausnahmefällen erwartet werden, daß sie diese kostspielige Therapie bezahlen.

v) Dunkelzimmertherapie

Im Laufe der letzten Jahre sind noch ein paar andere Therapiemethoden angegeben worden, die bei autistischen Kindern in einzelnen Fällen eine positive Wirkung gehabt haben sollen. Ein von der Theorie her nicht abwegiges Vorgehen ist die in Japan propagierte *Dunkelzimmer*therapie. Sie wurde von Satoh vom Staatlichen Institut für Sonderpädagogik in Yokohama (1988), und von O. Speck in Deutschland bekannt gemacht. 4 autistischen Jungen wurden in einem dunklen Zimmer Video-Filme (Sesamstraße) vorgespielt. Dabei hatte der dunkle Raum eine beruhigende Wirkung; die Kinder sahen z.T. konzentriert auf den Fernseher. Im Dunkelzimmer wurden ihnen aber auch noch andere Reize angeboten, nämlich Dias mit Bildern ihrer eigenen Tätigkeit in der Schule und der Lehrer sowie mit chinesischen Schriftzeichen. Diese Kinder wurden auch mit dem Training der Zen-Meditation behandelt.

Zu dieser Art von Therapie ist folgendes kritisch anzumerken: Daß ein dunkler Raum für autistische Kinder eine positive Wirkung hat, leuchtet ein. Sie werden hier nicht mit Reizen überschüttet, die sie infolge ihrer Wahrnehmungsverarbeitungsstörung schwer verkraften können. Sie lernen, sich auf eine optische und akustische Reizkombination, das Videobild zu konzentrieren und profitieren von dieser Darbietung mehr als in einem anderen Raum. Das Dunkelzimmer dient also dazu, die Anwendung von Lernstoff zu erleichtern. Der hypothetische Vergleich des dunklen Raumes mit dem Uterus, in dem in der vorgeburtlichen Periode „Autismen" entstanden seien, wie der Schulleiter Takada erklärt habe (Kommentar von O. Speck) ist hier schwer nachzuvollziehen, denn allein die Dunkelheit genügt wohl nicht, um uterusähnliche Verhältnisse hervorzurufen. Ebenso ist das Verbringen in einen dunklen Raum für eine vorübergehende Zeit (30–60 Minuten) als Therapiemaßnahme kaum geeignet, an der hypothetisch im Uterus entstandenen autistischen Störung etwas zu ändern. Hier findet man konfuse Ideen wieder, die schon bei der Tomatistherapie so schwer nachzuvollziehen waren.

Andererseits ist das Hilfsmittel „Dunkelzimmer“ ein nachahmenswerter Versuch, mit autistischen Kindern unter für sie günstigen Bedingungen zu arbeiten.

vi) Therapie mit Tieren

Die letzte hier zu besprechende Außenseitermethode für das Arbeiten mit autistischen Kindern ist die Therapie mit *Delphinen.* Über diese Behandlungsart bin ich nur durch einen Artikel im „Stern“ unterrichtet. Dr. Betsie Smith ließ 1978 in Florida den 18jährigen autistischen Jugendlichen Michael 4 Wochen lang mit Delphinen zusammen schwimmen. Michael, der vorher nie gesprochen hatte, sagte von da an „Klick“, wenn er das Bild eines Delphins sah. Er hatte diesen Laut von den Tieren übernommen. Michael sei aber nach dieser Therapie eine Viertel- bis eine Stunde ruhiger, weniger autoaggressiv und konzentrierter gewesen. Auch 3 andere autistische Jungendliche sollen sich nach der Delphin-Therapie gebessert haben.

Auch mit dieser Therapie wird eine Möglichkeit angesprochen, mit autistischen Menschen umzugehen. Wir wissen von manchen autistischen Kindern, daß sie sich gerne mit Tieren, wohl meist mit Haustieren, abgeben. Da das Tier weniger fordernd ist als die menschlichen Partner, wird hier oft eine gute, wenn auch nicht immer ganz dem üblichen Umgang mit dem Tier adäquate Beziehung aufgebaut. Die gestörte Wahrnehmung der Autisten bewirkt manchmal, daß das Tier zunächst wie eine Sache angefaßt wird.

Spezifische Verhaltensweisen gegenüber Tieren, nach ethologischer Nomenklatur als sog. „Kindchen-Reaktion“ liegen beim Menschen im Erbgut bereit. Sie konnten von P. Spindler (1981) beim Umgang mit jungen Katzen im Laufe des 3. Lebensjahres nachgewiesen werden. Er beobachtete: „Euphorische Gestimmtheit, Zuwendung des am Unterarm liegenden Tieres, gleichzeitiges Streicheln mit der freien Hand, leichtes Vorbeugen und Zuneigen des Kopfes und Produktion von Koselauten . . .“. Man kann sich gut vorstellen, daß Delphine ebenso wie junge Tiere von ihrem äußeren Aspekt her, aber auch von ihrem „frühkindlich“ wirkenden Verhalten Kindchen-Reaktionen auslösen und damit zur Aufnahme von Kontakten auffordern.

Die Beschäftigung mit Tieren ist in manchen psychiatrischen Einrichtungen und in solchen für Geistigbehinderte schon zum Vergnügen aller Beteiligten geübt worden. Intellektuell weniger Begabte haben oft Tieren gegenüber eine besonders glückliche Hand. In Amerika und England gibt es einige Untersuchungen über den Einsatz von Tieren in der Psychotherapie (R.S. Anderson, 1985; J.S. Saviskinsky, 1974).

Eine seit längerer Zeit in der Behandlung von Kindern angewandte Methode, die in diesem Zusammenhang erwähnt werden sollte, ist die *Reittherapie*. Auch hier wirkt sich die Begegnung mit dem Tier positiv aus. Sie wird des öfteren bei autistischen Kindern angewandt. Ihre Vorteile sind der notwendige behutsame Umgang mit dem großen Tier, die Förderung der Motorik bei den Übungen und die Verbesserung des Kontakts mit den anderen Mitgliedern der Voltigiergruppe.

Das Tier kann also in verschiedener Weise bei der Therapie von autistischen Kindern eingesetzt werden. Es wirkt mit als *ein* Hilfsmittel in einem größeren Behandlungskonzept und muß nicht unbedingt ein Delphin sein.

Der Einsatz von Tieren bei der Therapie von autistischen Kindern und Jugendlichen und anderen Behinderten sollte sehr gezielt erfolgen. Das gilt sowohl im Interesse des zu Behandelnden als auch des Tieres. Sein typisches Verhalten, seine Bedürfnisse müssen stets berücksichtigt werden, damit das Kind nicht durch Biß oder allergische Reaktion auf Tierhaar gefährdet, aber auch das Tier nicht gequält wird (Döpp-Woeseler, 1981; E. Lungershausen, 1981). Gerade autistische Kinder neigen manchmal dazu, ihr Tier „gefühllos“ und ungeschickt zu behandeln, weil sie nicht wissen, daß es Schmerz und Unbehagen empfindet.

Die Tiertherapie wurde zwar unter der Überschrift „Außenseitermethoden“ beschrieben; durch sie eröffnen sich aber sicher oft Möglichkeiten, wenn sie als zusätzliche Maßnahme eingesetzt wird, wenn man von ihr keine Wunder erwartet und wenn ihre Wirkung nicht überschätzt wird, wie man bei der Delphin-Therapie den Eindruck hatte.

5. Therapie einzelner gestörter Verhaltensweisen

Für die Praxis der Therapie des autistischen Syndroms ist es wichtig zu wissen, wann eine bestimmte Methode oder Maßnahme angezeigt ist. Selbstverständlich muß man bei der Behandlung stets den ganzen Menschen, das einzelne Individuum in seiner Gesamtheit im Auge behalten, die Therapie wird aber fast immer irgendwie symptomorientiert sein. Nur wer mutistisch ist oder Sprachstörungen hat, braucht eine Sprachtherapie, nur bei den Autisten, die sich selbst beschädigen, ist eine diesbezügliche Spezialbehandlung angezeigt.

Der Zielplan nach gestörten Verhaltensweisen läßt sich in zweierlei Weise unterteilen, nämlich 1. indem man zunächst festzulegen versucht, in welcher Richtung zur Norm sich die Therapie bewegen soll (Tabelle 7, S. 122) und 2.

was normales Verhalten im Einzelfall verhindert (Tabelle 8, S. 123). Dabei sind die Störungen nach dem lerntheoretischen Ansatz unterteilt in Verhaltensexzesse, also Symptome, die man abzubauen versucht und in Verhaltenslücken, die man durch Aufbau füllen muß.

Im folgenden sollen diese Therapieziele als Komplexe zusammengefaßt behandelt werden.

Das Kardinal-Symptom *Kontaktstörung*, das zu dem Namen Autismus geführt hat, ist insofern weniger gezielt behandlungsbedürftig, als der gestörte Kontakt zu den Mitmenschen sich durch den üblichen Umgang mit dem Kind, durch die eigentlich selbstverständliche liebevolle Zuwendung der Mutter und anderer Betreuungspersonen meist von selbst bessert. Wir haben 1972 ein spezielles Therapiekonzept erprobt (H.E. Kehrer und R. Budde). Hier gelang es mit den verhaltenstherapeutischen Maßnahmen des operanten Konditionierens und Imitationslernens in 14 Wochen (65 Sitzungen) bei 2–7jährigen autistischen Jungen einmal sehr erfolgreich, im 2. Fall ziemlich gut den Kontakt zu verbessern. In dem praktischen Umgang mit dem autistischen Kind sind die Kontaktförderung und der Versuch, die Isolation aufzuheben, Maßnahmen, die in Verbindung mit anderen therapeutischen Interventionen geschehen.

Was das autistische Kind vor allem lernen muß, ist die *Anpassung* an das häuslich-familiäre Milieu, sei es in der Wohnung, sei es im Freien. Jeder Mensch, der in einer Gemeinschaft lebt und ein solches Zusammenleben ist zweifellos ein Ziel jeder derartigen Behandlung, muß sich an die Regeln der Gruppe halten. Das fällt den meisten autistischen Menschen vor allem wegen ihrer gestörten sozialen Wahrnehmung schwer. Sich hier anzupassen, liegt sowohl in ihrem eigenen Interesse, weil sie nur dann am Familienleben – oder am Leben im Heim – teilnehmen können, als auch im Interesse der Gruppe. Denn bei jeder Autismustherapie muß man auch an die Eltern, Geschwister und Betreuer denken, die oft ihr Letztes hergeben, um das Zusammenleben erträglich zu machen. Deswegen sollte man dem Kind die Beachtung einfacher Regeln beibringen, auch wenn es selbst davon nicht soviel hat. Die Mutter und die Familie wollen in der Öffentlichkeit möglichst wenig auffallen. Sie wollen gemeinsam einen Spielplatz, ein Geschäft, ein Restaurant aufsuchen können, ohne ständig auf dem Pulverfaß zu sitzen. Deswegen gehört zu einem Behandlungsprogramm das Einüben von manierlichem Essen, auch in einer Gaststätte, das Gehen an der Hand im Straßenverkehr, das ruhige Sitzen im Autobus, die Anwendung von Grußformeln etc. Alle diese Fertigkeiten können – mit viel Geduld – geübt werden. Sie sind ein wichtiger Bestandteil des Therapieprogramms. Man plant die schrittweise Ausführung solcher Handlungen und belohnt sie systematisch.

Für das Zusammenleben mit dem autistischen Kind oder Jugendlichen ebenso wichtig ist seine/ihre *Selbständigkeit*. Viele Mütter tendieren dahin, ihrem Kind auf diesem Gebiet fast alles abzunehmen, obwohl es vieles selbst bewerkstelligen könnte. Das gilt vor allem für An- und Ausziehen, Waschen, Zähneputzen etc. Natürlich geht es schneller, wenn die Mutter dabei hilft und evtl. der Schulbus gleich abfährt. Aber auf diese Weise wird das Kind nie selbständig. Auch diese Fertigkeiten lassen sich sukzessive – evtl. mit den verhaltenstherapeutischen Methoden des shaping, fading u.ä. – einüben. Ein Hindernis hierbei ist oft der verminderte Eigenantrieb autistischer Menschen. Sie beherrschen, gerade als Jugendliche oder Erwachsene, alle diese Handlungen ohne weiteres, bleiben dabei aber stecken, es geht nicht weiter. So kann das morgendliche Anziehen manchmal stundenlang dauern, wenn niemand eingreift. Die Mutter muß dann daneben stehen und den Sohn oder die Tochter zu jedem kleinsten Handgriff auffordern. Solche Verrichtungen werden manchmal bei Autisten auch durch Zwangshandlungen erschwert. Es ist nicht so leicht, diese Hindernisse zu über winden, möglich ist es aber doch fast immer. Das zeigt die Tatsache, daß die gleichen Handlungen oft in einem anderen Milieu tadellos ablaufen. Im Kindergarten oder in der Schule gelingt es ohne weiteres, die Schuhe rasch auszuziehen oder dergleichen, wofür das Kind zu Hause eine Stunde braucht.

Um derartige Mängel in der Selbständigkeit und Selbstversorgung zu Hause besser in den Griff zu bekommen, müssen alle Zusammenhänge der Handlungsausführung zunächst genau analysiert werden. Wer hilft üblicherweise und wie? In welchem Raum und unter welchen Bedingungen geschieht das? Kann das Kind evtl. etwas unangenehmes vermeiden, wenn es sich nicht schnell anzieht? Dann sollte man den ganzen Handlungsablauf von Anfang an neu gestalten und dabei die Bedingungen soweit wie möglich ändern. Denn über lange Zeit eingespielte Gewohnheiten, die teilweise zu Riten geworden sind, lassen sich schwerer abbauen.

Viele Tätigkeiten des täglichen Lebens können autistische Kinder und Jugendliche selbst leisten, wenn man ihnen das beigebracht hat und wenn man es vermeidet, ihnen das immer abzunehmen. Sie können oft viel mehr als man glaubt. Wenn sie wirklich ernstliche Risiken so weit als möglich ausschalten, können Eltern und Betreuer sich stärker zurückziehen. Jeder Mensch, auch ein autistisches Kind, hat Freude daran, etwas selbständig zu tun und sich nicht immer helfen oder bevormunden zu lassen. Die Abnabelung von der Mutter, das Selbständigwerden muß sich irgendwann, von Fällen ganz schwerer geistiger Behinderung abgesehen, vollziehen. Der oder die Jugendliche selbst und die ganze Familie profitieren davon.

a) Toilettentraining

Im Rahmen der Erziehung zur Selbständigkeit spielt die Beherrschung der Ausscheidung von Stuhl und Harn eine wichtige Rolle. Vor allem die autistischen Kinder und Jugendlichen, die geistig behindert sind, nässen und koten häufig noch ziemlich lange ein. Die Unsauberkeit der Hose ist eine schwere Belastung für die Betreuer und das Kind. Es kann an vielen Aktivitäten nicht teilnehmen, obwohl die geistige Verfassung dies möglich machen würde. Auch die Gruppenfähigkeit leidet. Es muß also alles daran gesetzt werden, die Fähigkeit der Blasen-Mastdarm-Beherrschung aufzubauen, die selbst das Haustier, in gewissem Umfang auch manche Wildtiere, beherrschen. Die letzte Feststellung besagt, daß zum Sauber- und Trockenwerden höhere geistige Funktionen nicht erforderlich sind, sondern daß beim Tier und beim Menschen ein Verhaltensmuster bereit liegt, das durch gewisse Hilfe aus der Umwelt nur entwickelt zu werden braucht. Ohne solche Hilfen, die als Lernprozesse im weitesten Sinne bezeichnet werden können, kann die Sphinkterkontrolle allerdings nicht zustande kommen. Manche Eltern haben sich damit abgefunden, daß das bei ihrem Kind nicht klappt. Sie geben immer eine Windel in die Hose, was nicht gerade zur Zurückhaltung von Stuhl und Harn beiträgt, sondern eher dazu, sich in die Windel zu entleeren.

Sowohl für die Behandlung des Einnässens als auch des Einkotens gibt es zunächst einen gemeinsamen Schritt: die Gewöhnung an den Toilettenraum und an das Klosett. Das Kind muß durch ein Verstärkerprogramm dazu gebracht werden, daß es diesen Raum ohne Angst und Unwillen betritt und sich auf das Klosett setzt. Wenn das allein nicht genügt, es zur Entleerung zu bewegen, kommen für Kinder, mit denen eine Verständigung hierüber schwierig ist, zwei wirkungsvolle Maßnahmen in Frage: Das Musikklosett und die Anwendung von Mikroklist.

Für die Behandlung der Enuresis nocturna, des nächtlichen Einnässens, gibt es schon lange Apparate. Sie funktionieren so, daß im Bett oder in der Hose durch die ersten Tropfen des austretenden Harns ein Stromkreis kurzgeschlossen und damit ein Wecksignal ausgelöst wird (H. Stegat, 1973 u.a.). Näßt das Kind am Tag ein, so funktioniert diese Methode weniger gut, da es auf das Wecken nicht ankommt. Nun hat man eine Methode erdacht, bei der die Entleerung in das Klosett sofort belohnt, also operant verstärkt wird. Die ersten Tropfen entleerten Urins lösen das Abspielen eines Musikstückes aus. Hierzu hat man zunächst eigene kleine Klosetts ohne Wasserspülung konstruiert. Hartmann und Mitarb. haben nun 1981 eine praktische Apparatur entwickelt, die sich bei einem normalen WC anbringen läßt. Durch zwei durch Flüssigkeit kurzzuschließende Elektroden am Boden der Toilettenschüssel wird ein Kassettenrecorder eingeschaltet, der Musik produziert. Als operanter Verstärker dient also die Musik, deren Art nach dem Geschmack des Kindes ausgewählt werden kann. Muß man zu lange auf eine spontane Entleerung warten, kann man versuchen, zunächst etwas lauwarmes Wasser am Unterbauch des Kindes herabrieseln zu lassen, um ihm so das Erlebnis der Musik zu ermöglichen.

Auch beim Einkoten gibt es ein Mittel, die Entleerung auf der Toilette einzuleiten und zu forcieren: die Anwendung von Mikroklist. Zu der Zeit, zu der man eine Darmentleerung erwartet oder für zweckmäßig hält, wird der Inhalt einer Tube rektal eingeführt. Das Kind wird 5–10 Minuten später auf die Toilette gesetzt, wo eine Weile – bis zu 20 Minuten – später die Stuhlentleerung erfolgt. Diese wird sogleich mit einer speziell auf das Kind abgestimmten Belohnung verstärkt. Kommt die Entleerung auf diese Weise in Gang, so kann man sich nach etwa 14tägigem Erfolg aus der Behandlungsmaßnahme ausschleichen. Das geschieht, indem zunächst für etwa eine Woche die eingespritzte Flüssigkeit halbiert und dann weiter verringert wird. Schließlich sollte man sie nach einer Weile durch lauwarmes Wasser ersetzten. Die Prozedur wird damit beendet, daß die Gaben nur noch jeden 2. Tag – intermittierend – und dann immer seltener erfolgen.

b) Sprachtherapie

Die Mängel und Besonderheiten des Kommunikationsmittels Sprache sind eines der charakteristischsten Bestandteile des autistischen Syndroms (siehe S. 35). Deswegen nimmt die Sprachtherapie auch einen besonders großen Raum in der Praxis und in der Literatur der Autismus-Behandlung ein. Zwei Grundkonzepte beherrschen diese Therapie: Die Vorstellung mancher Tiefenpsychologen, die Sprachfähigkeit sei an sich vorhanden und müsse nur geweckt werden, und die Prämisse, dem autistischen Kind fehlten psychophysische Voraussetzungen, Sprache zu produzieren, sie als Kommunikationsmittel einzusetzen, teilweise auch sie zu verstehen, so daß sie ganz von vorne angebahnt werden müsse. Beide Hypothesen sind nicht von der Hand zu weisen, wobei die 2. für die Praxis größere Relevanz hat. Bei einem Teil der autistischen Kinder sind die Voraussetzungen zu normalem Sprechen zweifellos vorhanden. Viele von ihnen entwickeln sogar differenzierte Sprache. Hier ist eine Sprachtherapie natürlich nicht erforderlich. Sehr viele Autisten beginnen jedoch verspätet und oft unvollkommen zu sprechen, lernen aber dann später doch, sich richtig sprachlich auszudrücken. Leider ist es nicht möglich, das im Einzelfall vorauszusagen. Immerhin ist es für diese Gruppe sinnvoll, bereitliegende Sprachfähigkeiten zu wecken, ohne daß man den mühevollen Weg eines Sprachaufbaus einschlagen muß. Für diese Kinder eignen sich Methoden, die vorwiegend die allgemeine Kommunikation fördern, z.B. Musiktherapie oder der Einsatz von Gesang. Hier kann auch die umstrittene Festhaltetherapie

(S. 131) wirksam sein (I. Prekop). Jedenfalls habe ich einige Kinder gesehen, die während und nach dieser Maßnahme zum erstenmal zu sprechen begannen (U.H. Rohmann u. H. Hartmann, 1985). Das gilt allerdings, wie gesagt, nur für einen Teil der mutistischen Kinder.

Für einen großen Teil der sprechunfähigen autistischen Kinder ist es notwendig, die Sprache ganz von Anfang anzubahnen. Hierzu eignen sich verhaltenstherapeutische Maßnahmen am besten. Es können nicht alle in diesem Zusammenhang wichtigen Praktiken im einzelnen behandelt werden, deswegen will ich nur einige grundsätzliche Bemerkungen machen. An den Anfang jeder Sprachanbahnung gehört eine genaue Analyse der vorhandenen oder nicht vorhandenen Sprachkompetenz, die sich natürlich auch auf die Angaben der Eltern stützen muß: Ist Sprachverständnis vorhanden? Besteht dieses wirklich im verbalen Verständnis oder entnimmt das Kind die Zusammenhänge nur aus der Situation oder den Gesten? In welchem Stadium befindet sich eventuell vorhandene aktive Sprache?

Ein Programm zum Aufbau aktiver, später auch kommunikativer Sprache setzt sich aus folgenden Schritten zusammen: Training des Sprachverständnisses nach lerntheoretischen Gesichtspunkten; Aufbau von Imitationsfähigkeit nonverbal und verbal, die schließlich zu einer Echolaliesprache führen sollte; Umformung der Echolaliesprache in Aussagesprache; Überführung der Aussagesprache in Kommunikationssprache. Der erste Schritt beginnt mit Lippen-, Zungen-, Atem- und Luftstromübungen, wie sie auch in der Gehörlosenpädagogik an gewandt werden. Dabei sollte man sich auch der hier üblichen Handgesten bedienen (D.I. Lovaas, 1966, 1972; Kehrer u. Körber, 1971; Kehrer, 1977 u.a.). Wichtig ist es dabei auch, für eine Generalisation erreichter Sprachkompetenz in räumlicher und situativer Hinsicht zu sorgen. Es gibt aber auch Möglichkeiten, sich des geschriebenen Wortes zu bedienen und damit in gewissem Umfang Lesefähigkeit aufzubauen (LaVigna, 1977).

Die Erfolge aller dieser therapeutischen Maßnahmen sind unterschiedlich. Leider wird es nur selten gelingen, bei einem ganz mutistischen Autisten eine perfekte Sprache aufzubauen. Man hat hier mit manchen Probleme zu kämpfen. Manchmal bleibt man in einer Primitivsprache stecken oder man hat Schwierigkeiten, die tatsächlich erworbene Sprachfähigkeit für ihren eigentlichen Zweck, die Kommunikation, nutzbar zu machen. Immerhin ist es zweifellos ein Gewinn, wenn man weiß, daß das Kind sich sprachlich ausdrücken kann, daß es in der Lage ist, Wünsche verbal zu äußern, auch wenn das nicht immer funktioniert. Nicht so selten kommt es vor, daß ein Autist dann später, wenn man es eventuell gar nicht erwartet, sein so erworbenes Sprachvermögen doch einsetzt.

Gelingt es trotz längerer Versuche mit diesen Methoden nicht, verbale Sprache aufzubauen, so bleibt noch der Weg, es mit der *Zeichensprache* (sign language) zu versuchen. Hier wird Sprache angebahnt, die sich ausschließlich der Gesten bedient. Diese Möglichkeit des kommunikativen Sprechens ist aus der Gehörlosenpädagogik lange bekannt. Sie wird seit längerer Zeit auch in der Autismus-Therapie benützt (C.D. Webster u. Mitarb., 1973; S. Benaroya und Mitarb., 1977 u.a.).

Das Erlernen der Zeichensprache eignet sich besonders für autistische Kinder mit Hörschwächen oder solche, bei denen man sich nicht darüber klar ist, ob sie Laute und Sprache wahrnehmen können. Christiane Boecker (1983) aus unserem Team hat es in monatelanger intensiver Betreuung, vorwiegend nach verhaltenstherapeutischen Aspekten, geschafft, einem 12jährigen gehörlosen oder zumindest hochgradig schwerhörigen autistischen Jungen in 4 Wochen zunächst 10 und dann in 8 Monaten etwa 70 Gebärden der Zeichensprache beizubringen, die er zunächst in der Gehörlosenschule, später auch im Alltag anwandte.

Es hat sich gezeigt, daß mit Hilfe der Gebärdensprache bei manchen mutistischen autistischen Kindern und Jugendlichen die Kommunikationsfähigkeit erheblich verbessert werden kann (B. Remington u. Clarke, 1983 u.a.). Dabei ist es natürlich erforderlich, daß die Partner, also auf alle Fälle die Eltern, die manuelle Gebärdensprache beherrschen. Sie sind von der Deutschen Gesellschaft zur Förderung der Hör-Sprach-Geschädigten (1977) zu erhalten. Wenn man beginnt, einem autistischen Kind die Zeichensprache beizubringen, so ist damit nicht ausgeschlossen, daß es später doch noch die Anwendung von gesprochenen Wörtern lernt (A.L. Schuler und M. Baldwin, 1981).

Bei weniger schwerwiegenden Sprachstörungen autistischer Kinder, bei denen es nur darum geht, vorhandene Sprachkompetenz zu erhöhen, Artikulationsschwierigkeiten zu beseitigen, grammatische oder syntaktische Mängel anzugehen, können auch die Methoden der Logopädie angewandt werden. Hierzu eignet sich z.B. das psycholinguistische Sprachförderungsprogramm von J.M. Lug (1985), vor dessen Anwendung der Psycholinguistische Entwicklungstest von Kirk u. Mitarb. (1968, deutsch von Angermaier, 1974) durchgeführt werden sollte, soweit dies bei einem autistischen Kind möglich ist.

c) Behandlung von Verhaltensexzessen

Einen besonderen Raum bei der Behandlung des autistischen Syndroms nehmen die Verhaltensexzesse ein: alles das, was der autistische Mensch über Maß und Umfang normalen Verhaltens hinaus tut. Das sind Stereotypien, zwanghafte Riten, Aggressivität und Selbstbeschädigung. Diese Symptome machen den Umgang mit dem behinderten Menschen so besonders schwer, weil alle diese Handlungen für den Außenstehenden selten einfühlbar sind, weil man daran sofort erkennt, daß dieses Kind oder dieser Jungendliche psychisch abnorm ist, und weil dadurch meist die häusliche Ruhe empfindlich gestört wird. Für den Betroffenen selbst sind Verhaltensexzesse insofern hinderlich, als er, während er sie ausführt, keiner geordneten, sinnvollen Tätigkeit nachgehen kann.

Wie früher erläutert wurde (S. 34), dienen *stereotype Bewegungen* wahrscheinlich der Selbststimulation. Sie haben eine gewisse lustvolle Komponente. Das bedeutet einerseits, daß man sich manchmal scheut, dem Autisten dieses Vergnügen zu nehmen, wenn er schon sonst wenig Lebensfreude nach unseren normalen Maßstäben hat. Andererseits bedeutet dieser lustvolle Gehalt der Handlungen, daß sie sich selbst verstärken und deswegen besonders schwer zu beeinflussen sind. So sollte bei jedem Behandlungsplan auf diesem Gebiet zunächst abgewogen werden, wieviele und welche Stereotypien man evtl. hinnehmen und vielleicht nur auf einen bestimmten Punkt und eine bestimmte Zeit beschränken sollte. Wenn ein Autist in seinem eigenen Zimmer schaukelt, kreiselt oder wedelt und sich dabei wohlfühlt, so kann das ruhig geduldet werden. Das Ziel der Behandlung sollte es jedoch sein, daß er das nicht auf der Straße, in der Schule oder in Gegenwart von ihm weniger vertrauten Menschen tut.

Zur Reduktion von motorischen Stereotypien sind zwei Methoden angegeben worden: die Bestrafung der stereotypen Handlungen und die Verstärkung von Zeiträumen, in denen sie nicht ausgeführt werden. Unter Bestrafung muß man nicht unbedingt eine drastische Maßnahme wie einen Schmerzreiz (Baumeister und Forhead, 1972) verstehen, das kann vielmehr auch ein laut gesprochenes „Nein“ oder das Festhalten etwa der Hände sein. Bewährt hat sich auch der Versuch, die stereotype Handlung in eine einigermaßen sinnvolle zu überführen, die dann intensiv belohnt wird. Ein Kind, das mit dem Bleistift zeichnet oder auch nur kritzelt, kann nicht gleichzeitig wedeln oder sonstige stereotype Handbewegungen machen. Wirkungsvoll ist auch das Anbieten von Spielzeug, das sonst gerne benützt wird (Berkson und Mason, 1964). Da Stereotypien immer irgendwie mit der Situation zusammenhängen, kann man solche Situationen, wenn man sie kennt, so weit wie möglich vermeiden. Die Zeiträume, in denen jugendliche Geistigbehinderte vorher häufig aufgetretene motorische stereotype Bewegungen nicht ausführten, sondern sich sinnvoll beschäftigten, haben Repp und Mitarb. (1974) systematisch verstärkt. Sie sahen eine deutliche Reduktion der Stereotypien. In der Praxis wird man zweckmäßigerweise ein Behandlungsprogramm entwickeln, in dem man diese verschiedenen Maßnahmen kombiniert.

d) Behandlung von Aggressivität und Autoaggressivität

Mit dem Älterwerden stellt sich bei vielen autistischen Kindern Aggressivität und/oder Autoaggressivität ein. Das hängt manchmal auch mit der Pubertät zusammen. Sie therapeutisch anzugehen, ist eine schwierige Aufgabe. Aggressives Verhalten autistischer Menschen hängt sicher mit ihrer allgemeinen sozialen Inkompetenz, mit ihrer zu gering ausgebildeten Empathie zusammen. So kann der an sich normale Aggressionstrieb nicht in die richtigen Bahnen gelenkt werden. Die Kinder haben große Schwierigkeiten, die Regeln des menschlichen Zusammenlebens zu erlernen, die u.a. auf der Kanalisation von Aggressivität beruhen.

Wie jedes menschliche aggressive Verhalten äußert sich dieses auch bei dem Autisten, gegen Menschen und gegen Gegenstände. Die Behandlung sollte zunächst darin bestehen, daß eine Verstärkung der jeweiligen Aggressionen vermieden und friedlicher Umgang mit dem Aggressionsobjekt verstärkt wird. Mit dem Ignorieren ist es meist nicht getan, denn man kann nicht warten, bis der angegriffene Partner verletzt, der Gegenstand zerstört ist. Häufig hilft die schnelle Veränderung der Situation; der aggressive Jugendliche wird wortlos aus dem Zimmer geführt, wobei ein gewisser Druck meist unvermeidlich ist. Schimpfen ist oft wirkungslos, da es manchmal sogar als Verstärker wirkt – Bedürfnis nach Bestrafung ist ein bekanntes Symptom des autistischen Syndroms. Gerade im Zusammenhang mit der Aggressivität autistischer Menschen gilt es, sehr konsequent die Regeln des menschlichen Umgangs einzuüben und zu fordern. Ein Partner – Elternteil, Geschwister oder Betreuer – sollte es keinesfalls hinnehmen, daß der Autist ihn schlägt, beißt, kratzt oder sonstwie malträtiert. Denn wenn das im Intimbereich geduldet wird, so ist auch zu befürchten, daß außerhalb des Haushalts ähnliche Aggressionen auftreten.

Man kann nun fragen, wie soll denn der autistische Mensch seine Aggressionen loswerden, wenn er keine Möglichkeit hat, sie irgendwo abzureagieren. Es ist in der Psychologie umstritten, ob ein starkes Ausleben von Aggressionen, etwa das Schlagen gegen den Punching-Ball oder das Zertrümmern von Flaschen, diese abbaut oder eventuell sogar noch steigert. Immerhin sind anstrengender Sport und zur Ermüdung führende sonstige Tätigkeiten sicher ein Mittel, Aggressivität zu verringern. So sollten autistische Jugendliche, bei denen Aggressivität ein Problem ist, sich täglich längere Zeit im Freien aufhalten, z.B. im Garten arbeiten oder auch mit einem Partner joggen.

Ein bisher in keiner Weise befriedigend gelöstes Problem ist die Therapie von *Autoaggressionen*, also von selbstbeschädigendem Verhalten. Gerade in den letzten Jahren hat man sich intensiver mit diesem Problem beschäftigt und dabei festgestellt, daß Autoaggressionen, als Sich-Schlagen, mit Körperteilen gegen harte Gegenstände schlagen, Sich-Beißen oder -Kratzen bei Geistigbehinderten, vor allem in Heimen, sehr oft vorkommen, aber bei autistischen Kindern und Jugendlichen, vor allem solchen mit geistiger Behinderung, noch viel häufiger auftritt (J. Busse, aus unserem Team, 1988). Hier kommt es vor, daß ein autistisches Kind sich in wenigen Minuten hundertmal gegen den Kopf schlägt, sich dabei Wunden und Blutergüsse, ja sogar lebensgefährliche Verletzungen beibringt. Eltern und Betreuer stehen solchem selbstzerstörerischen Verhalten meist ratlos gegenüber. Ignorieren kommt hier überhaupt nicht in Frage, auch wenn man den Eindruck hat, daß eine provokative Komponente im Spiel ist. Es bleibt also nichts übrig, als das Kind oder den Jungendlichen festzuhalten, festzubinden oder ihm eventuell einen Motorradhelm aufzusetzen. Solche Fixierungen, die diese Kinder meist selbst wünschen, haben wenig therapeutischen Wert, denn sobald die Fixierung gelöst wird, tritt die Autoaggression in der gleichen Stärke auf wie vorher.

Ebenso wie die Fremdaggression ist Autoaggression sehr stark von der Umgebung und von der Situation abhängig (St.R. Schroeder und Mitarb. 1982).

Unter den möglichen Behandlungs-Interventionen nimmt die Verhaltenstherapie den breitesten Raum ein. Das geschah früher vorwiegend mit aversiven Methoden, also schmerzhaften Elektroschocks (Lovaas und Simmons, 1969, u.a.). Zu dieser Art von Therapie wird man sich heute sicher nur in ganz verzweifelten Fällen entschließen, wenn alle anderen Behandlungsversuche fehlgeschlagen sind. Diese Therapie ist nach meinen – wenigen – Beobachtungen doch nicht so unmenschlich, wie man zunächst glaubt. Denn diese Kinder sind am zufriedensten, wenn sie an den Apparat angeschlossen sind, der die elektrischen Reize gibt, fangen sofort mit heftigem Schlagen an, wenn man sie davon löst und strecken dem Therapeuten die Hände entgegen, damit er die Elektroden wieder anbringt. Wirkungsvoll ist diese Schocktherapie fast immer in verhältnismäßig kurzer Zeit. Ihr Mangel ist wie bei der Fixierung, daß es schwierig ist, diese Therapie zu beenden. Deswegen ist es erforderlich, andere Behandlungsmaßnahmen gleichzeitig oder anschließend anzuwenden. D.h. die elektrische Schmerztherapie kann dazu dienen, das Kind oder den Jugendlichen für eine weiterführende Therapie überhaupt zugänglich zu machen.

Hat man dies erreicht, gibt es zwei Möglichkeiten: die Überführung und Verstärkung in Tätigkeiten, die mit der Autoaggression inkompatibel sind, und die physische Ermüdung. Ein Jugendlicher, der mit beiden Händen eine schwer beladene Schubkarre schiebt, kann sich nicht mehr schlagen. Den gleichen Effekt kann natürlich auch eine leichte Tätigkeit im Hause haben, etwa ein Puzzle ausführen oder zeichnen. Solche körperlich leichten Aktivitäten können jedoch nur eingesetzt werden, wenn der Jugendliche sie sehr gern tut, d.h. wenn sie einen deutlich selbststärkenden Charakter haben. Die langdauernde und ermüdende Beschäftigung im Freien hat J.F. Kane (1987) mit Erfolg angewandt. Er hat schwer autoaggressive Jugendliche auf einem Bauernhof mit dem Bewegen von Erde und Steinen, mit Stallarbeit u.ä. über längere Zeit beschäftigt. Er konnte ihre Autoaggressionen damit gut in den Griff bekommen.

In Amerika hat man z.T. gute Erfolge mit verschiedenen verhaltenstherapeutischen Techniken gehabt. Hier steht das operante Konditionieren an der Spitze. Es besteht in drei Maßnahmen: 1. Löschung von unerwünschtem (selbstverletzendem) Verhalten durch Entfernung der Umweltbedingungen, die das Verhalten verstärken. 2. Aufbau inkompatiblen Verhaltens durch Verstärkung positiver Aktivitäten in kleinen Schritten, schließlich durch ein voll strukturiertes ganztägiges Programm. 3. Unterdrückung von Autoaggressionen durch sozialen Entzug, Entfernung auslösender Gegenstände, time out (etwa für 5 Minuten), aversive Reize (Elektroschock oder unangenehmer Geruch aus Spritzflaschen) (H.H. Bruhl u. Mitarb., 1982). Die besten Ergebnisse wurden allerdings erzielt, wenn die nicht-aversive Verhaltenstherapie mit Pharmaka kombiniert wurde. Dauerhafte Resultate wurden bei 18 schwer retardierten Jugendlichen in 72,2% (s.a. U.H. Rohmann und J.R. Facion, 1984; u. H. Schlüter, 1988) erreicht.

1986 hat Jose R. Facion aus unserem Team eine neue Behandlungsmethode autoaggressiven Verhaltens vorgestellt, die er Musik-Körpererfahrungstherapie nennt. Dabei werden verschiedene therapeutische Elemente, die schon früher beschrieben wurden, kombiniert: der beruhigende Einfluß von Musik, das Festhalten, d.h. die notwendige Fixierung des autoaggressiven Kindes und die basale Stimulation durch verschieden geartete Hautreize. Dazu kommt, daß der Therapeut sich stets ganz langsam bewegt und sich ganz sparsam verbal äußert. U.H. Rohmann und Mitarb. (1988) haben diese Methode in den letzten Jahren vielfach mit gutem Erfolg angewandt.

Die nicht immer befriedigenden Erfolge psychotherapeutischer, vor allem verhaltenstherapeutischer Maßnahmen haben dazu geführt, daß man sich, meist begleitend, nach *Medikamenten* zur Behandlung aggressiven und autoaggressiven Verhaltens umgesehen hat. Wie bereits gesagt, wird man mit einer rein medikamentösen Behandlung kaum je auskommen, es sei denn, ein Psychopharmakon wird so hoch dosiert, daß der Patient praktisch handlungsunfähig ist. Das kann aber keinesfalls das Therapieziel sein. Spezifisch auf Aggressivität und Autoaggressivität abzielende Psychopharmaka gibt es offenbar nicht, obwohl dies von den Herstellerfirmen gelegentlich behauptet wird. Es ist aber häufig zweckmäßig, die Gabe eines Medikaments mit anderen Maßnahmen, die meistens verhaltenstherapeutischer Natur sind, zu kombinieren. Hierzu eignen sich Haloperidol, Neuracen (Beclamid), Chlorpromazin (Megaphen u.ä.) und Thioridazin (D. Nolly und Mitarb., 1982). M.G. Aman und A.J.

White (1988) haben Geistigbehinderten Thioridazin (Melleril) in höheren (2,50 mg) und niedrigen (1,25 mg) Dosen pro kg Körpergewicht täglich gegeben. Dabei waren die Selbstbeschädigung und die Hyperaktivität bei der höheren Dosierung signifikant geringer. Zur Behandlung von Aggressivität und Selbstverletzung sind auch noch andere Medikamente angegeben worden, die erfolgreich sein sollen: Von Lynch und Mitarb. (1985) Pipothiazinpalamitat; von T. Dostal (1971) Lithium-Salze, die gerade bei phasenhafter Aggressivität Geistigbehinderter wirkungsvoll sein sollen. H.H. Bruhl und Mitarb. (1982) haben die Literatur zur Behandlung selbstbeschädigenden Verhaltens durchgesehen und 18 Autoaggressive behandelt. Sie kommen zu folgendem Ergebnis: „Der Langzeit-Effekt pharmakotroper Medikation war vorübergehend der beste. Eine Kombination verschiedener verhaltensmodifikatorischer Techniken bewirkte in 66,6% bei den Autoaggressiven vollständige Extinktion, bei 16,7% einen teilweisen und bei 16,7% gar keinen Rückgang der Selbstbeschädigung. Verhaltenstherapeutische Methoden ohne elektrischen Schock führten in 72,7% zu Dauererfolgen, wirkten jedoch langsam und zeitaufwendig. Aversive Stimulation durch elektrischen Hautschock unterdrückte das selbstbeschädigende Verhalten sofort".

Bei den Psychopharmaka spielt offenbar die Anpassung der *Dosis* an die individuellen körperlichen und vor allem psychischen Gegebenheiten eine entscheidende Rolle. Das haben u.a. N. Nirbhay und Mitarb. (1985) im Zusammenhang mit Autoaggression hervorgehoben. Auch J. Busse, ein Mitarbeiter unseres Teams (1988) hat dies an einer sich über Jahre erstreckenden Fallbeobachtung festgestellt. Die phasisch auftretenden Autoaggressionen eines 16jährigen autistischen Mädchens ließen sich mit einer ausgesprochen niedrigen Dosis von Sulpirid (Dogmatil, 50 mg einmal am Tag) völlig beseitigen. Das ging auch mit einer erstaunlichen Verbesserung des Gesamtzustandes einher. Busse leitet davon die Hypothese ab, daß das phasische Auftreten von Autoaggressionen auf einer neurologischen Dysregulation im Neurotransmittersystem beruhe. Das erfordere eine kompensatorische Regulationstherapie, wobei die Dosierung um so niedriger zu wählen sei, je schwerer chronifiziert sich die Krankheit erweise.

Auf die grundsätzliche Bedeutung der zerebralen *Neurotransmitter* für das autistische Syndrom wurde oben (S. 82) schon hingewiesen. Die positiven Effekte von Fenfluramin (Ponderax), die man bei einigen Autisten, vor allem bei denen mit hohem Serotoningehalt im Blut, gesehen hatte, wirkten sich auf aggressives und selbstbeschädigendes Verhalten aus. Da etliche Psychopharmaka u.a. Sulpirid, Chlorprotixen (Truxal u.a.), Chlorpromazin (Megaphen), Beta-Chloropropionsäurebenzylamid (Beclamid, Neuracen), den Serotoninspiegel senken, ist es verständlich, daß sie zur Behandlung von Aggressionen und Autoaggressionen in Frage kommen.

Das gleiche gilt für Morphinantagonisten, besonders für Naltrexon (siehe S. 142), denn sie entfalten ihre Wirkung u.a. über die Schmerzleitung im Zentralnervensystem. Auf diesem Gebiet ist noch intensive weitere Forschung notwendig.

Im Gange befindliche und zukünftige biochemische Untersuchungen werden hoffentlich dazu führen, daß die medikamentöse Behandlung sowohl aggressiver als auch autoaggressiver Verhaltensweisen sich insgesamt stärker zu einer mehr kausalen Therapie entwickelt. Dann wird die Kombination von psychotherapeutisch-heilpädagogischen Maßnahmen mit Gaben von Medikamenten – soweit im Einzelfall zweckmäßig – zu befriedigenderen Ergebnissen führen als das z.T. heute noch der Fall ist.

Postskript

Als das Manuskript dieses Buches bereits fertig war, erschien in den deutschen Kinos der amerikanische Film „Rain man". Er hat großes öffentliches Interesse gefunden und ist in den Kreisen der Mediziner and aller sozial Engagierten viel diskutiert worden. Das führt zu einem bisher noch nicht angesprochenen Thema: Autismus in den Medien.

Bereits in den 70er Jahren hatte der bekannte französische Regisseur François Truffaut den Film «L'enfant sauvage» („Das wilde Kind" in Szene gesetzt. Er hat große Anerkennung gefunden. Dieser Film geht auf das Buch «Memoire sur les premiers developpements de Victor de l'Aveyron» („Bemerkungen über die ersten Entwicklungen von Victor von Aveyron" zurück, das 1801 und 1932 in Paris unter dem Titel «Le sauvage de l'Aveyron» („Der wilde Junge von Aveyron") erschienen ist. Der Verfasser Jean-Marc Itard war, wie man heute sagen würde, ein Sonderpädagoge, der sich mit Geistigbehinderten und Taubstummen beschäftigte. Damals war ein 10 – 11jähriger nackter Junge aus den Wäldern aufgetaucht, von dem man annahm, daß er anfangs wie Romulus und Remus von einer Wölfin ernährt worden sei. Der Junge hat offenbar deutliche autistische Züge gezeigt. Truffaut hat seine Entwicklung in dem genannten Film eindrucksvoll dargestellt.

Auch in der schöngeistigen Literatur sind öfters Kinder und Heranwachsende geschildert worden, die man heute als Autisten bezeichnen würde. Die detaillierte Zeichnung eines außergewöhnlichen Menschen und die Konflikte, die durch sein außergewöhnliches Wesen entstehen, sind ein interessanter Gegenstand für literarische Auseinandersetzungen. Alfred und Françoise Brauner haben in ihrem interessanten Buch «L'enfant déréel» („Das unwirkliche Kind", Toulouse 1986) Figuren mit autistischen Verhaltensweisen aus Märchen, Romanen und Erzählungen gesammelt. Sie fanden u.a. solche bei William Wordsworth (1770–1859), Walter Scott (1771–1832), Charles Dickens (1812–1871), („Barnaby Rudge"), Joseph Conrad (1857–1924), Gottfried Keller (1819–1891) (Meretlein im „Grünen Heinrich"), „Niliuschka" von Maxim Gorki (1869–1936) und ein Kind in «Le bourgmestre de Furnes» („Der Bürgermeister von Furnes") von Geoges Simenon (geb. 1903), das 1935 geschrieben ist. Dem kann ich aus der Deutschen Literatur noch zwei Romane hinzufügen: Klaus Conrad: „Dauerndes Glück" (Köln 1980) und Peter Härtling: „Das Windrad" (Darmstadt 1983).

Wenn man sorgfältig sucht, wird man in der Literatur sicher noch mehr autistische Persönlichkeiten finden, die in den Novellen und Romanen der Schriftsteller vorkommen. Sie werden sicher auf autistische Menschen zurückgehen, die der Autor gekannt hat. Fragen sind dabei jeweils: Wie gut hat der Schriftsteller den Autisten dargestellt? Worin hat er den Konflikt in der Auseinandersetzung mit der Umwelt gesehen? Inwiefern sind die Auseinandersetzungen zeittypisch?

Der jetzt aktuelle Film „Rain man“ hat, wie bereits gesagt, die Aufmerksamkeit der Öffentlichkeit stark auf das autistische Syndrom gelenkt. Das ist für die Sache sehr nützlich. Dem ausgezeichneten Darsteller des erwachsenen Autisten, dem sehr populären Dustin Hoffman, ist es gelungen, fast die ganze Bandbreite autistischer Verhaltensweisen, soweit sie für einen intelligenten Autisten typisch sind, in 1 1/2 Stunden vorzuführen. Auch der Gegenspieler, der Bruder (Tom Cruise spielt die Rolle des Jüngeren, vom Wesen her völlig Anderen, vom Vater vernachlässigt und zum Vorteil des Autisten enterbt), ausgezeichnet. Man erlebt seine Wandlung vom Unwissenden, Verständnislosen und feindlich Eingestellten zum Helfer und Freund des verhaltensgestörten Bruders. Die sonstige abenteuerliche Handlung des Films in prunkvollen Hotels, in einer Spielbank von Las Vegas und auf öden Autostraßen ist wohl als Zugmittel für die jüngere Generation notwendig. Auch eine Copulationsszene – nicht im Detail – darf nicht fehlen.

Dem gesamten Film gelingt es, neben dem zweifellos vorhandenen Unterhaltungswert, eine breite Öffentlichkeit mit dem Autismusphänomen vertraut zu machen.

Anhang I. Merkmal- und Symptomkatalog zur Erkennung des frühkindlichen Autismus

(Aus: Kehrer, 1987)

Für die praktische Diagnose eignet sich am besten eine Merkmalliste oder ein Symptomfragebogen. In diesem sind die typischen Symptome aufgeführt. Einzelne von ihnen kommen auch bei anderen Krankheiten und Verhaltensstörungen vor, so z.B. bei Blinden, Gehörlosen und geistig Behinderten. Erst die Summierung vieler charakteristischer Erscheinungen führt zur Diagnose „frühkindlicher Autismus". Dabei kann nach der Anzahl der vorhandenen Symptome eine Kerngruppe von einigermaßen typischen und weniger typischen Fällen unterschieden werden. Das typische Erscheinungsbild autistischer Kinder ist durch folgende Auffälligkeiten oder Störungen gekennzeichnet:

A. Wahrnehmung

(01) Ungewöhnliche Reaktion auf Laute/Geräusche (z.B. Nichtreagieren auf sehr laute Töne oder Sprache; Faszination durch Raschel-, Rauschtöne etc.; unerklärliche Angstreaktionen, überschießende Reaktionen auf bestimmte Laute)
(02) Das jeweilige Kind bevorzugt typische, spezifische Geräusche (z.B. Wasserrauschen; Haushaltsmaschinen; Motorgeräusche; Scheppern; Klopftöne; Musik); verhält sich aber oft wie taub.
(03) Ungewöhnliche Reaktion auf optische Reize (z.B. Nichtreagieren auf Gesten oder auffällige Reize; Faszination durch Glitzern, Flimmern, Reflexe, gleichmäßige Objektbewegungen, Drehbewegungen runder Gegenstände, Blättern in Bücher etc.)
(04) Das jeweilige Kind bevorzugt typische, spezifische optische Reize; (Beispiel siehe (3))
(05) Vermeidung des Blickkontakts (Augenschließen, Vorbeisehen bei Ausrichten des Gesichts auf Personen)
(06) Wahrnehmung von Personen/Dingen durch (scheinbares) Vorbeisehen – kein Fixieren („schweifender" Blick)
(07) Tendenz, nur kurze Blicke auf Personen/Dinge zu werfen
(08) Paradoxe Reaktionen auf Sinnesreize (z.B. Augen bedecken bei Geräuschen, Ohren zuhalten bei Lichtreizen)
(09) Stereotype Bewegungen von Körperteilen (z.B. Händen, Fingern) und Gegenständen (z.B. Lappen, Fäden) im Blickfeld (kratzt häufig und langandauernd auf allen möglichen Oberflächen)
(10) Bevorzugung – für jedes Kind typischer – komplizierter optischer Strukturen (z.B. Puzzle, verschiedene Muster, Tapeten)
(11) Bevorzugung des Geruchssinns (z.B. Schnüffeln an Personen/Dingen), des Geschmackssinns (z.B. Ab-, Anlecken von Gegenständen) gegenüber dem Gesichts-/Gehörsinn
(12) Unempfindlichkeit gegenüber Kälte-, Hitze-, Schmerz- oder unangenehmen Geschmacksreizen
(13) Ungewöhnliche Reaktionen auf Berühren (z.B. Ablehnung sanfter Berührungen, Umarmungen, Küsse – Bevorzugung heftiger, manchmal schmerzhafter Reize)
(14) Neigung, sich selbst Schmerzen zuzufügen (z.B. Kopf gegen harte Gegenstände schlagen, Augen/Ohren bohren, Wunden aufkratzen)
(15) Ordnung der Umwelt nach starren, kaum durchbrechbaren Regeln (z.B. Zimmerordnung, Bevorzugung bestimmter Kleidung; gleiche Spazierwege)

B. Sprache

(16) Vorsprachliche Lautäußerungen des Säuglings, wie z.B. Schreien, haben für die Mutter keinen Signalcharakter
(17) Kein Sprechen, stattdessen Ziehen oder Reißen am Kommunikationspartner bei Willensäußerung (auch fehlendes Sprachverständnis)
(18) Verzögerte Sprachentwicklung. Zurückgehen schon erworbenen Sprachvermögens bis zum Verstummen (Sprachknick)
(19) Ein-Wort-Äußerungen statt Satz- und Textäußerungen
(20) Vorwiegender Gebrauch von Haupt- und Tätigkeitswörtern (Schwierigkeiten bei Benutzung von Für-, Verhältnis- und Bindewörtern): Konkretistischer Sprachgebrauch
(21) Grammatisch nicht korrekter Satzbau
(22) Wörtliche Wiederholungen von Fragen und Äußerungen des Kommunikationspartners (unmittelbare Echolalie)
(23) Ständige Wiederholungen bestimmter Fragen, Verbote und Sprachäußerungen der Partner (verzögerte Echolalie)
(24) Schwierigkeiten bei der Anwendung örtlicher Präpositionen (auf, unter, vor etc.) und anderer örtlicher Begriffe (oben, unten, innen, außen etc.)
(25) Vertauschen von Personalpronomen (Du statt Ich)
(26) Wenig oder kein spontanes Sprechen
(27) Sprechen häufig nicht der Situation angemessen (situationsinadäquates Sprechen)
(28) Wenig oder kein kommunikatives Sprechen, Neigung zu Selbstgesprächen (gelegentlich mit verteilten Rollen)
(29) Bizarre Äußerungen, floskelhafte Sprache, Wortspiele, Wortverdrehungen, skurrile Neuschöpfungen, Schimpfen (bei höherem Sprachniveau)
(30) Wenig personenorientiertes Sprechen mit Blickzuwendung
(31) Fehlende oder das Sprechen nicht unterstützende Gestik, Mimik (geringe Veränderungen bei emotionalem Ausdruck; manchmal „gegenläufige" Mimik)
(32) Auffälliges Sprechen (hohes, leises, sehr gleichartiges, schnelles, verwaschenes oder singendes Sprechen)
(33) Artikulationsschwierigkeiten bei bestimmten Lautkombinationen oder wegen zu geringer Mund-/Zungenmotorik
(34) Insgesamt größeres Sprachverständnis als aktive Sprachkompetenz
(35) Bedeutungs-/Infomartionsentnahme über die Situation,in der gesprochen wird (weniger über die Sprache selbst)
(36) Schwierigkeiten im Verständnis von weniger gebräuchlichen Fragefürwörtern und komplexen Sätzen
(37) Verwechseln von klang-/bedeutungsähnlichen Wörtern
(38) Bedeutungsentnahme (Sinn) beim Verständnis von Sprachäußerungen vorwiegend über Haupt-/Tätigkeitswörter (Schwierigkeiten im Verständnis von Für-, Verhältnis- und Bindewörtern): Konkretistisches Sprachverständnis
(39) Schwierigkeiten, Informationen/Bedeutungen aus Gesten, Mimik, Betonung, Ironie etc. zu entnehmen (Unfähigkeit, Konnotationen zu verstehen)
(40) Häufige Beschäftigung mit negativen Themen (Tod, Unfall, Krankheit etc.)

C. Motorik, Richtungsorientierung und autonome Funktionen

(41) Springen, Arme und Beine schlagen, Grimassieren
(42) Stereotype bzw. perseverierende Handbewegungen, Fingerbewegungen, Kopfbewegungen und Schaukeln
(43) Hüpfen, Hin- und Herlaufen, mit den Armen schlenkern, stelzender Gang, sich um sich selbst drehen
(44) Beklopfen, Betasten, Befingern von Gegenständen, evtl. Kreiseln mit diesen
(45) Stereotypien bei Erregung und Unruhe
(46) Schwierigkeit, komplexe Bewegungsabläufe zu imitieren (bei niedrigem Niveau: Unfähigkeit, einfach Bewegungsabläufe zu imitieren)

(47) Leichtere Mängel in der Koordination der Bewegungen(48) Tendenz, rechts und links, rauf und runter, vorn und hinten usw. zu verwechseln
(49) Anfangs zu geringes Erregungsniveau (Apathie, außergewöhnlich „ruhiges“ Allgemeinverhalten), später oft zu hohe Erregung (Unruhe, Hyperkinesie)
(50) Unregelmäßiges Schlafmuster (zu spätes Einschlafen, zu frühes Erwachen, nächtelanges Wachsein, erhöhte Erregbarkeit)
(51) Eigenartiges Gangbild (Zehengang, Stelzen, Hüpfen etc.)

D. Weitere, z.T sekundäre Verhaltensweisen

(52) Indifferentes Verhalten bei Anwesenheit von Personen (als wären sie nicht da)
(53) Abnorme Kontaktversuche bzw. Ablehnung jeden Körperkontaktes
(54) Schwierigkeiten beim Kontakt mit Gleichaltrigen
(55) Immer gleichartige tägliche Rituale (bei Unterbrechung überraschende Aggressionen, Weinen, Verwirrung)
(56) Ordnung der Umwelt nach starren, kaum durchschaubaren Regeln (z.B. Ordnung im Zimmer, Bevorzugung bestimmter Kleidung, gleicher Spazierwege)
(57) Haften an Vorstellungen und an Handlungen, ständiges Wiederholen (Perseveration)
(58) Unfähigkeit, Regel- und Rollenspiele durchzuführen
(59) Unfähigkeit, Handlungen anderer Personen vorauszusehen und in der Darstellung auszumalen.
(60) Verständigungsschwierigkeiten bei Handlungen, die ein Verständnis von Sprache und Symbolen verlangen (z.B. Spiele, Hobbies, Unterhaltung, Beschäftigung mit Texten usw.)
(61) Mangel an „Motivation“, aktive Tätigkeiten durchzuführen (Verharren in Untätigkeit bzw. stereotypen Manipulationen)
(62) Tendenz, unwichtigen, trivialen oder geringfügigen Aspekten von Dingen der Umgebung die Aufmerksamkeit zuzuwenden, ohne die Bedeutung, den Sinnzusammenhang der Situation zu erkennen (d.h. Aufmerksamkeit für einen Ohrring, nicht für die Person, für ein Rad, nicht für ein ganzes Spielzeug, für den Knopf, nicht für den ganzen Apparat)
(63) Stereotype Manipulationen mit bestimmten Gegenständen
(64) Fehlende Furcht vor wirklicher Gefahr, Angst vor harmlosen Gegenständen und Situationen
(65) „Unverständliche“ Reaktionen auf bestimmte Situationen
(66) Scheinbar unbegründetes Lachen
(67) Bevorzugung und Suchen von einfachen Empfindungs- und Wahrnehmungsqualitäten durch Berühren, Schmecken und Riechen (und Stereotypien)
(68) Tendenz, im Gesamtverhalten „mechanisch“, maschinenhaft zu erscheinen
(69) Bekannte und unbekannte Personen werden wenig voneinander unterschieden
(70) Gestörtes Eßverhalten: Mangelndes Kauen, eigentümliche Vorlieben, viel Trinken
(71) Öfters Temperaturschwankungen, Schwitzen, Fieber
(72) Starke allgemeine Befindungsschwankungen
(73) Auftreten von hirnorgangischen (epileptischen) Anfällen

E. Spezielle Fertigkeiten (kontrastierend zu den Verhaltensdefiziten auf anderen Gebieten)

(74) Musikalische Fähigkeiten (z.B. absolutes Tongehör)
(75) Außergewöhnliche umschriebene Leistungen im Umgang mit Zahlen (z.B. sog. Kalendergedächtnis), evtl. auch ohne aktive Sprache
(76) Umschriebene hervorragende Leistungen auf Spezialgebieten (Geographie, Chemie, Mathematik, Ornitologie etc.)
(77) Großes Geschick auf technischem Gebiet, aber auch bei komplizierten Puzzles
(78) Fähigkeiten eher im abstrakten als im konkreten Bereich (insbesondere bei hohem Funktionsniveau)

(79) Eine ungewöhnliche Gedächtnisform, die eine langfristige Speicherung von Einzelheiten in der exakten Form, in der sie zuerst aufgenommen wurden, zu erlauben scheint (z.B. Sätze und Teile von Unterhaltungen, Gedichte, Tabellen, Musikpassagen, den Weg zu einem bestimmten Ort, das Arrangement von Gegenständen, die einzelnen Stufen, die bei einer Routinehandlung befolgt werden müssen, ein kompliziertes visuelles Muster usw.)
(80) Erkennen von auf dem Kopf stehenden Bildern und Schrift
(81) Manche Fähigkeiten sind plötzlich vorhanden, ohne daß man weiß, wie sie erworben wurden
(82) Erfinden eigener Wörter (Neologismus), gelegentlich einer – unverständlichen – Privatsprache

1. Autismus-Fragebogen

Zutreffendes bitte ankreuzen und/oder unterstreichen (z.B. Zeitform, kommt/kam)

1. Name des Kindes .... **2.** geboren ....

3. Stellung in der Geschwisterreihe (z.B. erstes von drei Kindern)
☐ von ☐ Kindern **4.** Geschlecht: Junge ☐ Mädchen ☐

5. Kommt (kam) es vor, daß das Kind Gegenstände und/oder Menschen
a. beklopft, b. betastet, c. beleckt? (bitte unterstreichen!)
1. Ja, das kommt (kam) vor, ist sehr auffallend. ☐
2. Manchmal kommt (kam) das vor. ☐
3. Nein, das tut (tat) es nicht. ☐

6. Ist Ihnen aufgefallen, daß das Kind an Gegenständen schnuppert (schnupperte) oder riecht (roch)?
1. Ja, das ist (war) besonders deutlich. ☐
2. Ja, gelegentlich stellen (stellten) wir das fest. ☐
3. Nein, das tut (tat) es nicht. ☐

7. Haben (hatten) Sie das Gefühl, daß sich Ihr Kind viel mit seinem eigenen Körper beschäftigt (beschäftigte), ihn betastet, streichelt (z. B. die Geschlechtsteile), daß es viel auf dem Boden rutscht (rutschte)?
1. Ja, so häufig, daß wir uns wundern (wunderten). ☐
2. Ja, aber wohl nicht mehr als andere Kinder. ☐ 3. Nein. ☐

8. Hat (hatte) das Kind eine besondere Vorliebe für Musik?
1. Ja, das ist (war) sehr ausgeprägt. ☐
2. Es hat (hatte) ungefähr normales Interesse. ☐
3. Es hat (hatte) schwaches oder kein Interesse. ☐

9. Hat (hatte) das Kind bestimmte Geräusche besonders gern (z.B. plätscherndes Wasser oder Ähnliches)?
1. Ja, auffallend stark; es ist schwer, es dann in andere Richtung abzulenken. ☐
2. Nein, das kommt (kam) selten oder nie vor. ☐

10. Stiert (stierte) das Kind während längerer Perioden wie in Gedanken verloren vor sich hin?
1. Ja, das komt (kam) häufig vor. ☐
2. Nein, das kommt (kam) selten oder nie vor. ☐

11. Wie reagiert (reagierte) das Kind auf seine Umgebung?
1. Meistens hat (hatte) man das Gefühl, als ob es die Dinge (Personen) um sich herum gar nicht wahrnähme. ☐
2. Manchmal scheint (schien) es nichts um sich herum wahrzunehmen. ☐

3. Es hat (hatte) etwa normales Interesse an seiner Umwelt. ☐
4. Das Interesse an seiner Umwelt ist (war) groß. ☐

12. Hatten Sie das Gefühl, das Kind könne schwerhörig oder taub sein?
1. Nein, den Eindruck erweckte es nie. ☐
2. Ja, man kann (konnte) es wohl annehmen, wir wissen aber, daß die Hörfähigkeit normal ist. ☐
3. Ja, ein Hörtest ergab, daß es wirklich a. taub ist ☐ b. schwer hört ☐

13. Wie reagiert (reagierte) das Kind auf Schmerz?
1. Es scheint (schien) kaum Schmerz zu empfinden. ☐
2. Das Schmerzempfinden ist (war) normal. ☐
3. Es ist (war) sehr schmerzempfindlich. ☐

14. Wie reagiert (reagierte) Ihr Kind auf Kälte?
1. Es scheint (schien) gefühllos gegenüber Kälte. ☐
2. Es friert (fror) nicht leicht. ☐
3. Das Kälteempfinden ist (war) normal. ☐
4. Das Kind friert (fror) leicht. ☐

15. Kommt (kam) es vor, daß das Kind durch Personen "hindurchschaut"?
1. Ja, das kommt (kam) oft vor. ☐
2. Ja, das kommt (kam) manchmal vor. ☐
3. Nein, das kommt (kam) nicht vor. ☐

16. Streichen Sie von den folgenden Beschreibungen diejenige an, die am deutlichsten wiedergibt, wie sich das Kind verhält (verhielt), wenn man es anspricht (ansprach)!
1. Es wendet (wandte) den Blick ab. ☐
2. Es verdeckt (verdeckte) die Augen. ☐
3. Es ist (war) schwierig, es dazu zu bewegen, den Gesprächspartner anzuschauen. ☐
4. Es kann (konnte) den Gesprächspartner recht gut anschauen. ☐
5. Es verhält (verhielt) sich in dieser Beziehung völlig normal. ☐

17. Sieht das Kind Dinge auch aus größerer Entfernung?
1. Es sieht (sah) offenbar nur Dinge, die ein paar Meter entfernt sind. ☐
2. Das läßt sich nicht feststellen. ☐
3. Es hat (hatte) hier keine Schwierigkeiten. ☐

18. Wie reagierte das Kind <u>während des ersten Lebensjahres</u> auf helles Licht, helle Farben?
1. Besonders starke Reaktion, mit Freude. ☐
2. Ablehnend, ängstlich (Augen zukneifen u.ä.) ☐
3. Es verhielt sich unauffällig. ☐

19. Wie reagierte es <u>im ersten Jahr</u> auf laute, ungewöhnliche Geräusche?
1. Ablehnend, ängstlich. ☐
2. Besonders starke Reaktion, mit Freude. ☐
3. Es verhielt sich unauffällig. ☐

20. Hatte das Kind ungewöhnliche Bedürfnisse, etwas in den Mund zu nehmen (zwischen 2. und 5. Jahr)?

1. Es nahm nie etweas außer Nahrung in den Mund. ☐
2. Es bevorzugte salzig Schmeckendes. ☐
3. Es kaute auf Metall oder glatten Gegenständen. ☐
4. Es nahm alles in den Mund, was es erreichen konnte. ☐
5. Es kaute auf weichen Dingen herum. ☐
6. Es verhielt sich in dieser Beziehung ganz normal. ☐

21. Neigte das Kind dazu, Dinge mit den Lippen zu berühren?

1. Es berührte Stoffe (Textilien) mit dem Mund. ☐
2. Es neigt (neigte) dazu, bei Begrüßung zu küssen (auch Fremde). ☐
3. Das tat es nie. ☐

22. Tastet (tastete) das Kind Oberflächen (z.B. Stoffe) häufig mit den Fingern ab?

1. Das tut (tat) es oft. ☐
2. Das tut (tat) es manchmal. ☐
3. In normalem Umfang. ☐

23. Haben (hatten) Sie das Gefühl, als sei das Kind am glücklichsten, wenn man es alleine ließ?

1. Ja, das ist (war) sehr auffallend. ☐
2. Ja, manchmal (kann) konnte man das glauben. ☐
3. Nein, das fällt (fiel) uns nicht auf. ☐
4. Nein, im Gegenteil, es scheint (schien) gern Menschen um sich zu haben. ☐

24. Hörte das Kind auf zu sprechen, nachdem es im frühen Kleinkindalter erste Ansätze dazu gemacht hatte?

1. Ja. ☐ 2. Nein. ☐ 3. Es fing nie an zu sprechen. ☐

25. In welchem Alter begann die Sprachentwicklung?

1. Es spricht noch gar nichts. ☐
2. Sie begann mit 8 bis 12 Monaten. ☐
3. Sie begann mit 13 bis 15 Monaten. ☐
4. Sie begann mit 16 bis 24 Monaten. ☐
5. Sie begann mit 2 bis 3 Jahren ☐
6. Sie begann mit 3 bis 4 Jahren. ☐
7. Sie begann nach den 4. Lebensjahr. ☐
8. Daran kann ich mich nicht mehr erinnern. ☐

26. Streichen Sie bitte die Besonderheiten der Sprache an, die auf Ihr Kind zutreffen (zutrafen)!

1. Es verschluckt (verschluckte) einige Buchstaben (etwa Mitlaute wie k oder t). ☐
2. Es hat (hatte) Schwierigkeiten, einige Laute auszusprechen, und ersetzt sie evtl. durch andere, ähnlich wie in der Kindersprache (z.B. tomm statt komm). ☐
3. Die Sprachmelodie ist (war) gestört, d.h. es wird z.B. die Stimme innerhalb eines Satzes an Stellen gehoben, wo man es nicht erwarten würde, oder es werden Wörter ganz anders als üblich betont. ☐

4. Es neigt dazu, die Endsilben von Wörtern in die Länge zu ziehen. ☐
5. Ein Wort wird (wurde) in normaler Lautstärke begonnen, und die Endsilbe wird (wurde) nur noch gehaucht oder verschluckt. ☐
6. Das Kind spricht allgemein a. zu laut ☐ b. zu leise ☐

27. Geben Sie bitte von den folgenden Eigentümlichkeiten des sprachlichen Ausdrucks diejenigen an, die Sie bei Ihrem Kind wahrnehmen (wahrgenommen haben)!
1. Es kommt (kam) vor, daß es Sätze, die in seiner Umgebung gesprochen werden, genau wiederholt oder wie ein Echo nachplappert (nachplapperte), evtl. ohne den Sinn zu verstehen. ☐
2. Es gebraucht von sich aus selten oder nie Sätze; es drückt (drückte) vielmehr alles, was es sagen will (wollte), durch ein Wort aus. ☐
3. Es kommt (kam) vor, daß es Dinge, die sich ähnlich sehen, falsch benennt. ☐
4. Es vertauscht (vertauschte) Fürwörter, sagt z.B. "du willst schwimmen gehen" statt "ich will schwimmen gehen". ☐
5. Es gebraucht (gebrauchte) häufiger "nein" als "ja". ☐
6. Es kann (konnte) Sprache weitaus besser verstehen als anwenden. ☐
7. Wörter werden (wurden) in einer Weise gebraucht, die ihrem Sinn nicht entspricht, oder in einem Zusammenhang benutzt, in den sie nicht passen. ☐
8. Das Kind hat (hatte) eine Neigung zu Selbstgesprächen, evtl. auch in zwei Rollen. ☐

28. Die folgenden Aussagen beschreiben die Art der Verständigung des Kindes mit den Personen seiner Umgebung; kennzeichnen Sie bitte die, die Sie selbst beobachtet haben!
1. Das Kind gebraucht (gebrauchte) zur Verständigung lieber Handbewegungen und Gesten als Wörter, obwohl es sprechen kann. ☐
2. Es behandelt (behandelte) Personen wie Werkzeuge, d.h. wenn es einen Gegenstand nicht erreichen kann, nimmt es den Erwachsenen bei der Hand und führt ihn hin, ohne dabei ein Wort zu sprechen. ☐
3. Wenn das Kind auf sich aufmerksam machen will (wollte), so geschieht (geschah) das häufig (gelegentlich) durch Necken oder Ärgern, bei anderen Kindern, indem es z.B. ihre Bauwerke zerstört oder ihnen Spielzeug wegnimmt. ☐

29. Stellt das Kind Fragen?
1. Es fragt eigenartig, evtl. nach absurden Dingen. ☐
2. Es fragt nicht, obwohl es sonst gut sprechen kann. ☐
3. Es fragt altersentsprechend. ☐

30. Wie ist das Verhältnis des Kindes zu Zahlen (Mengen)?
1. Es hat gar keinen Zahlenbegriff. ☐
2. Es kann auch ohne Worte gut mit Zahlen (Mengen) umgehen. ☐
3. Es kann zählen, nämlich bis .... ☐
4. Es kann etwas rechnen (Zuzählen, Abziehen). ☐
5. Es kann gut rechnen (Malnehmen, Teilen). ☐
6. Es kann ungewöhnlich gut rechnen (z.B. Kalendergedächtnis). ☐

31. Kann das Kind zeichnen?
1. Es zeichnet - noch - gar nicht. ☐
2. Es zeichnet gut, aber vorwiegend eigenartige Dinge. ☐

3. Es zeichnet ausschließlich bestimmte Dinge,
nämlich ....

32. Kann das Kind schreiben?
1. Es schreibt noch gar nicht. ☐
2. Es schreibt Wörter in Druckbuchstaben. ☐
3. Es schreibt Wörter in Schreibschrift. ☐
4. Es schreibt Sätze in Druckbuchstaben. ☐
5. Es schreibt Sätze in Schreibschrift. ☐
6. Es schreibt nur Zahlen. ☐

33. Wie ist das Gedächtnis des Kindes?
1. Es hat ein besonders gutes Gedächtnis für örtliche Gegebenheiten, z.B. Wege. ☐
2. Es hat ein gutes Gedächtnis für Liedertexte. ☐

34. Zeigt die Intelligenz des Kindes besondere Leistungen auf bestimmten Gebieten, die im Gegensatz zu seinen sonstigen Fähigkeiten stehen?
1. Ja, das fällt (fiel) uns auf. ☐
2. Nein, die Intelligenzleistungen sind ungefähr gleich. ☐

35. Ist die Intelligenz des Kindes getestet worden?
1. Ja, der Intelligenzquotient betrug.................
2. Der Versuch scheiterte, es ließ sich nicht testen. ☐
3. Man hat uns das Ergebnis nicht mitgeteilt. ☐
4. Das Kind wurde noch nie getestet. ☐

36. Wie sah das Kind in den ersten Tagen und Wochen nach der Geburt aus?
1. Blaß. ☐ 2. Gut und frisch. ☐

37. Verhielt sich das Kind je ganz normal?
1. Nie ☐ 2. Die ersten 6 Monate. ☐
3. Im ersten Lebensjahr. ☐ 4. Die ersten 18 Monate. ☐
5. Die ersten 2 Jahre. ☐ 6. Die ersten 3 Jahre. ☐
7. Die ersten 4 - 5 Jahre. ☐

38. Welche Sätze beschreiben am besten das Verhalten des Kindes als Baby?
1. Es war ein ausgesprochen ruhiges Baby. ☐
2. Es schien sich wie andere Kinder zu freuen, wenn man es auf den Arm nahm. ☐
3. Es wurde ganz steif oder schlaff, wenn man es aus dem Bettchen nahm. ☐
4. Wenn man es auf den Arm nahm, lehnte es den Kopf nicht an. ☐
5. Es war wie andere Babies auch erfreut, wenn man es auf den Arm nahm. ☐
6. Es war ein lebhaftes Baby. ☐

39. Wie verlief der Übergang vom Kriechen (Krabbeln) zum Laufen?
1. Es krabbelte gar nicht, lief gleich. ☐
2. Es krabbelte besonders lange, begann plötzlich zu laufen. ☐
3. Normal wie bei anderen Kindern. ☐

40. Hat das Kind vor dem 3. Lebensjahr imitiert (nachgeahmt)?
1. Nie. ☐ 2. Es imitierte vorgemachte Bewegungen. ☐
3. Es imitierte vorgemachte Laute. ☐
4. Es imitierte vorgesprochene Wörter. ☐
5. Es imitierte Melodien. ☐

41. Beobachten Sie (beobachteten Sie), daß das Kind rhythmisch seinen Körper wiegt oder schaukelt, mit dem Kopf wackelt oder ähnliche immer wiederkehrende Bewegungen ausführt?
1. Ja, das sehen (sahen) wir oft. ☐
2. Gelegentlich tut (tat) es das. ☐
3. Nein, das tut (tat) es nicht. ☐

42. Welche der folgenden Besonderheiten in den Bewegungen scheinen Ihnen typisch für Ihr Kind zu sein?
1. Es klopft (klopfte) mit Gegenständen oder auf Gegenstände. ☐
2. Es dreht (drehte) Gegenstände wie Kreisel, runde, aber auch solche, die sich hierzu eigentlich nicht eignen. ☐
3. Es macht (machte) immer in gleicher Weise wiederkehrende Bewegungen mit den Händen. ☐ Beispiele (bitte unterstreichen!):
a. Es hebt die Hand wie zum Schwur
b. Es blickt in die Innenfläche der Hand
c. Es dreht die Hand im Handgelenk und schaut dieser Bewegung zu
d. Es wedelt mit den Händen neben dem Kopf oder Körper
e Es legt Personen die Hand auf die Schulter
4. Es geht (ging) auf den Zehen.

43. Sehen (sahen) Sie einige der folgenden Handlungen bei Ihrem Kind?
1. Es sammelt (sammelte) auffallend kleine Gegenstände. ☐
2. Es beschäftigt (beschäftigte) sich gern mit Insekten (etwa Fliegen, Käfern etc.). ☐
3. Es hat (hatte) eine Vorliebe dafür, mit stets wiederkehrender Gleichmäßigkeit Gegenstände oder Bilder anzuordnen oder aufzureihen. ☐
4. Es spielt (spielte) während ungewöhnlich langer Zeitspannen immer in der gleichen Weise mit demselben Spielzeug oder denselben Gegenständen. ☐

44. Hat Ihr Kind das Bedürfnis nach Ordnung oder stetem Gleichmaß?
1. Es scheint (schien) wie unter einem Zwang auf Ordnung bedacht zu sein. ☐
2. Es bemerkt Veränderungen in seiner Umgebung und versucht, die alte Ordnung wiederherzustellen. ☐
3. Es kann (konnte) es nicht vertragen, wenn irgendwelche Dinge in seiner Umgebung oder der Ablauf von Handlungen geändert werden (wurden). ☐
Beispiele (bitte ankreuzen!):
a. Änderung der Möbelaufstellung. ☐
b. Änderung eines gewöhnlich gleichbleibenden Arbeitsablaufes oder Weges, z. B. beim Einkaufen oder Spaziergang. ☐
4. Es reagiert (reagierte) bei einer solchen Änderung mit
a. Schreien. ☐ b. Zorn. ☐ c. Angst. ☐
5. Es wehrt (wehrte) sich, wenn es neue Dinge erlernen soll. ☐

45. Wie gut ist (war) die körperliche Geschicklichkeit des Kindes (Springen, Klettern, Balancieren)?

1. Ungewöhnlich gut. ☐ 2. Durchschnittlich gut. ☐
3. Ziemlich schlecht. ☐ 4. Sehr schlecht. ☐

46. Wie fähig ist (war) das Kind, Feinarbeiten mit seinen Fingern zu tun?

1. Es scheint (schien) äußerst geschickt zu sein. ☐
2. Es scheint (schien) durchschnittlich geschickt für sein Alter zu sein. ☐
3. Es scheint (schien) ziemlich unbeholfen zu sein. ☐

47. Dreht sich das Kind öfters - wie ein Kreisel - um sich selbst?

1. Ja, das tut (tat) es häufig. ☐
2. Ja, das tut (tat) es gelegentlich. ☐
3. Nein, das tut (tat) es nie. ☐

48. Fällt das Kind leicht hin?

1. Es fällt (fiel) mehrmals am Tag. ☐
2. Es fällt (fiel) besonders ungeschickt, sodaß es sich verletzt. ☐
3. Es fällt (fiel) nicht mehr als andere Kinder. ☐

49. Wie ist die Muskelkraft des Kindes?

1. Die Kraftentfaltung der Hände (z. B. Händedruck) ist (war) auffallend gering. ☐
2. Die Muskelkraft ist (war) am ganzen Körper gering. ☐
3. Die Muskelkraft ist (war) größer als bei Gleichaltrigen. ☐
4. Die Muskelkraft ist (war) ganz normal. ☐

50. Wie ist der Gesichtsausdruck des Kindes im allgemeinen?

1. Intelligent. ☐ 2. Pfiffig. ☐ 3. Schelmisch. ☐ 4. Listig. ☐ 5. Wach. ☐
6. Abwesend. ☐ 7. Traurig. ☐ 8. Versonnen ☐ 9. Verträumt. ☐
10. Verschlossen. ☐ 11. Freundlich. ☐ 12. Mißmutig. ☐

(mehreres möglich!)

51. Beobachten Sie, daß das Kind ohne erkennbaren Grund lacht oder lächelt?

1. Ja, das beobachten (beobachteten) wir recht oft. ☐
2. Ja, manchmal beobachten (beobachteten wir das. ☐
3. Nein, das fällt (fiel) nicht besonders auf. ☐

52. Streichen Sie bitte von den folgenden Verhaltensweisen die zutreffenden an!

1. Das Kind verhält (verhielt) sich anderen Personen gegenüber abweisend. ☐
2. Es ist (war) unruhig, kann (konnte) nicht stillsitzen. ☐
3. Es läuft (lief) oft hin und her, schreitet Räume ab. ☐
4. Es kommt (kam) vor, daß das Kind unerwartet und unbegründet aggressiv wurde und dann z. B. Personen schlägt, kratzt. ☐
5. Es kommen (kamen) Zornausbrüche vor, deren Anlaß nicht zu erkennen ist (war). ☐
6. Das Kind bohrt a. sich, b. anderen Leuten in die Augen. ☐
7. Das Kind hat (hatte) ein Bedürfnis nach Bestrafung. ☐
8. Es hat (hatte) die Neigung, sich selbst zu beschädigen. ☐
a. sich zu schlagen, b. sich zu kratzen, c. zu beißen,
d. mit dem Kopf gegen Hartes zu schlagen (bitte unterstreichen!)
9. Es zeigt (zeigte) sich auf der einen Seite waghalsig und auf der anderen unbegründet ängstlich. ☐

10. Das Kind hat noch bis zum .... Lebensjahr eingenäßt. ☐
11. Einnässen, Einkoten kommt (kam) vor, obwohl das Kind eigentlich sauber ist (war). ☐
12. Das Kind ist im allgemeinen freundlich, aber die Stimmung schwankt. ☐

53. Bei welchen Gelegenheiten ist (war) das Kind sehr ängstlich?
1. Es hat (hatte) Angst vor fremden Erwachsenen. ☐
2. Es hat (hatte) Angst vor fremden Kindern. ☐
3. Es hat (hatte) Angst vor der Dunkelheit. ☐
4. Es hat (hatte) Angst vor Gewitter. ☐
5. Es hat (hatte) Angst vor dem Alleinsein. ☐
6. Es ist (war) gar nicht ängstlich. ☐

54. Hat das Kind Tiere gern?
1. Es hat (hatte) Angst (zieht sich zurück) vor allen Tieren. ☐
2. Es meidet (mied) bestimmte Tiere. ☐ Welche?...
3. Es beschäftigt sich wahllos mit allen Tieren. ☐
4. Es liebt bestimmte Tiere. ☐ Welche?...
5. Es hat keine Beziehung zu Tieren. ☐

55. Hat das Kind außergewöhnliche Vorlieben (wir für Räder, Autos, Uhren, Landkarten usw.)?
1. Es beschäftigt sich sehr viel mit solchen Gegenständen. ☐
2. Es spricht immerzu von derartigem. ☐
3. Es hat keine solche Vorlieben, die über das normale Maß hinausgehen. ☐

56. Ist das Kind technisch begabt?
1. Es hat großes technisches Interesse (konstruktives Bauen etc.) ☐
2. Es beschäftigt sich ausschließlich mit unbelebten technischen Dingen (Apparaten im Haushalt, technischem Spielzeug). ☐
3. Es interessiert sich nicht für technische Dinge. ☐
4. Sein technisches Interesse ist altersentsprechend. ☐

57. Schwitzt das Kind leicht?
1. Es hat häufig feuchte Hände. ☐
2. Es schwitzt nachts oft so stark, daß das Bettzeug naß ist. ☐
3. Es schwitzt überhaupt nicht. ☐
4. Es schwitzt normal, d. h. unter den üblichen Bedingungen. ☐

58. Wie ist die Temperatur des Kindes?
1. Es hat (hatte) häufig Fieber. ☐
2. Es hat (hatte) oft gering erhöhte Temperatur. ☐
3. Es hat meistens zu niedrige Körpertemperatur (unter 35,5 °C). ☐
4. Bezüglich der Temperatur ist alles normal. ☐

59. Wie ist die Gesichtsfarbe des Kindes?
1. Es ist (war) m,eistens sehr blaß. ☐
2. Man beobachtet häufig einen Wechsel von Blässe und Röte. ☐
3. Man sieht (sah) oft eine bläuliche Färbung (Cyanose) um den Mund (cyanotisches Dreieck). ☐
4. Die Gesichtsfarbe ist (war) immer ganz normal. ☐

60. Ist der Schlaf des Kindes gestört? Ja. ☐ Nein. ☐
1. Das Kind schläft (schlief) schlecht ein. ☐
2. Es wacht (wachte) in der Nacht oft auf, verhält (verhielt) sich aber ruhig. ☐
3. Es wacht (wachte) nachts auf und läuft (lief) umher, ist (war) unruhig. ☐
4. Es wacht (wachte) morgens sehr früh auf. ☐

61. Hat das Kind epileptische Anfälle oder ähnliche Zustände?
1. Es hat (hatte) typische epileptische Anfälle. ☐
2. Es hat (hatte) kleine Anfälle (sog. Absencen o. ä.). ☐
3. Es hatte noch nie anfallsartige Zustände.

62. Ist das Weinen des Kindes normal?
1. Es weint (weinte) lautlos mit eigenartigem Gesichtsausdruck. ☐
2. Es weint (weinte) ohne Tränen. ☐
3. Es weint (weinte) wie alle Kinder. ☐

63. Womit kann man das Kind belohnen?
1. Mit Süßigkeiten. ☐ 2. Mit Fruchtsäften. ☐
3. Mit anderen Nahrungsmitteln ☐ nämlich: ....
4. Mit Lob ("Das hast du gut gemacht" o. ä.). ☐
5. Mit Zärtlichkeit (Streicheln, Küssen, Umarmen etc.). ☐
6. Mit anderen Maßnahmen ☐ etwa: ....

64. Womit kann man das Kind bestrafen?
1. Mit Schimpfen. ☐ 2. Mit Schlägen. ☐ 3. Mit Nichtbeachtung. ☐
4. Mit Entzug von Vergünstigungen. ☐
5. Mit anderen Maßnahmen ☐ etwa:..

Raum für zusätzliche Bemerkungen.

2. Autismus-Fragebogen

Zutreffendes bitte ankreuzen, unterstreichen oder ergänzen!

1. Name des Kindes...

2. Jetziges Alter........... Jahre Geschlecht: Junge ☐ Mädchen ☐

3. Sind in der Blutsverwandtschaft Gemüts- oder Geisteskrankheiten vorgekommen?

Ja. ☐ Nein. ☐

1. Geisteskrankheit (Schizophrenie o. ä.). ☐
2. Gemütskrankheit (Depression o. ä.). ☐
3. Zwangsneurose. ☐
4. Kindlicher Autismus. ☐
5. Anfallskrankheit (Epilepsie). ☐

Bei a. Vater (des Kindes). ☐ b. Mutter. ☐ c. Bruder. ☐
d. Schwester. ☐ e. Geschwister des Vaters. ☐
f. Geschwister der Mutter. ☐ g. Vater des Vaters. ☐
h. Vater der Mutter. ☐ i. Mutter des Vaters. ☐
k. Mutter der Mutter. ☐ l. Onkel oder Tante des Vaters. ☐
m. Onkel oder Tante der Mutter. ☐ n. Großelternteil des Vaters. ☐
o. Großelternteil der Mutter. ☐ p. Andere Verwandte. ....

4. Gibt es in der Blutsverwandtschaft eigenartige Persönlichkeiten (Eigenbrötler, auffallend Kontaktschwache, Sonderlinge, schwierige Charaktere)? Ja. ☐ Nein. ☐

1. Nennen Sie die Besonderheit: ....
2. Verwandtschaftsgrad (wie unter 3): ....

5. Berufsbezeichnung

1. des Vaters: ....
2. der Mutter (evtl. erlernter Beruf): ....
3. des Großvaters väterlicherseits:..
4. des Großvaters mutterlicherseits:..

6. Ausbildung des Vaters

1. Volks-/ Hauptschulabschluß. ☐ 2. Realschulabschluß. ☐
3. Abitur. ☐ 4. Fachschulstudium. ☐
5. Hochschulstudium. ☐ 6. Lehre. ☐
7. Meisterprüfung. ☐

7. Ausbildung der Mutter

1. Volks-/Hauptschulabschluß. ☐ 2. Realschulabschluß. ☐
3. Abitur. ☐ 4. Fachschulstudium. ☐
5. Hochschulstudium. ☐ 6. Lehre. ☐
7. Meisterprüfung. ☐

8. Künstlerische Begabung in der Familie

1. Wer ist besonders musikalisch?...
2. Wer ist (war) ausübender Künstler?..

9. Gab es Besonderheiten oder Störungen in der Schwangerschaft des Kindes?
Ja. ☐ Nein. ☐
1. Art der Störung:....
2. In welchem Monat der Schwangerschaft? .... Monat
3. Die Kindsbewegungen waren auffallend stark. ☐ schwach. ☐
normal. ☐ Es bestand drohende Fehlgeburt. ☐

10. Geburt
1. Zum errechneten Termin. ☐ 2. Zu früh. ☐ ...... Tage
3. Zu spät. ☐ .....Tage
4. Zwillings- oder Mehrlingsgeburt? Ja. ☐ Nein. ☐
Wenn ja: 1. Zwilling. ☐ 2. Zwilling. ☐
5. Wieviele Stunden dauerte die Geburt? ....Stunden
6. War es eine Sturzgeburt? Ja. ☐ Nein. ☐
7. Wurde die Geburt künstlich eingeleitet? Ja. ☐ Nein. ☐
8. Vorzeitiger Blasensprung? Ja. ☐ Nein. ☐
9. Die Geburt erfolgte durch Zange ☐ Saugglocke. ☐
10. Hat das Kind sofort geschrieen? Ja. ☐ Nein. ☐
11. War das Kind bei der Geburt blau? Ja. ☐ Nein. ☐
12. Bestand eine Blutgruppenunverträglichkeit (Rh) der Eltern?
Ja. ☐ Nein. ☐ Nicht bekannt. ☐
13. Beschreiben Sie eine eventuelle andere Störung der Geburt!
....

11. Ernährung in den ersten Lebensmonaten
1. Wurde das Kind an der Brust gestillt? Ja. ☐ Nein. ☐
Wenn ja......... Wochen / Monate
2. Trank das Kind gut? Ja. ☐ Nein. ☐ Es war trinkfaul. ☐
3. Erbrach es oder spuckte die Milch aus? Ja. ☐ Nein. ☐
4. Die Umstellung auf feste Nahrung funktionierte gut. ☐ schlecht. ☐
5. Das Kind hat (hatte) Schwierigkeiten beim Kauen. ☐ beim Herunterschlucken. ☐
6. Wann lernte das Kind vom Löffel zu essen? ..... Monat
7. Sonstige Störungen beim Essen:..

12. Wie ißt das Kind heute?
1. Es ißt normal. ☐ 2. sehr wenig. ☐ 3. sehr viel. ☐
4. Es ist sehr wählerisch mit Speisen. ☐
5. Es stopft und schluckt schlecht herunter. ☐
6. Es kaut nicht normal. ☐ 7. Es trinkt sehr viel. ☐
8. Es kleckert viel. ☐ 9. Es ißt noch nicht mit Besteck. ☐

13. Motorische Entwicklung
1. Wann konnte das Kind greifen, einen Gegenstand in der Hand halten? .... Monat
2. Wann konnte es frei sitzen? ...... Monat
3. Wann konnte es frei stehen? .... ..Monat
4. Wann konnte es ohne Unterstützung gehen? ..... Monat
5. Wann war das Kind sauber und trocken? Mit ...... Jahren
Es näßt noch ein. ☐ Es kotet noch ein. ☐ Es ist nachts noch nicht trocken. ☐

14. Bisherige Krankheiten

1. Masern. ☐ im ...... Lebensjahr
2. Keuchhusten. ☐ im ..... Lebensjahr
3. Windpocken. ☐ im ...... Lebensjahr
4. Röteln. ☐ im ...... Lebensjahr
5. Scharlach. ☐ im ...... Lebensjahr
6. Mandelentzündung. ☐ im ...... Lebensjahr
7. Ohrenkrankheit. ☐
z. B. Mittelohrentzündung. im ...... Lebensjahr
8. Augenkrankheit. ☐ im ...... Lebensjahr
9. Krämpfe (z. B. epileptisch). ☐ im ...... Lebensjahr
10. Hirnhautentzündung (Meningitis) ☐ im ...... Lebensjahr
11. Andere Gehirnkrankheiten. ☐
(z. B. nach Impfung) im ...... Lebensjahr
12. Allergische Erscheinungen. ☐ im ...... Lebensjahr
13. Das Kind ist heute körperlich gesund. ☐ Es ist krankheitsanfällig. ☐

15. Wurde eine Gehinrschädigung nachgewiesen? Ja. ☐ Nein. ☐

1. Durch das Elektroencephalogramm (EEG). ☐
2. Durch Luftfüllung der Hirnholräume. ☐
3. Durch das Computer-Tomogramm (CT). ☐
4. Durch den neurologischen Befund. ☐

16. Wie ist die Hörfähigkeit des Kindes?

1. Es hört mit Sicherheit normal. ☐
2. Es hört wahrscheinlich normal. ☐
3. Es ist mit Sicherheit taub. ☐
4. Es hört schlecht. ☐
5. Es hört Geräusche, versteht aber keine Sprache. ☐
6. Es hört gerne Musik. ☐
7. Es singt (sang früh) gehörte Melodien. ☐
8. Es hat ein absolutes Tongehör. ☐

17. Reaktion auf Medikamente.

1. Das Kind verträgt Medikamente normal. ☐ schlecht. ☐
2. Bestimmte Medikamente bekommen ihm schlecht. ☐
Welche?..
3. Es reagiert auf Medikamente paradox (z. B. wird nach Beruhigungsmitteln lebhaft oder umgekehrt). ☐

18. Wurde bei Ihrem Kind die Diagnose "kindlicher Autismus" oder ähnl. gestellt?

1. Bisher noch nicht. ☐ 2. Diese Diagnose wurde mit .... Jahren gestellt. ☐
3. Es wurde eine andere Diagnose gestellt. ☐
Welche?..

19. Verlauf der Krankheit.

1. Der Kontakt zu Erwachsenen hat sich gebessert. ☐
2. Der Kontakt zu Kindern hat sich gebessert. ☐
3. Der Kontakt hat sich nicht gebessert. ☐
4. Das Kind ist ruhiger geworden. ☐
5. Die Unruhe ist unverändert. ☐

6. Die Stereotypien (häufige unmotivierte Bewegungen) haben sich gebessert. ☐ sind unverändert. ☐ sind noch stärker. ☐ haben andere Formen angenommen. ☐

20. Wo befindet sich das Kind jetzt?
1. Zu Hause. ☐ 2. In einem Heim. ☐
3. In einem Krankenhaus/Klinik. ☐
4. An einem anderen Ort. ☐ nämlich:......

21. Welche Behandlung oder Manahme hat sich günstig auf das Kind ausgewirkt?
1. Medikamente. ☐ Welche?...
2. Klinisch-stationäre Behandlung. ☐
3. Verhaltenstherapie. ☐
4. Behandlung und Betreuung durch die Mutter. ☐
5. Behandlung und Betreuung durch eine andere Person. ☐
6. Besuch einer Tagesstätte oder Schule für Geistig-Behinderte. ☐
7. Besuch eines normalen Kindergartens. ☐
8. Besuch einer Sonderschule für Lernbehinderte. ☐
9. Besuch einer normalen Schule. ☐
10. Besuch einer anthroposophischen Einrichtung (Waldorfschule). ☐

22. Sonstiges:

Verfasser: Prof. Dr. H. E. Kehrer, Leiter der Kinder- und Jugendpsychiatrischen Abteilung der Psychiatrischen und Nervenklinik der Universität Münster/Westf. -

---

Raum für zusätzliche Bemerkungen.

Anhang III. DSM III-R

(Aus Wittchen H.-U., Saß, H., Zaudig M. & Koehler K., 1989)

299.00 Autistische Störung

Die Hauptmerkmale stellen eine schwere Form der Tiefgreifenden Entwicklungsstörung dar, wobei die Störung im Kleinkindalter oder in der Kindheit beginnt. Weitere Merkmale der Störung sind oben beschrieben.

Diagnostische Kriterien der Autistischen Störung (299.00)

Mindestens acht der folgenden sechzehn Punkte treffen zu, wobei mindestens zwei aus Gruppe A, einer aus Gruppe B und einer aus Gruppe C stammen müssen.

Beachte: Ein Kriterium gilt nur dann als erfüllt, wenn das Verhalten für die Entwicklungsstufe des Betroffenen abnorm ist.

A) Qualitative Beeinträchtigung der zwischenmenschlichen Beziehungen, die sich wie folgt manifestiert: (Die in Klammern gesetzten Beispiele sind so angeordnet, daß die zuerst genannten eher auf jüngere oder stärker behinderte Personen und die letzteren auf ältere oder weniger behinderte Personen anzuwenden sind).

(1) Deutlich mangelndes Bewußtsein für die Existenz oder Gefühle anderer (behandelt z.B. eine Person wie ein Möbelstück; bemerkt nicht den Kummer anderer; hat offensichtlich keine Vorstellung vom Verlangen anderer nach Privatsphäre)
(2) Kein oder abnormes Verlangen nach Trost bei Kummer (zeigt selbst bei Krankheit, Verletzung oder Müdigkeit keinen Wunsch nach Trost; sucht auf stereotype Weise Trost, sagt z.B. „Käse, Käse, Käse“ bei einer Verletzung)
(3) Kein oder beeinträchtigtes Nachahmungsverhalten (winkt z.B. nicht zum Abschied; ahmt nicht die häuslichen Aktivitäten der Mutter nach; imitiert zusammenhanglos und mechanisch die Aktivitäten anderer)
(4) Zeigt kein oder abnormes soziales Spielverhalten (nimmt z.B. nicht aktiv an einfachen Spielen teil; spielt lieber allein; benutzt andere Kinder beim Spielen nur als „mechanische Hilfen“)
(5) Starke Beeinträchtigung der Fähigkeit zum Anknüpfen von Freundschaften mit Gleichaltrigen (zeigt z.B. kein Interesse am Anknüpfen von Freundschaften mit Gleichaltrigen; zeigt trotz Interesse am Anknüpfen von Freundschaften wenig Verständnis für Regeln zwischenmenschlicher Beziehungen, liest beispielsweise einem uninteressierten Gleichaltrigen Telefonbücher vor)

B) Qualitative Beeinträchtigung der verbalen und nonverbalen Kommunikation sowie der Phantasie, was sich wie folgt manifestiert: (Die Reihenfolge der Punkte ist so gewählt, daß die zuerst genannten eher auf jüngere oder stärker behinderte Personen und die letzteren auf ältere oder weniger behinderte Personen zutreffen).

(1) Kommunikation weder durch Plappern als Kommunikationsversuch, Gesichtsausdruck, Gestik, Mimik noch durch Sprechen
(2) Deutlich abnorme nonverbale Kommunikation - im Hinblick auf Gesichtsausdruck, Körperhaltung, Gesten oder auch Blickkontakt, um zwischenmenschliche Beziehungen anzuknüpfen oder zu gestalten (erwartet z.B. nicht, umarmt zu werden, sträubt sich gegen Umarmung, blickt oder lächelt bei Kontakten mit anderen Personen diese nicht an, grüßt Eltern oder Besucher nicht, hat in sozialen Situationen einen starren Blick)
(3) Fehlen von phantasievollen Aktivitäten wie Spielen von Erwachsenen- und Phantasierollen oder Tieren; mangelndes Interesse an phantastischen Geschichten
(4) Deutliche Auffälligkeiten beim Sprechen, einschließlich Lautstärke, Tonhöhe, Betonung, Geschwindigkeit, Rhythmus und Intonation (z.B. monotoner Ausdruck, fragenartige Melodie oder hohe Tonlage)
(5) Deutliche Auffälligkeiten in Form oder Inhalt des Sprechens, z.B. stereotyper oder wiederholter Gebrauch von Sprachformen (z.B. sofortige Echolalie oder mechanisches Wiederholen von Fernsehwerbung); Verwendung von „du", wenn „ich" gemeint ist (verwendet z.B. „Möchtest du Keks", um zu sagen „Ich möchte einen Keks"), idiosynkratischer Gebrauch von Worten oder von Sätzen; häufig irrelevante Bemerkungen (spricht z.B. plötzlich über Zugfahrpläne während eines Gesprächs über Sport)
(6) Deutliche Beeinträchtigung der Fähigkeit zum Anknüpfen oder Fuhren einer Konversation mit anderen, trotz ausreichenden Sprachvermögens (hält z.B. ungeachtet der Bemerkungen von Seiten anderer lange Monologe über ein Thema)

C) Deutlich beschränktes Repertoire von Aktivitäten und Interessen, was sich wie folgt manifestiert:

(1) Stereotype Körperbewegungen, z. B. Handbewegungen in alle Richtungen, Drehen des Körpers, starke Nickbewegungen, komplexe Bewegungen des ganzen Körpers
(2) Beharrliche Beschäftigung mit Teilen oder Objekten (z. B. Beschnüffeln oder Beriechen von Objekten, ständiges Befühlen der Oberfläche von Materialien, Drehen der Räder von Spielzeugautos oder Vorliebe für ungewöhnliche Objekte (besteht z.B. darauf, ein Stück Schnur herumzutragen)
(3) Deutliches Unbehagen über Änderungen in der alltäglichen Umgebung (wenn z.B. eine Vase von ihrem üblichen Platz entfernt wird)
(4) Besteht ohne nachvollziehbaren Grund darauf, daß wiederkehrende Aktivitäten immer exakt gleich ausgeführt werden, besteht z. B. darauf, daß beim Einkauf immer derselbe Weg eingehalten wird
(5) Deutlich eingeschränkte Interessensphäre und Beschäftigung mit einem engen Interessengebiet (interessiert sich z.B. lediglich für die Aneinanderreihung von Objekten oder die Sammlung von Fakten über Meteorologie oder hält sich für eine Phantasiegestalt)

D) Beginn im Kleinkindalter oder in der Kindheit. Bestimme, ob Beginn in der Kindheit (nach Vollendung des 3. Lebensjahres)

Anhang IV. Frühsymptome

(Aus: Kehrer, 1979)

U 1 Geburt: Keine typischen Symptome bekannt;

U 2 3.–10. Lebenstag: Keine typischen Symptome bekannt;

U 3 4.–6. Lebenswoche: Häufiges Schreien, aber nicht als Signal für Befinden, z.B. nicht bei Hunger;

U 4 3.–4. Lebensmonat: Kein Lachen oder reaktives Lächeln; kein Erkennen des Gesichts der Mutter;

U 5 6.–7. Lebensmonat: Kein Interesse für Spielzeug. Kein Entgegenstrecken der Arme. Beim Hochnehmen Steifheit oder Erschlaffung; kein Anlehnen des Kopfes, kein Lallen, keine Silbenbildung (z.B. ga-ga-ga u.a.);

U 6 10.–12. Lebensmonat: Fehlendes Interesse an der Umwelt, Zufriedenheit mit sich selbst. Lange Wein- und Schreiphasen. Häufige Stereotypien (Schaukeln, an Gegenständen schaben etc). Kein Blickkontakt mit der Mutter; keine Unterscheidung einzelner Personen oder Gegenstände. Keine Imitation von Bewegungen. Verzögerte Sprachentwicklung: monotones, fremdartiges Plappern ohne Imitation, ohne Sinnbedeutung (z.B. kein mam-man u.ä.); am Ende des 12. Monats noch kein Wort der Kindersprache (balla, heia u.ä.);

U 7 21.–24. Lebensmonat: Durchschlafstörungen, kaum Nachtschlaf. Kein Kauen, nur Aufnahme flüssiger oder breiiger Nahrung. Häufig Störungen der Ausscheidungsfunktionen. Vorliebe für gleichbleibende visuelle Muster. Stereotype Handbewegungen (Drehen, Wedeln, Klopfen, Kratzen etc.). Schlaffe Muskulatur. Häufiges Hinfallen. Kein Blickkontakt; Vorbeischauen, Verdrehen der Augen. Keine Neugier, Unwillen oder Angst bei Veränderungen der Umwelt. Evtl. Echolalie, auch verzögert. Benutzung von Wortschablonen (manchmal ohne richtiges Verständnis).

U 8 3.–4. Lebensjahr: Unbegründetes Lachen oder Lächeln. Zehengang, stelzender Gang, Hüpfen. Eigenartige Eßbedürfnisse und Eßmanieren. Stereotype Beschäftigung mit unbelebten Dingen. Perseverieren beim Spiel. Starres Festhalten an Gewohnheiten. Geringe Reaktion bei Schmerz- oder Kältereizen. Tendenz zur Selbstbeschädigung. Evtl. Augenbohren. Kontaktaufnahme durch Riechen, mit den Lippen (auch Küssen), Betasten, Beklopfen. Zuhalten der Ohren bei bestimmten Schallreizen. Sprachfreier Kontakt mit Umwelt,evtl. durch Hinführen; Person als Werkzeug. Besserer Kontakt zu Eltern (vorwiegend Körperkontakt), schlechter zu Gleichaltrigen. Keine Imitation von Handlungen.
Sprache: Evtl. Rückgang sprachlicher Fähigkeiten; Mutismus. Neigung zu Selbstgesprächen. Vertauschen von Pronomen. Störung der Sprachmelodie. Allgemeiner Sprachrückstand.

Anhang V. 11 Thesen zum autistischen Syndrom

Formuliert von 13 deutschen und schweizer Kinderpsychiatern auf der 5. Bundestagung des Bundesverbandes „Hilfe für das autistische Kind e.V." in Baunatal bei Kassel 1981.

1. Es gibt beim Kind ein autistisches Syndrom, das sich von Behinderungen und Verhaltensstörungen anderer Art diagnostisch abgrenzen läßt.
2. Das autistische Syndrom ist in seiner Symptomatik und im Grad seiner Ausprägung variabel; wichtige Symptome sind z.B. eine tiefgreifende Kontakt- und Beziehungsstörung, charakteristische Auffälligkeiten der Sprache und ritualistische Verhaltensweisen wie Stereotypien und Zwänge. Neben einer Kerngruppe kommen einerseits Grenzfälle zum Normalverhalten, andererseits autistisches Verhalten bei Geistigbehinderten und Sinnesdefekten vor.
3. Eine Unterteilung nach Ursachen ist nicht zweckmäßig, da hierüber zu wenig bekannt ist. Sie erfolgt besser nach der Symptomatik.
4. Die Diagnose ist durch psychiatrische Untersuchungen, d.h. vor allem Verhaltensbeobachtung, die anamnestisch auch auf frühere Entwicklungsphasen zurückgreift, möglich. Sie wird durch körperliche Abklärung ergänzt und sollte durch fortlaufende Untersuchungen bestätigt oder verworfen werden.
5. Der Verlauf des autistischen Syndroms ist charakteristisch: Beginn der Symptomatik vor dem 30. Lebensmonat, Höhepunkt der typischen Symptome zwischen dem 5. und 8. Lebensjahr. Völlige Heilung ist kaum möglich, aber in günstigen Fällen einigermaßen gelingende soziale Anpassung.
6. Eine möglichst frühe Diagnose ist sehr wünschenswert. Sie ist zwischen dem 1. und 3. Lebensjahr als Verdachtsdiagnose, später nach mehreren aufeinanderfolgenden Untersuchungen mit größerer Sicherheit zu stellen.
7. Zahlreiche Forschungen haben ergeben, daß das autistische Syndrom u.a. auf einer Störung der Wahrnehmungsverarbeitung beruht. Wie diese zustande kommt, ist bis heute nicht eindeutig geklärt.
8. Offenbar gibt es mehrere kausale Wurzeln, die getrennt oder nebeneinander vorhanden sein können. Ein organischer Faktor, z.B. ein frühkindlicher Hirnschaden, scheint häufig eine Rolle zu spielen. Eine rein psychogenetische Entstehung des autistischen Syndroms wird von den meisten Forschern abgelehnt.
9. Bei der Einflußnahme auf autistische Entwicklungen kommt es auf das Zusammenwirken spezieller heilpädagogischer, sonderpädagogischer und psychotherapeutischer Maßnahmen an. Die spätere soziale Eingliederung hängt von der Bereit schaft der Gesellschaft zur Bereitstellung „sozialer Nischen" ab.
10. Medikamentöse Therapie ist bis jetzt nur symptomatisch zur Beeinflussung einzelner Symptome möglich.
11. Frühzeitige Information und Mitarbeit der Eltern und frühzeitige Förderung und Therapie sind entscheidend für eine optimale Entwicklung dieser Kinder.

Anhang VI. Therapieprogramm zur sensorischen Integration

(nach St. Dzikowski & C. Vogel, 1988)

Ambulanz für autistische Kinder Bremen

Therapieprogramm zur sensorischen Integration
Kind: Susanna / April bis Juli 1985

I. Übungen zur Verbesserung des Gleichgewichts:
1. Auf kleiner Wippe stehen können
2. Auf großem Schaukelbrett stehen können
3. Auf großem Schaukelbrett sitzen können und »Gleichgewicht« halten
4. Auf rotem Spastikerball sitzen können

II. Übungen zur Verbesserung der visuell-motorischen Koordination
1. Über folgenden Parcours laufen können:
   – 1 Matratze – 2 Matratzen übereinander – Knubbeldecke – Matratze mit verschiedenen Gegenständen darauf – großes Brett mit Materialien
2. Gehen auf der Bank
3. Gehen von einer Bank zur anderen (Zwischenraum 5, 10, 15, 30 cm)
4. Auf einem Seil (5 m) entlanggehen können.

III. Übungen zur Körperwahrnehmung, taktil-kinästhetische und propriozeptive Stimulation:
1. Auf Spastikerball in Bauchlage liegen können
2. Auf Spastikerball in Rückenlage liegen können
3. Auf einer Decke auf Holzfußboden auf dem Bauch liegen können
4. Desgl. auf dem Rücken
5. Aus der Rückenlage auf den Bauch gerollt werden (seitliches Hochziehen der Decke)
6. Auf dem Rücken liegend (Beine hoch) einen Ball mit den Füßen wegtreten (am besten Spastikerball)
7. Sandwich aus 2 Matratzen

IV. Übungen zur Erhöhung des Muskeltonus und der Ausdauer:
1. Schnell rennen (3-6 mal durch den Raum)
2. Erklimmen der Sprossenwand (Becher mit Kaba von oben holen)
3. Kniebeugen machen können

V. Übungen zur Überkreuzung der Körpermittellinie:
1. Bauklötze in eine Schachtel legen (Oberkörper darf sich nicht mitdrehen)
2. Malen an der Wandtafel (Nachzeichnen eines vorgegebenen Musters)

Programm zur sensorischen Integrationsbehandlung (ab Nov. 1985)
Kind: Susanna

Vorbemerkungen:
Bei den Übungen wird in den Anforderungen insgesamt zurückgegangen, da sich herausgestellt hat, daß Susanna zu einigen Übungen noch wichtige Voraussetzungen fehlen. Wichtigstes Ziel ist die Bereitschaft zu *eigenem Handeln* bzw. Steigerung der Grundaktivität Susannas.

I. Übungen zur Verbesserung des Gleichgewichts
1. Auf kleiner Wippe stehen können (Hilfe beim Aufsteigen).
2. Auf großem Schaukelbrett sitzen und vor allem *seitwärts* geschaukelt werden.
3. Auf Spastikerball sitzen und zu den Seiten bewegt werden (Reflexe provozieren!).

II. Übungen zur Verbesserung der visuell-motorischen Koordination
Zwei Stufen (Höhe von 5 und 10 cm) erklimmen und heruntersteigen, möglichst oft hintereinander üben. Wenn sie Wechselschritt benutzt bzw. große Sicherheit hat, wird nächsthöhere Stufe (15 cm) hinzugenommen.

III. Übungen zur Körperwahrnehmung, taktil-kinästhetische und propriozeptive Stimulation
1. Auf Spastikerball in Bauchlage liegen, dabei vor allem Bewegungen zu den Seiten, möglichst ausgestreckte Beine.
2. Auf einer Decke auf dem Holzfußboden auf dem Bauch und Rücken liegen.
3. Für die Tiefenwahrnehmung von Muskeln und Gelenken gegen die gestreckten Arme und Beine drücken, die Füße dabei evtl. hin- und herbewegen.
4. Auf dem Rücken liegend (Beine hoch) einen größeren Ball wegtreten.

IV. Übungen zur Erhöhung des Muskeltonus und der Ausdauer
1. Schnellgehen (Anfang der Stunde) ohne Zerren
2. Auf unterste Stufe der Sprossenwand steigen

V. Übungen zur Überkreuzung der Körpermittellinie
Mit verschiedenen Materialien am Tisch

Glossar

Alkalose: Störung des Säure-Basen-Gleichgewichts

Amphetamin: Weckamin. Zentral wirkende chemische Stoffgruppe, die anregend wirkt

Anamnese: Vorgeschichte einer Krankheit

Anakastisch: Mit Zwangsvorgängen zusammenhängend

Anoxie: Sauerstoffmangel

Aphasie: Unfähigkeit zu sprechen, trotz intakter Sprechwerkzeuge; hervorgerufen durch Krankheitsvorgänge im Gehirn

Athetose: Bewegungsstörung als langsam drehende Bewegung vor allem der Hände mit überstreckten Gelenken; Vorkommen bei extrapyramidalen Hirnläsionen (s.d.)

Ätiologie: Lehre von den Ursachen einer Krankheit

Atrophie: Schrumpfung von Gewebe

Autosom: Nicht mit dem Geschlecht zusammenhängendes Chromosom (s.d.)

Befehlsautomatie: Willenloses Ausführen befohlener Bewegungen

Behaviorismus: Lehre von den psychischen Grundlagen des Verhaltens, soweit sie objektiv zu beobachten und nach Möglichkeit zu messen sind

BNS-Krämpfe: Blick-Nick-Salam-Krämpfe. Epileptische Anfallsart bei kleinen Kindern

Chromosom: Fadenförmige Gebilde im Zellkern, die die Träger der Vererbung sind

Computer-Audiogramm: Mit dem Computer ausgeführte Gehörprüfung

Computer-Tomogramm: Mit dem Computer ausgeführte Körperinnenschau, die auch die inneren Strukturen der Schädelhöhle erkennen läßt

Cytomemegalie-Virus: Bei oder vor der Geburt auf das Kind übertragenes Virus, das schwere Allgemeinerscheinungen, u.a. auch Gehirnblutungen und Krämpfe hervorruft

Dementia praecox: Frühere Bezeichnung für Schizophrenie

Demenz: Irreversible Veränderung der Persönlichkeit mit Abbau intellektueller Fähigkeiten, vor allem im Bereich des Gedächnisses

Deprivation: Beraubung der Beziehungen zur Umgebung; soziale Isolierung

Deviation: Abweichung vom Wege, von der richtigen Lage; Ablenkung

Diskordant: Nichtübereinstimmen von Körpermerkmalen und Verhaltensweisen bei Zwillingen

Down-Syndrom: Mongolismus; auf Genmutation (Trisomie 21) beruhende Form der geistigen Behinderung mit charakteristischen körperlichen Erscheinungen, u.a. Schlitzaugen

Dysphasie: Sprachausdrucksstörungen, z. B. bei weniger stark ausgeprägter Aphasie (s.d.)

Dysphorisch: Bedrückt, leicht depressiv gestimmt, reizbar

Dynorphin: Ein bestimmter Soff von der Gruppe der Endorphine

Echolalie: Echohaftes Nachsprechen, teils unmittelbar, teils später ohne zeitlichen Zusammenhang mit dem Gesprochenen des Partners

EEG: Elektroencephalogramm. Gehirnstrombild

Embryopathie: Beim Embryo – bis zum 4. Schwangerschaftsmonat – auftretende Erkrankung

Empathie: Weg zum Verständnis seelischer Vorgänge bei anderen Menschen

Endokrin: Mit innerer Sekretion, der endokrinen Drüsen, z.B. der Schilddrüse, zusammenhängend

Encephalitis: Entzündung des Gehirngewebes

Encephalopathie: Krankheit des Gehirns

Endorphin-Antagogonist: Den Endorphinen (s.d.) entgegenwirkender chemischer Stoff, z.B. Nalaxon u. Naltrexon

Endorphine: Eiweißkörper (Peptide) im Gehirn, die eine schmerzstillende und beruhigende Wirkung haben

Enkopresis: Einkoten

Enuresis: Einnässen

Epidemiologie: Lehre von der Verbreitung einer Krankheit (Häufigkeit, zeitliche, soziale und geografische Bedingungen)

Epikantus: Mongolenfalte am Auge

Epilepsie: Gehirnkrankheit, bei der Krampfanfälle, kleine Anfälle (Wegbleiben) und andere Arten von Anfällen auftreten

Ethologie: Lehre, in der das Verhalten von Tieren und Menschen verglichen wird

Eugenisch: Die Vererbung betreffend

Extrapyramidales System: Teil des Zentralnervensystems (sog. Stammganglien) im Zwischen- und Mittelhirn, der für die unwillkürlichen Bewegungen der Gliedmaßen verantwortlich ist. Bei Störung Erhöhung der Muskelspannung und Zittern

Fading: Technik in der Verhaltenstherapie, die zur Formung neuer Reizverarbeitung dient. Allmähliches Ausblenden eines Reizes, damit ein anderer größere Bedeutung erhält

Follow-up-Studie: Untersuchung des Verlaufs einer Krankheit oder von Verhaltensstörungen

Folsäure: Wasserlöslicher, vitaminähnlicher Stoff des Vitamin-BKomplexes

Fragiles x-Chromosom: Geschlechtschromosom, das bei der Darstellung einen Bruch zeigt; kommt bei Menschen mit leichteren Fehlbildungen vor

Gille-de-la-Tourette-Syndrom: Mit Körperzuckungen und dem Ausstoßen von – meist unangenehmen – Wörtern verbundene Krankheit

Gravidität: Schwangerschaft

Halluzination: Sinnestäuschung auf optischem, akustischem, aber auch auf anderen Sinnesgebieten, ohne daß dafür ein wirklicher Sinnesreiz die Grundlage ist

Hemisphäre: In der Medizin Gehirnhälfte

Heterozygot: Ungleichartigkeit bie Zwillingen

Hippocampus: Hirnlappen an der Innenseite des Schläfenhirns (beidseitig)

Hyperbilirubinämie: Erhöhung des Gallenfarbstoffes im Blut

Hyperkinese: Übermäßig starke motorische Aktivität

Hyperkinetisches Syndrom: Unruhe, Zappeligkeit und Unkonzentriertheit bei Kindern und Jugendlichen

Hypertonie: Erhöhte Spannung

Hypoglykämie: Erhöhung des Zuckers (Glykokoll) im Blut

Hypoplasie: Unterwertige Entwicklung

Hypotonie. Verminderte Spannung, z.B. der Muskulatur

Hypothyreose: Ungenügende Funktion der Schilddrüse

Hypotrophie: Zu geringe Gewebsernährung, mangelnde Entwicklung

Idiotie: Stärkster Grad der geistigen Behinderung

Imbezillität: Geistige Behinderung starken Grades

Intoxikation: Vergiftung

Intrauterin: In der Gebärmutter

Iteration. Leere Wiederholung immer derselben Wörter und Sätze

Katamnese: Nachuntersuchung mit Erhebung einer Anamnese (s.d.) eines Kranken, der früher untersucht und/oder behandelt worden war

Klinodaktylie: Krümmung des 4. und/oder 5. Fingers

Kluver-Bucy-Syndrom: Symptomatologie nach Entfernung beider Schläfenlappen des Gehirns bei Rhesusaffen. Unfähigkeit zum optischen und taktilen (durch Tastsinn) Erkennen von Gegenständen

Kongenital: Von der Zeugung an vorhanden, also schon in den Chromosomen vorgegeben

Konkordant: Übereinstimmen der Erbanlagen

Korsakoff-Syndrom: Schwere Störung der Merkfähigkeit und der Orientierung, z.B. bei Alkoholpsychose

Kretinismus: Geistige Behinderung bei Unterfunktion der Schilddrüse

Kybernetik: Wissenschaft von den Steuerungsvorgängen in lebenden Organismen nach technischen und maschinellen Prinzipien

Läsion: Verletzung, Störung

Liquor cerebrospinalis: Hirn-Rückenmarksflüssigkeit

Lipoidose: Ablagerung von fettähnlichen Stoffen (Lipoiden) in verschiedenen Körperorganen

Lues: Syphilis

Marker-x-Chromosom: Andere Bezeichnung für fragiles x-Chromosom

Merrill-Palmer-Test: Sprachfreier Intelligenztest zur Prüfung der kognitiven Entwicklung von Kindern

Metabolisch. Mit dem Stoffwechsel zusammenhängend

Mongolismus: Down-Syndrom (s.d.)

Monozygot: Eineiig

Morphin-Antagonisten: Stoffe, die den Opiaten (z. B. Morphium) entgegengesetzt sind: Naloxon, Naltrexon u. ä.

Morphologie: Lehre von den Formen und Strukturen von Organen und Organismen

Muskeldystrophie: Erbliche Krankheit, bei der im Kindesalter Muskeln schrumpfen

Muskelhypotonie: Erschlaffung der Muskulatur

Mutismus: Unfähigkeit zu sprechen, manchmal trotz vorhandener Sprachfähigkeit

Myoklonische Epilepsie: Familiäre Anfallserkrankung, die zwischen dem 6. und 16. Lebensjahr auftritt und mit charakteristischen Muskelzuckungen verbunden ist

Negativismus: Verhalten, das dem widerspricht, was man erwartet, z. B. bei Aufforderungen

Neologismus: Neubildung von Wörtern, die mit der üblichen Sprache nichts zu tun haben

Neurofibromatose: Krankheit mit Geschwülsten in und am Nervensystem und in der Haut

Neurotransmitter: Im Nervensystem gebildete Überträgersubstanzen

Noradrenalin: Dem Adrenalin ähnlicher Stoff; wie er Reizübermittler des sympathischen Nervensystems

Nosologie: Lehre von den einzelnen Krankheiten

Noxe: Schädlichkeit, krankheitserregende Ursache

Oligophrenie: Geistige Behinderung, die mehr oder weniger stark alle Eigenschaften der Persönlichkeit betrifft

Ontogenese: Die gesamte Entwicklung des Individuusms im Unterschied zur Stammesentwicklung

Opioide: Eiweißstoffe (Peptide), die den Opiaten (z.B. Morphin) ähnlich sind und im Zentralnervensystem vorkommen; anderes Wort für Endorphine (s.d.)

Ornithologie: Vogelkunde

Pathologie: Krankheitslehre

Perinatal: Während der Geburt entstehend

Perseveration: Ausführen von Handlungen immer in der gleichen Weise, auch von sprachlichen Äußerungen; Kleben am Thema

Phenylketonurie (PKU): Angeborene, erbliche geistige Entwicklungshemmung, die auf einer Störung des Aminosäurestoffwechsels beruht

Placebo: Tablette oder Dragée, das keinen pharmazeutischen Wirkstoff enthält

Pneumencephalogramm: Röntgenologische Darstellung der Hirnhohlräueme nach vorheriger Füllung mit Luft

Polypragmasie: Probieren von vielen Behandlungsmethoden

Postnatal. Nach der Geburt

Prognatie: Vorstehen des Oberkiefers

Prognose: Vorhersage des Verlaufs und Ausgangs einer Krankheit

Psychopathie: Abnorme Eigenschaften des Wesens und des Charakters eines Menschens

Psychopharmakon: Medikament zur Behandlung psychischer Störungen

Psychose: Geisteskrankheit

Purkinje-Zellen: Nerven-(Ganglien)-Zellen in der mittleren Schicht der Kleinhirnrinde

Redundanz: Überflüssige Zeichen (Elemente) in einer Nachricht, die keine zusätzlichen Informationen liefern, sondern nur die beabsichtigte Grundinformation stützen

Retardierung: Verzögerung der Entwicklung

Rett-Syndrom: Mit motorischen Störungen (u.a. Händereiben) verbundene geistige Behinderung, die mit einer vermehrten Ausscheidung von Ammonium zu tun haben soll

Riboflavin: Vitamin B2 (Laktoflavin)

Salivation: Speichelfluß

Schizophrenie: Geisteskrankheit, die häufig in Schüben verläuft

Shaping: Formung des Verhaltens bei der Verhaltenstherapie

Stapediusreflex: Am Steigbügel des Mittelohrs zu prüfender Reflex bei der Gehörprüfung

Stereotypie: Schablonnenhafte, häufig wiederkehrende Bewegungen

Strabismus: Schielen

Symptom: Einzelne Krankheitserscheinung

Syndrom: Eine Gruppe von Symptomen, die gemeinsam auftreten

Temporallappen: Schläfenlappen des Gehirns

Therapie. Behandlung

Thrombozyt: Blutplättchen

Thyreoidea: Schilddrüse

Topographisch: Mit der Lage im Körper zusammenhängend

Toxikämie: Gifte im Blut

Toxoplasmose: Durch Sporentierchen hervorgerufene Infektionskrankheit, die von Haustieren übertragen wird

Trauma: Verletzung, Wunde, Gewalteinwirkung

Trijodthyronin (T3): Schilddrüsenhormon

Trisomie 21: Chromosomenanomalie (dreifaches Chromosomen 21) bei Down Syndrom (s.d.)

Tuberöse Sklerose: Erbliche Systemerkrankung; knotige Auftreibung von Hirnwindungen mit charakteristischen Hautveränderungen im Gesicht; dabei geistige Behinderung und epileptische Anfälle

Vestibularis: Gleichgewichtsorgan

Zerebral: Das Gehirn betreffend

Literaturverzeichnis

Abbassi, V., Linscheid, T. & Coleman, M.: Triodothyronine (T3) concentration and therapy in autistic children. J. Autism Childh. Schiz. **8**, 383–387 (1978)
Alvin, Juliette: Musiktherapie für behinderte und autistische Kinder. Gustav Fischer, Stuttgart 1988
Aman, M.G. & White, A.J.: Thioridazine dose effects with reference to stereotypic behavior in mentally retarded residents. J. Autism Dev. Dis. **18**, 355–366 (1988)
American Psychiatric Association. Diagnostic and statistical manual of mental disorders, DSM III (3. Aufl.), Washington, D.C. 1980
Anderson, R.S.: Pet animals and society. Baillière Tindall, London 1975
Angermaier, M.: Psycholinguistische Entwicklungstests. Deutsche Bearbeitung des „Illinois Test of Psycholinguistic Abilities“. Beltz Test, Weinheim 1974
Arens, Christiane: Beobachtungsleitfaden zur sensorischen Integration in der Frühförderung. In: Autismus heute (Hrsg. Arens, Ch. u. Dzikowski, St.) S. 9–18, Verlag Modernes Lernen, Dortmund 1988
Asperger, Hans: Die „autistische Psychopathie“ im Kindesalter. Arch. f. Psychiat. Nervenkht. **117**, 76–136 (1944)
August, G.J. & Lockhart, L.H.: Infantile autism and the fragile-X-chromosome. J. Autism Dev. Dis. **14**, 197–204, (1984)
August, G.J., Raz, N. & Baird, T.D.: Effects of fenfluramin on behavioral cognitive and affective disturbances in autistic children. J. Autism Dev. Dis. **15**, 97–107, (1985)
August, G., Stewart, M.A., Tsai, L.: The incidence of cognitive disabilities in the siblings of autistic children. Brit. J. Psychiat. **138**, 416–422 (1981)
Augustin, Anneliese: Sensorische Integration/Sensorische Integrationsstörungen. der kinderarzt **17**, 736–740, (1986)
Aust, Elisabeth: Die Physiognomie autistischer Kinder und geistig behinderter Kinder im Vergleich zu „normalen“ Kindern. Med. Diss., Münster 1983
Ayres, Jean: Lernstörungen, sensorisch-integrative Dysfunktion. Berlin etc. 1979
Ayres, Jean: Bausteine der kindlichen Entwicklung. Springer Berlin Heidelberg 1984
Bachman, J.E. & Fuqua, R.W.: Management of inappropriate behaviors of trainable mentally impaired students using antecedent exercise. J. Appl. Behav. Anal. **16**, 477–484 (1983)
Baechtle, Herta: Vom Himmel gefallen. Erfahrungsbericht der Mutter einer autistischen Erwachsenen. autismus, Z. Bundesverband „Hilfe für das autistische Kind“, Nr. 9, S.3–8 (April 1980)
Baumann, M. & Kemper, T.I.: Histoanatomic observations of the brain in early infantile autism. Neurology **35**, 866–874 (1985)
Baumeister, A.A. & Forehead, R.: Effects of contingent shocks and verbal command on body rocking of retardates. J. Clin. Psychol. **28**, 586–590 (1972)
Beckmann, Th.: Über die Geschwister autistischer Kinder. Diss. med., Münster 1982
Bemporad, J. R.: Adult recollectiom of a former autistic child. J. Autism. Dev. Dis. **9**, 179–197 (1979)
Benaroya, S., Wesley, S., Ogilvie, H., Klein, L.S. & Meaney, M.: Sign language and multisensory input training of children with communication and related disorders. J. Autism Childh. Schiz. **7**, 23–31 (1977)
Benenzon, R.: Einführung in die Musiktherapie. München 1983
Berkson, G. & Mason, W.A.: Stereotyped movements of mental defectives. IV. The effects of toys and the character of acts.Amer. J. Mental Deficiency **68**, 511–524 (1964)
Bernard-Opitz, Vera: Amerikanische Förderansätze am Beispiel des Los Ninos Erziehungszentrum in San Diego. In: Grundlagen der Pädagogik autistischer Kinder unter besonderer Berücksichtigung ihrer schulischen Erziehung. Fachgespräch 29.10.1983, Bremen. S. 7–12, Bundesverband „Hilfe für das autistische Kind“, Hamburg 1983

Bettelheim, B.: Die leere Festung. München 1977
Bier,A.: Zur Sexualität von autistischen Jugendlichen und Erwachsenen aus der Sicht ihrer Eltern. Diplomarbeit Psychologie, Münster 1989
Bleuler, E.: Dementia Praecox oder Gruppe der Schizophrenien. In: Handbuch der Psychiatrie (Hrsg. Aschaffenburg, G.), spezieller Teil, 4. Abt., 1. Hälfte, Leipzig u. Wien 1911
Bleuler, E.: Das autistisch-undisziplinierte Denken in der Medizin und seine Überwindung. Berlin 1919
Bludau, D. Die soziale Schicht der Familien autistischer Kinder unter besonderer Berücksichtigung des Geschlechts und der Unterscheidung in Kern-und Randautisten. Diss. med., Münster 1989
Boecker, Christiane: Kommunikationsaufbau durch Zeichensprache bei einem mutistischen Autisten.Diss. med., Münster 1983
Böök, J.A., Nichtern, S. & Gruenberg, E.: Cytogenical investigations in childhood schizophrenia. Acta Psychiat. et Neurol. Scand. **39**, 309–323 (1963)
Bosch, G.: Der frühkindliche Autismus. Monographien aus dem Gesamtgebiet der Neurologie und Psychiatrie, Heft 96, Berlin etc. 1962
Bowlby, J.: Trennung. Psychische Schäden als Folge der Trennung von Mutter und Kind. Fischer Taschenbuch 1976
Brown, J.L.: Adolescent development of children with infantile psychosis. Sem. Psychiat. **1**, 19–98 (1969)
Brown, W.T., Jenkins, C., Friedman, E., Brooks, J., Wisniewski, K., Ragutku, S. & French, J.: Autism is associated with fragile-X syndrome. J. Autism. Dev, Dis. **12**, (303–308) 1982
Bruch, H., Studies in schizophrenia: The various developments in the approach to childhood schizophrenia. Acta Psychiat. Neurol. Scand. **34**, Suppl. 130 (1959)
Bruhl, H.H., Fielding, L., Joyce, M., Peters, W. & Wieseler, N.: Thirty month demonstration project for treatment of self-injurious behavior in severely retarded individuals. In: Lifethreatening behavior (Edts. Hollis, J & Meyers, C.E.) Amer. Ass. Mental Deficiency, S. 191–275 (1982)
Burchard, F.: Die Kontroverse zur Haltetharapie (H. T.). autismus, Z. Bundesverband „Hilfe f. das autistische Kind", Heft 24, Hamburg 1987
Busse, J.: Autismus und Autoaggression. Theorie und Kasuistik einer Rezeptoren-Regulations-Therapie phasischer Störungen durch Intervallbehandlung mit low-dose Sulpirid (DOGMATIL). III. Europäischer Autismuskongress, Hamburg 6.–8.5. 1988
Campbell, M., Anderson, L.T., Small, A.M., Perry, R., Green, W.H., Caplan, R.: The effects of Haloperidol on learning and behavior of autistic children. J. Autism Dev. Dis. **12**, 167–175 (1982)
Campbell, M., Fish, B., Dorein,J., Shapiro, T., Collins, P., Koh, C.: Lithium and Chlorpromazine: A control crossover study of hyperactive severely disturbed young children. J. Autism Childh. Schiz. **2**, 234–263 (1972)
Campbell, M., Minton, J., Green, W.H.,Jennings, S.J., Samit, C.: Siblings and twins of autistic children. In: Biological Psychiatry (Edts. Perris, C., Struwe, G., Jansson, B.),S. 993–996, North-Holland Biomedical Press 1981
Campbell, M., Small, A.M., Hollander, Ch.S., Korein, J., Cohen, I.L.,Kalmijn, M., Ferris, St.: A controlled crossover study of Triiodothyronine in autistic children. J. Autism & Childh. Schiz. **8**, 371–387 (1978)
Celic, Jelena: Asperger-Autismus. Noch nicht veröffentlichte Studie.
Chess, Stella: Follow-up report on autism in congenital rubella. J. Autism Childh. Schiz. **7**, 69–81 (1977)
Cohen, D.J., Young, J.G., Lowe, T.L. & Harcherik, D..: Thyreoid hormone in autistic children. J. Autism. Dev. Dis. 10, 445–450 (1980)
Coleman, Mary: The autistic syndromes. Amsterdam 1976
Coleman, M. and Gillberg, Ch.: The biology of the autistic syndromes, New York etc.1985
Corbett, J.: Epilepsy and mental retardation in a follow-up study. In: Advances of Epileptology (Ed. Paronage, M.), S. 207–214, XIV th. Epilepsy International Symposium, New York 1983
Cordero-d'Aubuisson, Margit: Pränatale Psychologie. Existieren pränatale Psychismen? Diss. med.,Münster 1985

Cordes, H. Lerntheoretische Prinzipien in der Therapie für autistische Kinder. Curriculare und methodische Überlegungen. In: Grundlagen der Pädagogik autistischer Kinder, Bremen 29.10. 1983, S. 21–28, Bundesverband „Hilfe für das autistische Kind“, Hamburg 1984
Cordes, H.: Lernprogramm zur Erweiterung der Handlungskompetenz autistischer Kinder im Alltag. III. Europäischer Kongress der internationalen Assoziation „autism in europe“, S.13–24, Hamburg 6.–8.5.1988
Creak, E.M.: Childhood psychosis: A review of 100 cases. Brit. J. Psychiat. **109**, 84–89 (1963)
Darby, J.K.: Neuropathologic aspects of psychosis in children. J. Autism Child. Schiz. **6**. 339–352 (1976)
Darr, G.C., Worden, F.G.: Case report twenty-eight years after an infantile autistic disorder. Am. J. Orthopsychiat. **21**, 559–570 (1951)
Dalacato, C.H.: The ultimate stranger, the autistic child. Doubleday & Co. Garden City, New York 1974 (deutsch, Freiburg 1975)
DeMyer, M.K.: Parents and children in autism. Washington 1979
DeMyer, M.K., Bartan, S., DeMyer, W.F., Norton, J.A., Allen, J.& Steele, R.: Prognosis in autism: A follow-up study. J. Autism Childh. Schiz. **3**, 199–246 (1973)
Deutsche Gesellschaft zur Förderung der Hör-Sprach-Geschädigten: Die Gebärden der Gehörlosen, Hamburg 1977
Dierlich-Wilhelm, Hanne: Projekte, Schulen für autistische Kinder in den USA. IV. Bundestagung und Kongreß „Hilfe für das autistische Kind“, Frankfurt 24./25.11.1978, S. 48–55, Hamburg 1979
Döpp-Weseler, Aenne: Analyse des kindlichen Fehlverhaltens beim Umgang mit Hund und Katze. Sozialpädiatrie **3**, 511–515 (1981)
Dzikowski, St.: Entwicklungen in der Therapie sensorischer Integrationsstörungen bei autistischen Kindern. In: Autismus heute (Hrsg. Arens, Chr. & Dzikowski, St.), S. 31–37, Dortmund 1988
Dzikowski. St. & Vogel, Cordula: Störung der sensorischen Integration bei autistischen Kindern. Probleme von Diagnose, Therapie und Erfolgskontrolle. Weinheim 1988
Eggers, Ch.: Autistisches Syndrom (Kanner) und Pockenschutzimpfung. Klin. Pädiat. **188**, 172–180 (1976)
Eichhorn, J.u.H., Czogalla, N.: Ist das ein sinnloses Leben? Erfahrungen mit einem autistischen Kind. Kleinmachow, DDR 1973
Eick.: Frühkindlicher Autismus. Empirische Untersuchung der frühkindlichen und kindlichen Entwicklung von Autisten im Vergleich zu geistig behinderten und normalen Kindern. Diss. med., Münster 1983
Eisenberg, L.: The autistic child in adolescence. Am. J. Psychiat. **110**, 607–612, (1956)
Ernst, Cecile, Luckner v., N.: Stellt die Frühkindheit die Weichen? Stuttgart 1985
Facion, J.R.: Zum Verständnis autoaggressiver Handlungen aus der Sicht der Informationsverarbeitung und deren therapeutischen Implikationen. Diss. rer. med., Münster 1986
Falliner, Gabriele: Frühkindliche Trennungen bei autistischen Kindern. Diss. med., Münster 1987
Feingold, B.F.: Why your child is hyperactive. Random House, New York 1975
Feuser, G.. Zum Verständnis von Stereotypien und selbstverletzenden Verhaltensweisen bei Kindern mit Autismussyndrom unter Aspekten der pädagogischen Arbeit. In Jahrbuch für Psychopathologie und Psychotherapie Bd. 5 (Hrsg.: Feuser, G. & Jantzen, W.), S. 127–156, 1985
Feuser, G.: Integration autistischer Kinder. Möglichkeiten und Bedingungen. III. Europäischer Kongreß „Autism-Europe“, Hamburg 6.–8.5. 1988. Bundesverband „Hilfe für das autistische Kind“, S. 33–44, Hamburg 1988
Finnegan, J.-A. & Quarrington, B.: Pre- peri- and neonatal factors and infantile autism. J. Child. Psychol. Psychiat. **20**, 119–128 (1979)
Friedman, E. The autistic syndrome in phenylketonuria. Schizophrenia **1**, 249–261 (1961)
Frith, Uta: Sprache und Denken bei autistischen Kindern. In: Kindlicher Autismus (Hrsg.: Kehrer, H.E.). S. Karger, Basel etc. 1978
Frith, C.D., Johnstone, E.C., Joseph, M.H., Powell, R.J. & Walls, R.W.: Double-blind clinical trial of 5-hydroxytryptophan in case of Lesch-Nyhan syndrome. In: Self-injourious behavior (Edts. Murphy, G. & Wilson, B.), S. 274–281, BIMH-Publications, Kidderminster 1985

Frye, I.B.M.: Fremde unter uns. Autisten, ihre Erziehung, ihr Lebenslauf. J.A. Boom en Zoon, uitgevers te Meppel 1968
Garber, H.J., Ritvo, E.R. & Chiu, L.: Normal volume of the fourth ventricle measured by MRI in autistic patients. III. Congress of Autism-Europe, Hamburg 1988
Gebhart, Eva: Sexualität und Behinderung-und die Frage der Sterilisation. autismus, Z. Bundesverband „Hilfe für das autistische KInd", Nr.20, S. 8–12, Hamburg 1985
Geller, E., Ritvo, E., Freeman, B.J. & Yuwiler, A.: Preliminary observations on the effect of fenfluramin on blood serotonin and symptoms in three autistic boys. New England J. Med. **307**, 165–169 (1982)
Gillberg, Ch.: Identical triplets with infantile autism and fragile-X syndrome. Brit. J. Psychiat. **143**, 256–260 (1983)
Gillberg, Ch.: Infantile autism and other childhood psychoses in a Swedish region: Epidemiological aspects. J. Child Psychol. Psychiat. **25**, 35–43 (1984)
Gillberg, Ch. Asperger's syndrome and recurrent psychosis – a case study. J. Autism Dev. Dis. **15**, 389–397 (1985)
Gillberg, Ch. & Forsell, Ch.: Childhood psychosis and neurofibromatosis. More than a coincidence? J. Autism Dev. Dis. **14**, 1–8 (1984)
Gillberg, Ch. & Gillberg, I.C.: Infantile autism: a total population study of reduced optimality in the pre-, peri-and neonatal period. J. Autism Dev. Dis. **13**, 153–166 (1983)
Gillberg, Ch. & Schaumann, H.: Social class and infantile autism. J. Autism. Dev. Dis. **12**, 223–228 (1982)
Gillberg, Ch. & Terenius, L.: Endorphin activity in childhood psychosis. Arch. Gen. Psychiatry **42**, 780–783 (1983)
Gillberg, Ch. & Wahlström, J.: Chromosomal abnormalities in infantile autism and other childhood psychoses.Developm.Med. Child. Neurol, **27**, 293–304 (1985)
Goldfarb, W.: Emotional and intellectional consequences of psychologic deprivation in infancy, a reevaluation.In: Psychopathology of childhood (Edts.: Hoch, P. & Zubin, J.) New York 1955
Grandin, Temple & Scariano, Magaret M.:Emergence: Labeled autistic. Arena Press, San Diego 1986 (deutsch: Grossmann, U., autismus, Z. Bundesverband „Hilfe für das autistische Kind", Nr. 25, Hamburg 1988)
Greiser, Gisela: Tomatis-Therapie. Bericht einer Mutter. autismus, Z. Bundesverbandes „Hilfe für das autistische Kind", Nr. 19, S. 13–15, Hamburg 1985
Gubbay, S.S, Lobascher, M. & Kingerlee, P.: A neurological appraisal of autistic children: Results of a Western Australian survey. Developm. Med. Child Neurol. **12**, 422–429 (1970)
Hafer, H.: Mitteilung, Mainz 1975
Hafer, H.: Nahrungsphosphat als Ursache für Verhaltensstörungen und Jugendkriminalität. Heidelberg 1978
Hansen, A., Brask, B.H., Nielsen, J., Rasmussen, K. & Sillesen, I.: A case report of an autistic girl with an extra bisatellited marker chromosome. J. Autism Childh. Schiz. **7**. 263–267 (1977)
Hartmann, H.: Aufmerksams-Interaktions-Therapie mit psychotischen Kindern: Prax. Kinderpsychol. Kinderpsychiat. **35**, 242–247 (1986)
Hartmann, H., Krane, R. & Becker, B.: Toilettentraining und apparative Enuresis-Therapie. Diskussion und Vorstellung eines neuen Gerätes. Z. Kinder-Jugendpsychiat. **9**, 139–151 (1981)
Hartmann, H. & Rohmann, U.: Die Zwei-System-Theorie der Informationsverarbeitung und ihre Bedeutung für das autistische Syndrom und andere Psychosen. Praxis Kinderpsychol. Kinderpsychiat. **33**, 271–281 (1984)
Hartmann, H. Rohmann, U.: Die Aufmerksamkeits-Interaktions-Therapie (AIT). In: Autismus heute (Hrsg. Arens, Chr. & Dzikowski, St.), S.129–137, Verl. Modernes Lernen, Dortmund 1988
Häusler, I.: Kein Kind zum Vorzeigen, Rororo, Reinbeck bei Hamburg 1979
Havelkova, Milda: Follow-up study of 71 children diagnosed as psychotic in preschool age. Am. J. Orthopsychiat. **38**, 846–857 (1968)
Hemminger, H.-J: Kindheit als Schicksal. Rowohlt, Reinbeck 1982
Herman, Barbara, Hammoek, M.K., Egan, J., Feinstein, C., Chatoor, I., Boeckx, R., Zelnick, N., Jack, R. & Rosenquist, J.: Naltrexon induces dose-dependent decreases in self-injurious behavior. Neuroscience Abstracts **11**, 468 (1985)

Hermelin, B. Wahrnehmung und Denken bei autistischen Kindern. In: Kindlicher Autismus (Hrsg. Kehrer, H.E.), Karger Vlg., Basel 1978
Hermelin, B., O'Connor, N.: Experiments with autistic children, Pergamon Press, Oxford 1970
Herrmann-Haunhorst, Marie-Luise: Frühkindlicher Autismus und Musik. Theorie, Experimente, Ergebnisse. Diss. med., Münster 1988
Hetzler, B.E. & Griffin, Judith,L.: Infantile autism and the temporal lobe of the brain. J. Autism Developm. Dis. **11**, 317–330 (1981)
Hoehne: Behandlung mit Frischzellen. autismus, Z. Bundesverband „Hilfe für das autistische Kind", Nr.24, Hamburg 1987
Horwitz, W.A., Kestenbaum, C. Person, E.,& Jarvitz, L.: Identical twin „idiot savants" – calendar calculators. Am. J. Psychiat. **121**, 1075–1079 (1966)
Hoshino, Y., Kumashiro, H., Yashima, Y., Tachibana, R., & Watabane, M.: The epidemological study of autism in Fukushima-ken. Folia Psychiatrica et Neurologica Japanica 36, 115–124 (1982)
Hoshino, Y., Yashina, Y., Tachibana, R., Kaneko, M., Watabane, M. & Kumashtro, H.: Sex chromosome abnormality in autistic children. Long Y-chromosome. Fukushima J. Med. Science **26**, 31–42 (1979)
Jantzen, W & v. Salzen, W.: Autoaggressivität und selbstverletzendes Verhalten. Marhold Vlg. , Berlin 1988
Joudry, P.: Gesundheit aus dem Walkman. Verl. Bruno Martin, Südgellersen 1986
Judd, L.L. & Mandell, A.J.: Chromosome studies in early infantile autism. Gen. Psychiat. **18**, 450–457 (1968)
Junker, R.K.S.: The child in the glass ball. New York 1964
Kahn, A.A.: Thyroid dysfunction. Brit. Med. J. **4**, 495 (1970)
Kane, J.F.: Bewegung, Stereotypie, Selbstverletzungsverhalten. Intern. Viersener Autoaggressionssymposium , 1.10.1987
Kane, J.F.& Hettinger, J.: Die Förderung von Menschen mit selbstverletzenden Verhaltensweisen. Geistige Behinderung **1**,13–21 (1987)
Kanner, Leo: Autistic disturbances of affective contact. Nerv. Child **2**, 217–250 (1942/43) u. Acta Paedopsychiat. **35**, 98–136 (1968)
Karch, D., Nytzenadel, W & Kiemle, X: Phosphatarme Diät bei hyperkinetischen Kindern. der kinderarzt **16**, 1319–1324 (1988)
Kaufmann; H.N.: Son rise, New York 1977
Kehrer, H.E.: Die Diagnose des kindlichen Autismus. der kinderarzt **21**, 476–481 (1973)
Kehrer, H.E.: Autisten-Sprachprogramm Münster: Sprachanbahnung für autistische Kinder nach der der Methode der Verhaltensmodifikation. In: Sprachtherapie bei autistischen Kindern. Bundesverband „Hilfe für das autistische Kind", Bremen/Hamburg 1977
Kehrer, H.E.: Sprach- und Denkinhalte autistischer Kinder. Acta paedopsychiat. **43**, 15–22 (1977)
Kehrer, H.E.: Die medikamentöse Behandlung des kindlichen Autismus. In: Kindlicher Autismus (Hrsg. Kehrer, H.E.), Karger Vlg., Basel 1978
Kehrer, H.E.: Früherkennung des kindlichen Autismus. Dtsch. Zschr. Kinderheilkd. **127**, 95–97 (1979)
Kehrer, H.E.: Frühkindlicher Autismus aus forensischer Sicht. Ein Fallbericht. Zschr. Kriminologie **64**, 174–179 (1981)
Kehrer, H.E. Die Frühdiagnose des autistischen Syndroms. der kinderarzt **17**, 1578–1581 (1986)
Kehrer, H.E. Frühkindlicher Autismus. In: Kommunikation zwischen Partnern. Bundesarbeitsgemeinschaft Hilfe für Behinderte, Band 230, S.8–19 u. 24–25, Düsseldorf 1987
Kehrer, H.E.: Zur Ätiologie des autistischen Syndroms. der kinderarzt **19**, 43–50, 1988a
Kehrer, H.E.: Therapeutische Möglichkeiten des autistischen Syndroms. der kinderarzt **19**, 1034–1039, 1988b
Kehrer, H.E. & Budde, R.: Verhaltenstherapie von Kontaktstörungen bei Autismus infantum. Acta Paedopsychiat. **147**, 80–82 (1972)
Kehrer, H.E. & Körber, H.P.: Sprachbehandlung durch Verhaltenstherapie bei autistisch-mutistischen Kindern. Acta Paedopsychiat. **38**, 2–17 (1971)
Kehrer, H.E. & Misek, Karla: Die Zukunft von autistischen Kindern. Sind präventive Maßnahmen möglich? In: Präventive Medizin (Hrsg. Rudolf, G.A.E. & Tölle, R.), Berlin etc.1984

Kehrer, H.E. & Morcher, S.: Das Erkennen und Lesen auf dem Kopf stehender (up side-down) Bilder und Schrift als Mehrleistung bei autistischen Kindern und Jugendlichen. Z. Kinder-Jugendpsychiat. **15**, 315–326 (1987)
Kehrer, H.E. & Temme-Meickmann, U.:Negativismus bei frühkindlichem Autismus. Praxis Kinderpsychol. Kinderpsychiat. **31**, 60–64 (1982)
Kern, L., Koegel, R.L., Dyer, K., Blew, P.A. & Fenton, L.R.: The effects of physical exercise on self-stimulation and appropriate responding in autistic children. J. Autism Dev. Dis. **12**, 399–419 (1982)
Kerstenberg, J.S.: The history of an „autistic" child. J. Child Psychiat. **3**, 5–52 (1954). deutsch: Praxis Kinderpsychiat. **9**, 117–124, 161–168, 201–213 (1960)
Kinnel, H.G.: Pica as a feature of autism. British J. Psychiat. **147**, 80–82 (1985)
Kirk, S.A., McCarthy, J.J. & Kirk, W.D.: ITPA: Illinois Test of Psycholinguistic Abilities. University of Illinois Press, Urbana 1968
Knobloch, H. & Pasamanick, B.: Some etiologic and prognostic factors in infantile autism and psychosis. Pediatrics **55**, 182–191 (1975)
Koehler, K. & Saß, H.: DSM III: Diagnostisches und statistisches Manual psychischer Störungen. Beltz, Weinheim & Basel 1984
Kolvin, I.: Studies in the childhood psychoses. I. Diagnostic criteria and classification. Brit. J. Psychiat. **118**, 381–384 (1971)
Kolvin, I., Ounsted, C. & Roth, M.: Cerebral dysfunction and childhood psychoses. Brit. J. Psychiat. **118**, 407–414 (1971)
Komoto, J., Usui, S., Otsuki, S. & Terao, A.: Infantile autism and Duchenne muscular dystrophy. J. Autism Dev. Dis. **14**, 191–195 (1984)
Kramann, J.: Der Einfluß verschiedener Musikstücke auf das Verhalten von Kindern mit autistischem Syndrom. Diss med. Münster 1982
Krug, D.A., Arick, J.R. & Almond, P.J.: Autistic Screening Instrument for Educational Planning (ASIEP). Portlang/Or. 1980
Kurschat, M.: Vergleichende Untersuchung des Sprach-und Kommunikationsverhaltens autistischer, geistig behinderter und normaler Kinder an Hand eines Fragebogens. Diss. med., Münster 1983
Kutsch, Ulrike: Angst bei autistischen Kindern. Diss. med., Münster 1981
Lange, C.G.: Über Gemütsbewegungen. 1885
La Vigna, G.W.: Communication training in mute autistic adolescents using the written word. J. Autism Childh. Schiz. **7**, 138–149 (1977)
Lelord, G., Muk, J.P., Barthelemy, C., Martineau, J., Garreau, B. & Calleway, E.: Effects of pyridoxine and magnesium on autistic symptoms. Initial observation. J. Autism Dev. Dis. **11**, 219–230 (1981)
Lempp, R.: Der kindliche Autismus – ein organisches Psychodrom. Pädiatrie und Pädagogie, Suppl. **1**, 64–71 (1972)
Lenkitsch-Gnädinger, Dorothea: Tomatis-Therapie. autismus, Z. Bundesverband „Hilfe für das autistische Kind", Nr.19, Hamburg 1985
Levital, A., Hagermann, R.J., Braden, M., Rimland, B., McBogg, P., & Matus, I.: Autism and the fragile-X syndrome. J. Developm. Behav. Ped. **4**, 151–158 (1983)
Links, P.S., Stockwell, M., Abichandani, F. & Simeon, J.: Minor physical anomalies in childhood autism. Part. I. The relationship to pre- and perinatal complications. J. Autism Dev. Dis. **10**, 273–285 (1980)
Lockyer, L. & Rutter, M.: A fife to fifteen year follow-up study of infantile psychosis. IV. Patterns of cognitive ability. Brit. J. Soc. Clin. Psychol., **9**, 152–163 (1970)
Lotter, V.: Epidemology of autistic conditions in young children. I. Prevalance Social Psychiatry **1**, 124–137 (1966)
Lotter, V.: Epidemiology of autistic conditions in young children. II. Some characteristics of the parents and children. Social Psychiatry **1**, 163–173 (1967)
Lotter, V.: Follow-up studies in autism. A reappraisal of concepts and treatment. (Edts.: Rutter, M. & Schopler, E.). S. 475–495, Plenum Press, London & New York 1978
Lotter, V.: Childhood autism in Africa. J. Child Psychol. Psychiat. **19**, 231–244 (1978)
Lovaas, O.I.: A program for the establishment of speech in psychotic children. In: Early childhood autism: Clinical, educational and social aspects (Edt. Wing, J.K.), Pergamon Press, Oxford 1966
Lovaas, O.I.: Teaching language to psychotic children. University of California, Los Angeles 1972

Lovaas, O.I., Koegel, R., Simmons, J.Q. & Stevens Long, J.: Some generalization and follow-up measures on autistic children in behavior therapy. J. App. Behav. Ther. **6**, 131–166 (1973)
Lovaas, O.I. & Simmons, J.Q.: Manipulation of self-destruction in three retarded children. J. Appl. Behavior Analysis **2**, 67–84 (1969)
Lowe, T.L., Tanaka, K., Seashore, M.R., Young, J.G. & Cohen, D.J.: Detection of phenylketonuria in autistic and psychotic children. J. Am. Med. Ass. **243**, 126–128 (1980)
Lug, J.M.: Psycholinguistisches Sprachförderungsprogramm. Beltz Test, Weinheim 1985
Luiselli, J.K.: Behavior analysis of pharmacological and contingency management interventions for self-injury. J.Behav. Ther. & Psychiat.**17**, 275–284 (1986)
Lungershausen,E.: Erfahrungen mit einem Tierpark in einem psychiatrischen Krankenhaus. Sprektrum der Psychiatrie und Nervenheilkunde **10**, 184–186 (1981)
Mahns, Beate: Musiktherapeutische Ansätze in der Praxis mit autistischen Kindern und Jugendlichen: Musiktherapeutische Umschau **9**, 68–78 (1988)
Martinius, J.: Autistische Syndrome. In: Kinder- und Jugendpsychiatrische Pharmakotherapie (Hrsg. Nissen, G., Eggers, Ch., Martinius, J.). S. 264–270, Springer Berlin Heidelberg 1984
McGimsey, J.F. & Fawell, J.E.: The effects of physical exercise on disruptive behavior in retarded persons. J. Autism Dev. Dis.**18**, 167–179 (1988)
Melton, D.: „Todd". Prentice-Hall, Englewood Cliffs, New Jersey 1968
Meryash, D.L., Szymanski, L.S. & Gerald, P.S.: Infantile autism associated with the fragile-X syndrome. J. Autism Dev. Dis.**12**, 295–301 (1982)
Misek, Karla.: Untersuchungen zur Entwicklung und Zukunft autistischer Kinder. In: Die Zukunft des jugendlichen und erwachsenen Autisten. 5. Bundestagung des Bundesverbandes „Hilfe für das autistische Kind", Baunatal 6.–8.11.1981, Hamburg 1982
Misek, Karla: Untersuchungen zur Entwicklung und Zukunft autistischer Kinder. Eine Untersuchung zum Verlauf des autistischen Syndroms. Diss. med., Münster 1983
Mizuno, T. & Yugari, Y.: Self-mutilation in Lesch-Nyhan Syndrome. In: Self-injurious behavior (Edts.: Murphy, G. & Wilson, B.). S. 272–273, BIMH-Publications, Kiddermuster 1985
Niebes, H.: Vergleichende Verhaltensbeobachtungen bei Autisten und Geistigbehinderten. Diss. med., Münster 1981
Nielsen, J., Christensen, K.R., Friedrich, U., Zeuthen, E. & Ostergaard, O: Childhood of males with XYY-Syndrome. J. Autism Childh. Schiz.**3**, 5–26 (1973)
Nieß, Nicosia: Erfahrungen in Zürich. Das IAPP und die Tomatis-Methode. autismus, Z. Bundesverband „Hilfe für das autistische Kind", S.16–18, Nr. 23, Hamburg 1987
Nissen, G.: Autistische Syndrome. In: Lehrbuch der speziellen Kinder- und Jugendpsychiatrie (Hrsg.: Harbauer, H., Lempp, R., Nissen, G., Struntz, P.), S. 428–443, Berlin etc. 1980
Nolley, D., Butterfield, B., Fleming, A. & Müller,P.: Nonaversive treatment of severe self-injurious behavior: Multiple replications with DRO and DRI. In: Life-threatening behavior: Analysis and intervention (Edts. Hollis, J.H. & Meyers, C.E.), S. 161–189, Amer. Assoc. Mental Defiency, 1719 Kalorama road, NW Washington, DC, 1982
Orff, C.: Das Schulwerk – Rückblick und Ausblick. In: Schmidt, A.W.: Carl Orff, sein Leben und sein Werk. Köln 1971
Orff, G: Die Orff-Musiktherapie. München 1974
Ornitz, E.M. & Ritvo, E.R.: The syndrome of autism: a critical review. Am. J. Psychiat. **133**, 609–621 (1971)
Park, C.: The siege. Boston 1973
Park, C.: Eine Seele lernt leben. Bern, München 1973
Polan, C.G. & Spencer, B.L.: A check list of symptoms of autism of early life. W. Virg. J. **55**, 198–204 (1959)
Pollak, M. & Woerner, M.G.: Pre- and perinatal complications and childhood schizophrenia: a comparison of four controlled studies. J. Child Psychol. **7**, 235–242 (1966)
Prekop, Irina: Zur Festhaltetherapie bei autistischen Kindern. der kinderarzt **15**, 798–802, 952–953, 1043–1052, 1170–1175 (1984)
Pueschel, S., Hermann, R. & Gordon, G.: Screening children with autism for fragile-X syndrome and phenylketonuria. J. Autism Dev. Dis **15**, 335–338 (1985)
Puttich, A.: Eine Untersuchung über die medikamentöse Behandlung des autistischen Syndroms. Diss. med., Münster 1987

Raiten, D.J. & Massaro, Th: Perspectives of the nutritional ecology of autistic children. J. Autism Dev. Dis. **16**, 133–143 (1986)
RAVEN-Matritzen-Test. Standard Progressive Matrices (Deutsche Bearbeitung: Kratzmeier, H. u. Horn, R.). Beltz Test, Weinheim 1979
Realmuto, G.M. & Main, B.: Coincidence of Tourette's disorder and infantile autism. J. Autism Dev. Dis. **12**, 367–372 (1982)
Rees, Susan, C. & Taylor, Ann: Prognostic antecedents and outcome in a follow-up study of children with a diagnosis of childhood psychosis. J. Autism Childh. Schiz, **5**, 309–322 (1975)
Rendle-Short, J.: Infantile autism in Australia. Med. J. Austr. **56**, 245–252 (1969)
Repp, A.C., Deitz, S.M. & Speir, N.C.: Reducing stereotypic responses of retarded persons by the differential reinforcement of other behavior. Amer. J. Mental Deficiency **79**, 279–284 (1974)
Rett, A.: Über ein eigenartiges hirnatrophisches Syndrom bei Hyperammonämie im Kindesalter. Wien. Med. Wochenschr. **116**, 723–726 (1966)
Rimland, B.: Infantile autism, New York 1964
Rimland, B. The differentiation of childhood psychoses: An analysis of checklists for 2218 psychotic children. J. Autism & Childh. Schiz. **1**, 161–174 (1971)
Rimland, B.: High dose levels of certain vitamins in the treatmend of children with severe mental disorders. In: Orthomolecular Psychiatry (Edts.:Hawkins, D. & Pauling, L.). New York 1973
Rimland, B.: Savant capabilities of autistic children and their cognitive implication. In: Cognitive defects in the development of mental illness (Edt. Serban, G.). S. 42–65. New York 1978
Rimland, B.: Bruchstück-Genies. Psychol. heute, S. 54–60, Nr.1/1979
Ritvo, E.R., Freeman, B.J., Scheibel, A.B., Duong, T., Robinson, H., Guthrie, D.& Ritvo,A.: Lower Purkinje cell counts in the cerebella of four autistic subjects: Initial findings of the UCLA-NSAC autopsy research report. Am. J. Psychiatry **143**, 862–866 (1986)
Ritvo, E.R., Ritvo, M.D., Freeman, B.J., Mason-Brothers, A., Mo, A. & Ritvo, A.M.: Concordance for the syndrome of autism in 40 pairs of afflicted twins. Am J. Psychiatry 142, 74–77 (1985)
Rohmann, U.H. & Facion, J.R.: Behandlung von Autoaggressionen unter besonderer Berücksichtigung verschiedener Methoden der Basisinteraktion. Vortrag 6. Bundestagung „Hilfe für das autistische Kind", Düsseldorf 3.11.1984
Rohmann, U.H., Hartmann, H., Kehrer, H.E.: Erste Ergebnisse einer modifizierten Form der Festhaltetherapie. autismus. Z. Bundesverband „Hilfe für das autistische Kind", Nr.17, S.10–13, 1984
Rohmann, U.H. & Hartmann, H.: Modifizierte Festhaltetherapie (MFT). Z. Kinder-Jugendpsychiat. **13**, 182–198 (1985)
Rohmann, U.H., Kalde, M., Hartmann, H. & Jakobs, G.: Das therapeutische Konzept der körperzentrierten Interaktion. In: Autismus heute (Arens, Ch. & Dzikowski, St.). S. 139–151, Verlag Modernes Lernen, Dortmund 1988
Rollin, H.R.: Personality in mongolism with specific reference to the incidence of catatonic psychosis. Am. J. Ment. Defic. **51**, 219–237 (1946)
Rosen, A.M.: Adult calendar calculators in a psychiatric OPD. J. Autism Dev. Dis. **11** 285–292 (1981)
Rösener, G.: Autismus-spezifische Gestaltungsmerkmale in Zeichnungen autistischer Kinder. Diss. med., Münster 1982
Rumsey, J.M., Creasy, H., Stepanek, J.S., Dorwart, R., Patronas, N., Hamburger, S.D., Duara, R.: Hemispheric asymmetries, fourth ventricular size, and cerebellar morphology in autism. J. Autism Dev. Dis. **18**, 127–137 (1988)
Rutt, C.M. & Offord, D.R.: Prenatal and perinatal complications in childhood schizophrenia. J. Nerv. Ment. Dis. **152**, 324–331 (1971)
Rutter, M.: Autistic children: Infancy to adulthood. Sem. Psychiat. **2**, 435–450 (1970)
Rutter, M.: Developmental issues and prognosis. In: Autism. A reappraisal of concepts and treatment (Edts.: Rutter, M. & Schopler, E.). S. 497–505, New York-London, 1978
Rutter, M.: Language disorder and infantile autism. In: Autism. A reappraisal of concepts and treatment (Edts. Rutter, M. & Schopler, E.). New York-London 1978

Rutter, M.: Language, cognition and autism. In: Congenital and acquired cognitive disorders (Etd. Katzmar, R.). S. 247–264, New York 1979
Rutter, M.: The treatment of autistic children. J. Child Psychol. Psychiat. **26**, 193–214 (1985)
Rutter, M. & Bartak, L.: Special educational treatment of autistic children: A comparative study . II. Follow-up findings and implications for services. J. Child Psychol. Psychiat. **14**, 341–270 (1973)
Rutter, M. & Lockyer, L.: A fife to fifteen year follow-up study of infantile psychosis. Brit. J. Psychiat. **113**, 1169-1199 (1967)
Sahley, T.L. und Panksepp, J.: Brain opioids and autism. An updated analysis of possible linkages. J. Autism Dev. Dis. **17**, 201–216 (1987)
Sandyk, R.: Naloxon abolishes self-injury in a mentally retarded child. Annals of Neurology **17**, 520 (1985)
Satoh, M., Fukushima, Y., Seki, M., Takada, M. & Yasuda, Y. & Yamagata, M.: Einige Effekte der sogenannten Dunkelzimmertherapie bei autistischen Sonderschülern in Japan. autismus, Z. Bundesverband „Hilfe für das autistische Kind" Nr. 25, S.15–19, Hamburg 1988
Saviskinsky, J.S.: The child is father of the dog. Canines and personnality processes in an arctic community. Hum. Dev. **17**, 460–466 (1974)
Schlüter, H.: Musik-Körpererfahrungstherapie im Rahmen eines integrativen Therapiekonzepts. In: Autismus heute Bd. 1 (Hrsg.: Arens, Ch. & Dzikowski, St.). S. 101–113, Verlag Modernes Lernen, Dortmund 1988
Schopler, E. & Reichler, R.J.: How well do parents understand their own psychotic child. J. Autism Childh. Schiz. **2**, 387–400 (1972)
Schopler, E.& Reichler, R.J.: Individualized assessment and treatmend for autistic and developmentally disabled children. I. Psychoeducational Profile. Baltimore 1979 (Entwicklungs- und Verhaltensprofil (P.E.P.), bearbeitet v. Horn, A., Dortmund 1981)
Schroeder, St. R., Kanoy, R.C., Mulick, J.A., Rojahr, J., Thios, S.J., Stephens, M & Hawk, B.: Environmental antecedents which affect management and maintenance of programs for self-injurios behavior. In: Life-Threatening Behavior: Analysis and Intervention (Edts. Hollis, J.H. & Meyers, E.). Monographs Amer. Ass. Ment. Defiency No. 5, Washington 1982
Schuler, A.L. & Baldwin, M.: Non-speech communication in childhood autism. Language, Speech and Hearing Services in the Schools **12**, 246–258 (1981)
Shearer, T.R., Larion, K., Neuenschwander, J. & Gedney, B.: Minerals in the hair and nutrient intake of autistic children. J. Autism. Dev. Dis. **12**, 25–34 (1982)
Sievers, Mechthild: Frühkindlicher Autismus. Köln – Wien 1982
Simon, H.: Psychotherapie in der Irrenanstalt. Bericht über den II. ärztlichen Kongreß für Psychotherapie. S.138–153, Bad Nauheim 1927 u. Allg. Zschr. Psychiatrie **90**, 69–121, Berlin 1929.
Singh, N.N. & Millichamp, C.J.: Pharmalogical treatment of self-injurious behavior in mentally retarded persons. J. Autism Dev. Dis. **18**, 257–267 (1985)
Sperber, M.A., Salomon, L. Collins, M.H. & Stambler, M.: Childhood schizophrenia and 47,XXY Klinefelter's syndrome. Am. J. Psychiat. **128**, 1400–1408 (1972)
Spindler, P.: Studien zur Vererbung von Verhaltensweisen . 3) Verhalten gegenüber jungen Katzen. Anthrop. Anz. **25**, 60–80 (1961)
Spitz, R.A.: Die ersten Objektbeziehungen. Stuttgart 1954
Stegat, H.: Enuresis. Springer Berlin Heidelberg 1973
Steinhausen, H.-C.: Psychsche Störungen bei Kindern und Jugendlichen. München etc. 1988
Steinhausen, H.-C., Göbel, D., Breinlinger, M. & Wohlleben, B.: A community survey of infantile autism. J. Amer. Acad. Child Psychiat. **25**, 186–189 (1986)
Strunk, P.: Ist phosphatreduzierte Kost eine Hilfe für Kinder mit hyperkinetischem Syndrom? Dtsch. Ärzteblatt **84**, 597–598 (1987)
Szymanski, L., Kedesky, J., Sulkes, ST. & Cutler, A.: Naltrexon in treatment of self-injurious behavior. Res. Developm. Disabilities **8**, 179–190 (1987)
Taft, L.T. & Goldfarb, W.: Prenatal and perinatal factors in childhood schizophrenia. Developm. Med. Child. Neurol. **6**, 32–43, (1964)
Tagungsbericht 5. Bundestagung des Bundesverbandes „Hilfe für das autistische Kind", Baunatal 6.–8.11.1981: Die Zukunft des jugendlichen Autisten. S.189, Hamburg 1982

Tanoue, Y., Ocla, S., Asano, F. & Kawashina, V.: Epidemiology of infantile autism in southern Ibaraki, Japan: Difference in prevalance. J. Autism Dev. Dis. **18**, 155–166 (1988)

Tao Kuo-Tai: Infantile autism in China. J. Autism Dev. Dis. **17**, 289–296 (1987)

Temme-Meickmann, Ulrike: Der Negativismus bei frühkindlichem Autismus. Experimentelle und anamnestische Untersuchungen. Diss. med., Münster 1981

Tinbergen, N. u. E.A.: Autismus bei Kindern, Parey, Berlin u. Hamburg 1984

Tomatis, A.A.: Neue Theorien zur Psychologie des Ohres. Vortrag 2. Intern. Kongr. f. Audio-Psycho-Phonologie, Paris 1972

Tomatis, A.A.: Informationen über Autismus. Mitgeteilt von Lena Tomatis. Deutsch v. Werner Schwalm. Bad Soden-Allendorf

Torrey, E.F., Hersk, St.P., McCabe, K.D.: Early childhood psychosis and bleeding during pregnancy: a prospective study of gravid women and their offspring. J. Autism Childh. Schiz. **5**, 287–297 (1975)

Tsai, L., Stewart, M.A., August, G.: Implications of sex differences in the familial transmission of infantile autism. J. Autism Dev. Dis. **11**, 162–173 (1981)

Verglas, G. du, Banks, St.R. & Guyer, K.E.: Clinical effects of fenfluramine on children with autism. A review on research. J. Autism. Dev. Dis. **18**, 297–308 (1988)

Viscott, D.S.: A musical idiot savant. A psychodynamic study and some speculations on the creative process. Psychiatry **33**, 494–525 (1970)

Vojta, V.: Die zerebralen Bewegungsstörungen im Säuglingsalter. 5. Auflage, Enke, Stuttgart 1988

Wagner-Riddiford, Kathleen: Die Schulsituation in England und Wales im Hinblick auf Schulen für autistische Kinder. 4. Bundestagung u. Kongreß „Hilfe für das autistische Kind" Frankfurt 24.11.1978, S. 17–29, Hamburg 1979

Wakabayashi, S.: A case of infantile autism associated with Down-Syndrome. J. Autism Dev. Dis. **9**, 31–36 (1979)

Walther, Birgid: Nahrungsphosphat und Verhaltensstörung im Kindesalter. Ergebnisse einer kontrollierten Diätstudie. In: Das konzentrationsgestörte und hyperaktive Kind (Hrsg.: Steinhauser, H.–Ch.). S. 111–143, Stuttgart 1982

Weber, Doris: Zur Ätiologie autistischer Syndrome des Kindesalters. Praxis Kinderpsychiatr. **15**, 12–18

Weber, Doris & Schmidt, Barbara : Autistisches Syndrom und Pseudoretinitis pigmentosa nach Röteln-Embryopathie bei einem Zwillingspaar. Jb. Jugendpsychiat. **7**, 117–146 (1969)

Webster, C.D., Mc Pherson, H., Soloman, L., Evans, M.A. & Kuchar, E.: Communicating with an autistic boy with gestures. J. Autism Childh. Schiz. **3**, 337–346 (1973)

Welch, M.G.: Heilung von Autismus durch die Mutter-und-Kind-Haltetherapie. In: Autismus bei Kindern (Hrsg.: Tinbergen, N. u. E.A.). S. 297–310, Parey, Berlin und Hamburg, 1984

Wendeler, J.: Autistische Jugendliche und Erwachsene. Gespräche mit Eltern. Beltz-Verlag, Weinheim & Basel 1984

Wendeler, J.: Epidemiologie. In: Frühkindlicher Autismus (Hrsg.: Wing, J.K.). S. 38–39, Beltz, 3. Auflage, Weinheim u. Basel 1988

Wilhelm, Gabriele: Untersuchungen über die Bedeutung von hirnorganischen Schäden beim kindlichen Autismus. Diss. med., Münster 1977

Wing, L.: Asperger's syndrome: a clinical account. Psychol. Med. (London) **11**, 115–129 (1981)

Wing, L.: Sex ratios in early childhood autism and related conditions. Psychiatry Research **5**, 129–137 (1981)

Wing, L. & Ricks, D.M.: The etiology of childhood autism: criticism of Tinbergen's ethological theory. Psychological Med. (London) **6**, 533–543 (1976)

Wolff, S. & Barlow, A.: Schizoid personality in childhood: A comparative study of schizoid autistic and normal children. J. Child Psychol. Psychiat **20**, , 29–46 (1979)

Wolraich, M., Bzostek, B., Neu, R.L. & Gardner, L.T.: Lack of chromosome aberrations in autism. New England J. Med. **283**, 1231 (1970)

World Health Organisation. International classification of diseases (ICD), Genf 1978

Young, J.G., Kavenagh, M.E., Anderson, G.M., Shaywitz, B.A. & Cohen, D.J.: Clinical neurochemistry of autism and associated disorders. J. Autism Dev. Dis. **12**, 147–165 (1982)

Zappela, M.: La syndrome di Rett. Practitioner (Ed. Ital) **94**, 47–52 (1986)

Register